"一带一路"民间文化探源工程

邱运华 总主编

大海和声

——浙江"海丝文化"调研文集

郑蓉 主编

学苑出版社

图书在版编目（CIP）数据

大海和声：浙江"海丝文化"调研文集/郑蓉主编. -- 北京：学苑出版社，2019.6
ISBN 978-7-5077-5722-4

Ⅰ.①大… Ⅱ.①郑… Ⅲ.①地方文化—浙江—文集 Ⅳ.① G127.55-53

中国版本图书馆 CIP 数据核字（2019）第 120122 号

出 版 人：孟　白
责任编辑：杨　雷　陈柯宇
印制总监：张　翔
出版发行：学苑出版社
社　　址：北京市丰台区南方庄 2 号院 1 号楼
邮政编码：100079
网　　址：www.book001.com
电子信箱：xueyuanpress@163.com
联系电话：010-67601101（销售部）、010-67603091（总编室）
印 刷 厂：北京建宏印刷有限公司
开本尺寸：880×1230　1/32
印　　张：12.75
字　　数：280 千字
版　　次：2019 年 6 月第 1 版
印　　次：2019 年 6 月第 1 次印刷
定　　价：60.00 元

"一带一路"民间文化探源工程编委会

总 主 编　邱运华
副总主编　吕　军
执行总主编　王锦强
编　　委　孔宏图　张礼敏
　　　　　张慧霖　程　溪

本书主编　郑　蓉

序
开通大道,走向世界

"一带一路"这个新鲜词汇在新世纪最初几年开始发出耀眼的光芒,成了中国式发展道路"世界不同民族和不同国家文明互通互鉴"理念的代名词。"丝绸之路"——德国地理学家李希霍芬在地理学著作里不经意提出的术语,获得了从未有过的崇高荣誉。尽管中国学术界对李希霍芬本人并不太在意这个术语感到失望,不过,在我看来,李希霍芬的关注重点无疑更有历史意义和学术价值。李希霍芬是自然地理学家,他总体来说不太注重人文和社会地理因素而偏重于自然地理,但这一学术倾向并不妨碍他在《中国》(1877年第一卷)一书中叙述大量的人文和社会元素与自然地理之间的关系。他把《汉书》、马里努斯、托勒密简要点及的中亚大道,把贯穿中国新疆、中亚、西亚阿拉伯世界腹地的道路,用"丝绸之路"这一术语表达出来,尽管他更多地使用"交通""道路"这样的术语,而不是诗意性的"丝绸",甚至"丝绸贸易"这样的术语。现在想来，李希霍芬之看重"交通""道路"，未必离开得了人与社会。我以为，"交通"和"道路"更为精确地表达出地理学家李希霍芬的真实意图。

"丝绸之路"在本质上是古代中国走向西部世界的一条通衢大道。当然，这样性质的大道不仅仅只此一条。

古代中国走向世界的道路有很多条，每一条都充满艰难与神秘。但是，中华民族祖先血液里留存着探险冒险的基因，他们走向国外未知领域的勇气巨大无边。不仅在西部的戈壁、沙漠阻挡不了他们向外的雄心，北部的无边草原、沙漠和森林也不能阻挡他们，张库大道从张家口经由包头可以直达乌兰巴托（旧称"库伦"），有人认为：张库大道作为贸易之途，大约在汉代已经开始；出现茶的贸易，大约不晚于宋元时代。东北部从辽宁省和吉林省之交的腹地，从开原往东，明代设有辽东镇25卫，皆设置有交通驿站，沿着驿路，每15～30千米建有一座驿站、递运所、铺、亭、路台等，形成交通传递系统。东北亚所谓"丝绸之路"，并不像通往西域的丝绸之路那样，沿途扬起阵阵烟尘，来来往往的中西商贾带着满载货物的驼队、马帮，构成一幅十分壮观的瀚海行旅图，而是通过设关互市、贡赏等形式，把明朝内地的彩缎等物运往东北边陲，在各民族间进行交易。古代正是靠这条交通要道，把内地的丝绸、茶叶等运往东北亚地区，把古老的长江、黄河流域文化与东北亚文化联系起来，使这一地区在明代显得生机盎然。2017年，中国民间文艺家协会组织了一批专家沿着这条道路一直走到黑龙江与乌苏里江交汇口，进行了一次系统的民间文艺考察调研活动。

西北和东北的道路仅仅是古代中国走向世界各地的一部分，在西南部和南部还有多条通向域外的交通道路。例如商业化程度很高的"茶马古道"。有若干条"茶马古道"从中国西南各地通向东南亚和南亚，而在西藏边陲的阿里地区，在古格王朝所在地，古代唐卡就是用丝绸绘就的，中国民间文艺家协会唐卡调查组在阿里地区山里的科迦寺发现一幅传统唐卡，背面边沿有"浙江杭州织局益昌"的字样，另有一幅唐卡有中国内地吉祥童子图案。可以想见，自古以来，中国内地商贸、文化与西部边陲之地的长久交往。

在通往世界的道路中，特别应该提出的是海上"丝绸之路"。当然，海上"丝绸之路"更是一个比喻。著名历史文化专家常任侠先生把先秦时期徐福的故事视为海上丝绸之路的最早起点之一，他在《海上丝路与文化交流》里，叙述了中国通过海上丝路与古日本、古印度、东南亚诸国的物产、宗教、香料、珍禽奇兽、武术、舞蹈、饮食、装饰、文学、艺术等方面的相互交流；郑和七下西洋更是海上丝绸之路谈论的重点内容。2017年11月，中国学者与来自亚洲、非洲、欧洲等地的学者一起汇集科伦坡城，召开了"国际儒学论坛：科伦坡国际学术讨论会"，主题是"海上丝绸之路的历史交往与亚非欧文明互学互鉴"。会议上，埃塞俄比亚学者把中国与非洲的交往追溯到公元前2世纪的西汉时期，斯里兰卡卡凯拉尼亚大学学者阿玛勒赛格尔（Amarasakara）通过总结斯里兰卡境内有关中国的考古发现情况，如古都博隆纳鲁瓦山寺中国晋代高僧法显故居遗址、古代中国钱币、古代中国陶瓷瓷片等考古发现，证实了中国古代与斯里兰卡经贸、文化、宗教的交流情况。澳门大学学者汤开建则就耶稣会士传入澳门的欧洲图书,结合16世纪末中国境内的第一座西式图书馆——圣保禄学院图书馆藏书的相关史料,详细考证了明清之际欧洲图书传入澳门的情况,认为中国大陆的西学东渐在很大程度上与此相关。

2017年是中国民间文学的"丝路文化年"。中国民间文艺家协会主持的"一带一路"民间文化探源工程,针对"一带一路"沿线民间文化资源进行系统梳理和选点研究,先后开展了福建海上丝绸之路重要节点代表性民间文化考察活动;以冼夫人传说为核心议题对南海(广东茂名博贺)开渔节以及海上丝绸之路与岭南文化进行了调查研讨;围绕"阿凡提类型故事"主题展开了新疆民间民族文化调研;"重拾黑水魂——黑龙江丝绸之路"沿着明朝亦失哈将军走过的水路梳理了"鹰路"文化历史脉络;召开了探索"丝绸之源"的嫘祖文化调研座谈会;展开了贵州"南方丝绸之路与夜郎古国"民间文化生态考察调研等活动。这个系列民间文化探源,力求立足当代、关照历史、面向未来,致力于通过新经验、新启示、新方法、新途径来提振民族文化、地域文化的精气神,得到专家学者以及所在地民间文艺工作者的高度认同与积极配合。上述调研成果及今后开展的系列考察活动成果,都将以调研文集形式陆续出版。

鲁迅先生有句名言:"世上本无路,走的人多了,便成了路。"这句话反过来说更具当下价值:世上原有的路,若是没有人走,便无所谓路了。中国古人踏出了迈向世界各地的通衢大道，在上下几千年的历史长河中，为中外商贾、政治家和平民百姓常来常往，成为政治、经济、文化、宗教等交换、交流、交往的大道。古人常把"道路""大道"哲学式理解为通向真理的路径。而我们当代人自谓"世界公民"，切莫冷落了这一"大道"，使之荒漠了；自中国通往世界各地的大道，中国人要继续走下去，也欢迎世界各地的人们继续走进来。在这个意义上，重拾"一带一路"上的民间文艺，重温"一带一路"上世界各地民间文化交流交往历史，具有重大的现实意义。

是为序。

邱运华

2018年4月13日于北京万芳园

前　言

浙江偏居东南一隅，拥有丰富的海洋资源和得天独厚的港口条件。作为华夏文明的重要组成部分——长江中下游民间文化富集地，这里有河姆渡文化、良渚文化，这里也是目前所知世界上最早种植水稻和养蚕缫丝的区域。发达的农耕文明和先进的手工业，使得江南水乡自古繁荣富庶、人才辈出。

那么，是什么原因，让这一远离中原的地区一直拥有如此发达而又充满诗意的江南水乡文化，更在宋朝之后成为中国经济和文化的高地呢？我想，这其中有一个很重要的因素就是浙江在中国历史进程中一直在扮演着沟通内陆和海洋的特殊角色。这里既有沟通日本、韩国等国的核心口岸，也是海上丝绸之路的东方起点。

2018年初夏，中国民间文艺家协会与浙江省民协联合举办了"一带一路"民间文化探源工程——浙江海丝文化调研考察活动。参加调研考察的专家学者有刘华、王锦强、孟慧英、仲富兰、良警宇、毕旭玲、袁瑾、周静书……他们从各自的专业特长出发，从不同的角度，对浙江海丝文化的自然背景、历史状况、地理概况、民族特色、民间信仰、人文精神等方面进行了调查、研究，并记录了自己最真实的感悟，提出了自己对于海丝文化保护和发展的独到见解和建设性意见。

怀着对古代劳动人民海上作业的景仰和崇敬之心，怀着对烟雨迷蒙、诗意盎然的浙江海丝文化的美好遐想，专家和学者们一行从嘉兴出发，经湖州、舟山，抵达海丝东方起点、世界第四大港口城市——宁波。一步步、一站站，循着海丝文化的历史印痕，我们追随着智慧、勇敢、开放的浙江先民的足迹，在嘉兴乍浦港聆听古老的渔民号子，想象孙中山先生构想中的"东方大港"之英姿；在湖州南浔古镇，打捞中国丝绸通过海丝之路远销世界各地的动人故事，感叹浙商的智勇与坚韧；在舟山普陀山我们遍访古刹古迹，对中国三大海神信仰——南海观音信仰、龙王信仰、妈祖信仰在浙江民间的留存状态做了详细的考察，研究和探索海丝文化背景下的浙东民间信仰；在宁波天一阁、庆安会馆、高丽使馆、天童寺等地，了解"书藏古今，港通天下"的宁波在海丝之路上的突出地位。

提到海上丝绸之路，我们一定会想到它的主要贸易产品即丝绸、茶叶和瓷器，提到浙江我们一定会想到的物产也是丝绸、茶叶和瓷器，我想这不仅仅是一个巧合。正是因为手工业和文化的发达促成了浙江海丝的一路畅通，而海上贸易的繁盛又助推了浙江的手工业和文化的锦绣昌达，两者兼容并包、互惠互利。

收录于这本论文集中的论文，都是每一位专家学者的精辟观点和饱满情怀的表达，许多观点让人耳目一新，其中关于当地民间文化和历史渊源的探索、发现更让人有醍醐灌顶之感。浙江的海丝文化是极其丰富而深厚的，一次考察、一本论文集也许不能够把浙江海丝文化的宝贵财富悉数条分缕析，但通过调研考察，专家学者们真切感受到了海丝文化的博大精深及其为保护人类文化多样性所做出的巨大贡献。而这本论文集，既是专家学者们心灵追索和思想感悟的浓缩与汇集，也是一次对浙江地区海丝文化初步的探索与巡礼。

"以古为鉴，可知兴替。"更多更深入的研究工作将以此为开端，中国民协和浙江省民协将通过持续的田野调查、文化实践、学术交流等形式，不断推动海丝文化传播与"美丽渔村"建设，为"一带一路"建设和"和谐社会"构建凝心聚力，添砖加瓦。

这条古老而鲜活的海上丝绸之路，它是一条商贸之路，贯纵连横，互通有无；它是一座文化之桥，传经诵佛，习技授艺；它更是一把知行之尺，让我们时刻铭记开放包容的经验、闭塞落后的教训。

勇立潮头观沧海，乘风破浪会有时。让我们再次出发，踏上这条发展之路、智慧之路，始终满怀对生活的热忱之心，继承前人坚韧不拔的探险精神，以一种大气开放的姿态，如江入海，去拥抱这个新的时代、新的世界，并憧憬更美好的未来。

浙江民间文艺家协会副主席、秘书长郑蓉

目 录

专家视点

让民间文化资源"活"起来
　　——"一带一路"中国民间文化探源工程走进浙江
　　　　　　　　　　　　　　　　　　　　张慧霖 / 002
"海丝"与浙江人文传统解析　　　　　　仲富兰 / 010
中国古代海洋观念的转变与浙江海港的发展
　　——浙江海丝文化考察调研报告　　　毕旭玲 / 024
海丝之路的起点
　　——杭嘉湖平原的蚕桑丝织文化空间　　袁　瑾 / 036
椒江"送大暑船"活动缘起与传承述评　　陶棣华 / 047

海港坐标

浙东馒头与日本馒祖考　　　　　　　　　杨古城 / 058

东海航路与民间的海神信仰　　　　　　　　黄文杰 / 068

海丝之路传播的梁祝文化　　　　　　　　　周静书 / 086

天童寺与海上丝绸之路佛教文化交流

庞　超　刘恒武 / 096

宁波市鄞州区打造"中国海丝文化之乡"的实践与探索

胡　勇 / 109

"海上丝绸之路"与浙东妈祖信俗拓展　　　黄浙苏 / 118

扬帆远航

"海上丝绸之路"舟山段地名文化遗产保护研究

孙　峰 / 138

福建与舟山海洋经济交流史初探　　　孙　峰 / 147

古代朱家尖——浙东"海上丝绸之路"的重要驿站

孙　峰　潘瀚涛 / 155

舟山海岛羊（杨）府宫庙的信仰渊源探究

孙　峰　潘瀚涛 / 164

双屿港——曾是中国向欧洲国家开放的窗口之一

刘胜勇 / 177

日本僧人与中国茶文化的传播　　　　刘胜勇 / 185

舟山群岛在"海上丝绸之路"的历史地位和作用

刘胜勇 / 192

听海观潮

论秀州在宋元时期海上丝绸之路中的作用与地位

崔泉森 / 214

中国海运世家研究之澉浦港与澉浦杨氏海运　周乐训 / 230

乍浦对外文化交流研究

平湖市政协文教卫体与文史委员会　平湖市乍浦镇 / 244

论澉浦港在海上丝绸之路中的重要地位与作用

李　林 / 252

清代中日民间文化交流中的平湖人　　蒋苍苍 / 262

乍浦的会馆　　　　　　　　　　　　陈　宰 / 270

寻踪嘉兴古海港　　　　　　　　　　陆　梦 / 278

嘉兴人与航海　　　　　　　　　　　何建春 / 288

试述元代漕运背景下的嘉兴河海联运　张晓平 / 294

前仆后继　保家卫国
　　——嘉兴历史上的反侵略斗争　　方复祥　殷水根 / 315

古代澉浦是海上丝绸之路的起点之一　杨康元 / 340

平湖报本塔藏郑和遗物考　　　　　　　蒋苍苍 / 352
明清时期濮绸的生产经营与交易　　　　顾金孚 / 359
浙西海塘的修筑特点与沿海区域开发　　方复祥 / 375

专家视点

让民间文化资源"活"起来
——"一带一路"中国民间文化探源工程走进浙江

张慧霖[1]

2018年5月13日至18日,由中国民间文艺家协会(以下简称"中国民协")和浙江省民协联合主办的"一带一路"民间文化探源工程之浙江海丝文化调研考察活动在浙江嘉兴、湖州、舟山、宁波等地举行。

中国民协副主席刘华;分党组成员、副秘书长昌军;理论研究处处长王锦强;浙江省民协副主席兼秘书长郑蓉及中国社科院民族学与人类学研究所研究员孟慧英;华东师范大学教授仲富兰;中央民族大学教授良警宇;上海社会科学院副研究员毕旭玲;杭州师范大学副教授袁瑾等与当地专家一起,先后深入嘉兴市海盐县、平湖市乍浦镇、湖州市吴兴区和南浔区、舟

---

[1] 张慧霖,中国民间文学大系出版工程项目助理。

山市普陀山、宁波市鄞州区等地，进行了为期一周的实地调研考察，旨在厘清浙江海丝民间文化的源流，从文化源头汲取民间智慧，探寻"活化"民间文化资源的经验与良方。

一、沧海桑田，古港遗梦

第一站走进嘉兴。专家组依次考察了海盐县博物馆、海盐鱼鳞海塘、澉浦古镇及平湖乍浦港等。

海盐县作为海丝文化的重要节点之一，位于杭州湾北岸，数千年来因求盐而向海，在海陆之间开辟出一幕"海滨广斥、盐田相望"的盛景。在海盐县博物馆，专家组观摩了海盐塘工号子表演，领略了海盐制作数千年来的沧桑变幻。在南北湖畔，专家组参观了韩国抗日独立运动领导人金九先生的避难住所载青别墅，了解了具有浓郁地域特色和生活气息的传统嘉兴民间灶头画。

走进澉浦古镇，专家组考察了宋元时期澉浦海港码头遗址。澉浦古港作为得天独厚的深水良港，自汉唐开辟海上丝绸之路以来，就在沟通海上交通、发展中外贸易、增进友好关系、传播中华文明等方面发挥着积极作用。

在平湖市乍浦镇，专家组重点考察了平湖乍浦港、天妃宫古炮台及海红亭等历史遗迹，从中了解了平湖对外文化交流的悠久历史及其与海上丝绸之路的密切关系。

二、太湖之滨，丝绸源点

湖州位于太湖之滨、长江三角洲中心腹地，是连接上海和中部地区的重要节点城市，作为"立足全国、辐射海丝"的航运服务枢纽，湖州在连接东南亚与海上丝绸之路沿线国家的航线中扮演着重要的角色。

专家组第二站来到湖州，考察了钱山漾丝绸文化交流中心、太湖溇港文化展示馆、南浔丝商故里等。丝绸是中国古代文明的重要标志之一，中国关于丝绸起源的记载和传说很多。一个偶然的机会，我们的先民发现了"天虫吐丝"的秘密，并将野蚕驯化为家蚕，利用蚕茧制成丝、纺织成绸、缝制成衣。先民们创造了灿烂的蚕织文化，发展了当时世界上最为先进的蚕织技艺。湖州作为桑蚕丝织文化的源点之一，自唐宋以来，就成为我国粮、丝、渔生产发达，内河航运先进和商业贸易活跃的地区，享有"水晶宫""天下粮仓""丝绸之府"的美誉。湖州市城南7000米的史前钱山漾遗址，出土了4000多年前的家蚕丝残片。纵观整个湖州丝绸发展史，历代都有湖丝的身影。湖丝的洼地利用方式、生态循环经济模式、南浔丝商文化以及伴随湖丝桑蚕文化走向世界的丝绸生产技术和丝路文明，为浙江海丝文化书写出了绚丽华章。

三、观音道场，佛海弥望

第三站，专家组走进海上丝绸之路最重要的节点之一——

舟山。舟山群岛因其独特的地理优势，历来是古代中国对外交往的重要港口。作为浙东和长江流域的出海门户，从先秦至今，舟山在"海上丝路"的地位和作用，可以用"早、快、重"三字来概括。

"早"，先秦时期，舟山就有海上贸易，早于陆上丝绸之路的开拓；"快"，在先秦、西汉及唐朝中期前，舟山在海上丝路的地位还不突出，但是唐中期后，随着海上航路的开拓，舟山港的地位突显，而且上升还很快，到近代，其地位越来越重要；"重"，从海上丝绸之路发展史来看，舟山是"海上丝路"进出口贸易的最后一道关口，被称为"咽喉要道""海峡关隘"。舟山人在长期战风斗浪的历程中，创造了丰富、灿烂的文化遗产。

普陀山，作为观音菩萨的道场，是舟山群岛中一颗璀璨的明珠，也是我国佛教的四大名山之一，至今山上仍留有高丽道头、新罗礁等历史遗迹，流传着鉴真东渡弘法、元朝国使一山一宁法师、韩国民族英雄张保皋等先贤的事迹。

专家组重点对普陀山主要寺院和历史遗迹进行了考察，发现这个佛国圣地香火鼎盛，在日本、东南亚佛教界和华侨中的影响很大，每天吸引着国内外众多佛教徒纷至沓来、进行朝拜。由此可见，在今天，舟山作为新海上丝绸之路的经济、文化重镇，具有重要的作用和不可替代的地位。

四、港通天下，恢宏画卷

第四站，考察组走进宁波，探访古丝绸之路印迹。宁波，史称明州，是大运河的唯一出口和海上丝绸之路的主要始发港，衔接内河航运系统与世界海路交通动脉，因其独特的地理优势，"海丝"文化和运河文化早已成为宁波历史文化的重要的载体，宁波与世界的沟通和交流从未停止。

阿育王寺、天童禅寺、高丽使馆、庆安会馆……众多历史遗迹，见证着宁波古代对外商贸、宗教、文化交流的繁华历史；走入东钱湖南宋石刻公园、宁波博物馆、七塔禅寺、天一阁藏书楼……弥足珍贵的墓道石刻、古明州航海造船和瓷器贸易的展示、与时俱进的庙宇革新、文人墨客的私宅典藏，一幅宁波恢宏的历史画卷徐徐展开，熠熠生辉。

值得一提的是，1976年从宁波市鄞州区云龙镇甲村石秃头山出土的战国时期国家一级文物铜钺上镌刻的"羽人竞渡"图案，是目前发现的最早的生动表现中国古人龙舟竞渡的图案，这说明早在2000多年前的云龙已有兴盛的龙舟竞渡活动，同时也证明了我国是龙舟竞渡的最早发祥地。这一器物是古代部族权力的象征，器物上雕刻着"羽人竞渡"的画面，图案生动清晰。中国航海学会曾拟以此图案为航海学会的标志，中国申办北京奥运会时，将它作为向国际奥委会申述中国竞技体育历史悠久的理由之一，并专调这一文物在北京奥运会期间展出，其复制品现展示在中国奥林匹克博物馆内。这件堪称国宝的文物以其悠久的历史和充满张力的造型，成为宁波海上丝绸之路申遗项目中具有特殊意义的标志。

"港通天下、转运南北"的宁波，对中国古代文明的海外传播起到了重要的桥梁作用，一直是宁波人世世代代的骄傲。如今，作为"一带一路"上的"活化石"，宁波将站在新的起点，继续启航，续写新海上丝绸之路的壮阔图景。

五、交流研讨，对话海丝

5月19日，调研考察活动结束后，"一带一路"民间文化探源工程——"丝绸之路活化石"主题论坛在浙江省宁波市鄞州区举行。

刘华副主席在讲话中表示，浙江地理位置重要，是海丝文化遗迹遗存最多的地区之一，各种民间文艺资源丰富，是一带一路非常重要的节点。嘉兴、湖州、舟山、宁波都有自己的特色，都与丝绸之路有着千丝万缕的联系，自古以来对外交流频繁，现存的遗迹是真正的"海丝之路活化石"。

王锦强处长主持论坛并做了重要发言，他表示"探源"不仅是为了发现当地的历史印记，更是为了从民间文化源头中汲取智慧，为"一带一路"沿线地区建设提供发展选项。"比如，湖州的蚕丝、古明州的青瓷以及舟山的佛学文化等，这些海上丝绸之路的印记，对我们中华民族的文化原创、文化自信，未来的自主文化产权、文化创意提供更多的启示、借鉴、元素。"王锦强说："这就要求我们学会吸收和利用。第一是了解，第二是学习，学习古人的良苦用心，学习我们祖先真实的情感表达，学习他们的真实内心向往。"未来，"一带一路"中国民间文化探源工程将采取更多跨地区、跨民族、跨文化等形式深化调研，用文化领域的共商、共建、共享，将文化的触角延伸至更远。

孟慧英研究员在讲话中表示，"海丝文化"是我们中华民族持续发展的源泉，我们有责任把它保护好、继承好、发展好，造福我们的子孙后代，助力中华民族文化和经济发展。

仲富兰教授则以"人文追寻、人本叙事、民俗传播"12个字概括了调研考察的基础理念和活动主题。他表示，海丝文化对我们的人文追求有着重要的现实意义，我们要讲好海丝故事，做好海丝传播，把丝路文化和丝路故事传播给全世界，讲给我们的下一代。

浙江省民协副主席兼秘书长郑蓉在讲话中表示，此次浙江海丝文化调研活动圆满结束，深受启发。浙江是民间文艺大省，也是海上丝绸之路重要的始发港和枢纽节点，未来有很多的工作要仔细去做。如通过文化保护，出版相关书籍、论文集以及文化论坛等形式，发挥好浙江的优势，承前启后，讲好浙江故事，引领新时代丝路发展。

此外，毕旭玲研究员、中央民族大学教授良警宇以及宁波市、舟山市、嘉兴市文联和（或）民协的领导也先后发言，他们纷纷表示，要加大研究和保护力度，传承好丝路文化，为国家的"一带一路"倡议，为中华民族的发展，构建人类命运共同体助力。

民族文化的生命力并非只是简单沿袭，探源也并非仅仅发现当地的历史印记，而是为了从民间文化的源头汲取智慧，让民间文化资源"活"起来，用文化领域的交流与传播、对话与分享，助力夯实民意思想基础，促进民心相通。

此次调研考察活动，为浙江民间生态环境保护、乡村振兴、海港建设、民间信仰、地域人文精神塑造、开辟民间文化传播的"现代海上丝绸之路"等方面奉献了民间文化学人的思辨成果，并确定了国家、省、市、县（区）、乡镇（街道）、村落（社区）六级协作调研的新方式与新机制。

"海丝"与浙江人文传统解析

仲富兰[1]

今年5月,中国民协与浙江省民协组织"民间文化探源工程",重新认识浙江"海丝"文化之路,也使我有机会学习与聆听浙江省许多文化专家的看法和意见,作此拙文,从"海丝"与浙江人文传统的角度,尝试做一解析,向各位专家学者请教。

一、浙江得天独厚的"海丝"资源

"海丝",指的是海上交通路线。古代中国的丝绸除了通过横贯大陆的陆上交通运输线——丝绸之路,大量运往中亚、西亚、非洲和欧洲国家外,还有大量货物与商品是通过海上交通线源源不断地销往世界各国。因此,在德国地理学家李希霍芬将横贯东西的陆上交通路线命名为丝绸之路后,有的学者又进而加以引申,称东西方的海上交通路线为"海上丝绸之路"

---

[1] 仲富兰,上海市民俗文化学会会长,华东师范大学民俗学教授。

（本文简称"海丝"）。后来，中国出产的精美瓷器，也经由这条海上交通路线销往世界各国，西方的香料也通过这条路线输入中国，一些学者因此也称这条海上交通路线为陶瓷之路或香瓷之路。

浙江的宁波港，宁波古称"明州"，唐宋年间，这里是与日本、高丽、新罗等国交流的主要港口，中国大批移民由此出发，利用海流和季风渡海来到日本，他们带去了先进的生产工具和技术，推动了日本社会的发展，同时日本也十几次地派遣唐使来中国学习借鉴。从2000多年有文字记载的历史看来，这种文化交流十分密切，而且绵延不断。"海丝"文化范围极为广泛，无论是从狭义文化概念所包含的哲学、文学、史学、科学、宗教、教育、美术、音乐、舞蹈、书法、体育、建筑、工艺、园林、民俗等领域，或者按广义文化概念所述的物质文化、制度文化、精神文化诸层面，都展现出深远的影响。[1] 当然，晚近以来，中国人也有很多留学生和商人通过"海丝"去日本学习。中国与日本，中国与朝鲜半岛文化的交流对于国际间的政治、经济、文化、思想、科学的发展进步，以至于国家关系、民族感情、革命运动、人民友谊、日常习俗等，无不产生了巨大而深远的影响。日本著名学者内藤湖南曾把中国文化在日本文化形成中所起的巨大作用，比喻为做豆腐时加卤水。至今在日本的文化和社会生活、风俗习惯中还处处可以看到中国古代文化的影响和烙印。

---

[1] 王辑五《中国日本交通史》，第3页，上海：上海书店出版社，1984年。

从公元7世纪初至9世纪末约两个半世纪里，日本为了学习中国文化，先后向唐朝派出十几次遣唐使团。其次数之多、规模之大、时间之久、内容之丰富，在中日文化交流史上是空前的。遣唐使对推动日本社会的发展和促进中日友好交流做出了巨大贡献，结出了丰硕的果实，成为中日文化交流的第一次高潮，之后这种联系与交流始终不断。[1]

再看浙江嘉兴的乍浦港，今天的年轻人大多对乍浦港的历史不了解，但是在清代，它是中国对外贸易，特别是与日本长崎港间对口贸易的重要港口，曾经辉煌一时。只是在鸦片战争时期，由于英国侵略军炮火的轰炸、摧毁，乍浦港才一蹶不振。后来又遭遇连年战乱，港口破坏严重；另外乍浦夹在上海、宁波两个大港之间，再加上交通不便等种种原因，渐渐就衰落了。改革开放后，随着国民经济的飞跃发展，对外贸易的繁荣，浙江省决定在这里重新建设万吨大港，再加上此地毗邻著名的上海（金山）石油化学工业公司，附近海中又发现了大的油气田，其重要性日益显现。

"海丝"形成于唐及其以前的朝代，中国丝绸从海路向外传虽然开始很早，但作为商品交换，以官方的"朝贡贸易"为主，只限于统治阶层所需的奢侈品，其数量、次数和规模都不大。其目的只是想在外交上达到"敦睦邦交"和扩大对外政治影响，并未通过海外贸易在经济上增加国库的收入。民间的海外丝绸贸易，在唐宋时期（960～1279年）作为商品外传，已由

---

[1] 逄振镐《东夷文化史》，北京：中国社会科学出版社，1985年。

陆路转向海路。唐朝开始设市舶司到宋朝又有发展，这标志着海外丝绸贸易性质的转变，除原有的"朝贡贸易"外，则以市舶贸易为主，并且成为了朝廷财政上的一项大宗收入。市舶贸易和各路榷酒务的设立，对宋政权的财政收入起了很大作用。以公元1128年为例，它占国家总收入的百分之二十，除上述官方丝绸贸易外，民间海商对外进行丝绸贸易也蓬勃发展了起来，丝绸作为商品生产和商业活动已经很发达了。[1]

元代之后，尤其是明清两代，由于海上"丝绸之路"兴起，海外贸易空前发展，其方式已不像前一时期只是采取消极的招邀和奖励外商来华进行贸易，而是主动派高级官员，率船队往海外各国访问，并以丝绸、瓷器等进行贸易交换。民间海商对外贸易空前活跃，足迹遍至吕宋（菲律宾古国之一）甚至拉丁美洲地区。郑和率船队七下西洋，标志着"海丝"已发展到极盛时期。这时丝绸贸易已经和政治、军事、外交、经济以及和各国的友好往来，文化交流交织在一起，规模之大、范围之广和影响之深都是空前的[2]。

二、"海丝"重要商品——丝绸的发源地

上海在2010年举办世界博览会时，在申博委的报告里，含有一条重要的申办理由，就是源自那份叫作《北岭徐氏宗

---

[1] 李玉铭《近代海上丝绸之路的新起点——交通、通讯工具变革与近代上海远洋航运的发展》载《太平洋学报》，2016年第6期。
[2] 周江《略论新海上丝绸之路战略的定位及理念》载《海洋法前沿问题研究》，第313页，北京：中国民主法制出版社，2014年。

谱》的文本，其间记录着湖州商人徐荣村携"辑里丝"曾经参加1851年首届世博会并获奖的史实。湖州是太湖流域的重要城市，也是海上丝绸之路的重要节点，它是东方丝绸的发源地，当然，环太湖的江苏苏州、无锡，特别是震泽也具有丝绸文化的重要地位。

如今湖州建立了"钱山漾丝绸文化交流中心"，这个位于湖州市城南7000米的潞村古村落，是人类丝绸文明史上极其重要的一个古文化遗址。1956年和1958年，考古专家们对这片遗址进行的两次发掘中，发现了绸片、丝带、丝线等，将这些文物拿到当时的浙江丝绸工学院、上海纺织科学研究院等权威机构切片检测，其中的绸片和丝带被确认为人工饲养的家蚕丝织物，经碳14测定，距今已有4200～4400年的历史。这意味着，中华民族至少在4200年前的新石器时代就掌握了养蚕织丝技术。所以，学术界对它的定论是"中国乃至世界范围内人类利用家蚕丝纺织的最早实例"。

特别值得一提的是最早发现"钱山漾文化遗址"的慎微之先生，在那个风雨如磐的年代，慎微之毕业于上海沪江大学，1940年赴美国宾夕法尼亚大学深造，获哲学博士学位。1934年，湖州大旱，大部分河道干涸见底，慎微之趁着暑期在距潞村二里许的钱山漾滩处，捕鱼捉虾，捡拾石器，古河道里的石器给了他灵感，撰写了《湖州钱山漾石器之发现与中国文化之起源》发表在1936年的《吴越文化论丛》里，就此成为"钱山漾遗址"最早的发现者。

我们再回到湖州商人徐荣村携"辑里丝"曾经参加1851

年首届世博会的话题。"辑里丝"就是湖州丝绸,又称"湖丝"。北宋南迁时期,我国蚕丝事业的重心逐渐自冀、鲁、豫转移到江、浙两省太湖流域,这里成为我国桑、蚕、茧和优质土丝的主要产区,这些地区所生产的土丝统称为湖丝。"辑里丝",由英文(Tsatlee-Silk)音译而来,主要产于浙江的湖州。与上海有什么关系呢?据同济大学教授朱大可考证,19世纪中叶,上海成为中国生丝的主要出口地。英国政府在南京条约谈判中提出开放五个通商口岸,江南滨海小城上海被赫然列入名单,这不仅因为它具有良好的交通位置,更在于它接近"辑里丝"的产地——浙江湖州南浔七里村,后者距上海外滩仅130千米之遥。中国人把七里村所产生丝的名称,雅化为"辑里丝",而英国人则干脆把它叫作"Shanghai silk",也就是"上海丝",就如同今天主要产于阳澄湖的大闸蟹,外国人不懂,都将它称为"上海蟹"一样。

"辑里丝",以及用它们织成的丝绸,以其精良的工艺,畅销全世界,通过"丝—银"对流,大量白银货币流入上海,并流向全国。"中国丝绸工业具有长期的发展历史,技术比较进步,成本比较低廉,产量比较丰富,所以中国产品能够远渡太平洋,在西属美洲市场上大量廉价出售,连原来独霸该地市场的西班牙丝织品也大受威胁。由此可知,在近代西方工业化成功以前,就中国工业的发展使中国产品在国际市场上具有强大竞争力来说,显然有过一页光荣的历史。"[1] "上海

---

[1] 全汉升《略论新航路发现后的海上丝绸之路》载《中国近代经济史论丛》,第36页,北京:中华书局,2011年。

丝"的背后是太湖流域——江苏和浙江蚕丝生产的广阔腹地。海外市场对中国丝绸需求量非常大，而今国家提出"一带一路"倡议，上海是这个战略的端点之一。据汪敬虞的研究，1679～1833年的155年中，中国生丝的出口量，从微不足道的8担，上升到9920担，从19世纪40年代中期起，每年的出口量经常在5万担以上；90年代初，中国生丝出口量突破10万担。原因就在于，中国的生丝工艺精良。在鸦片战争前，中国生丝在国际市场上，曾经居于领先地位，并取得举世公认的成就和声誉。而这些生丝，主要来自江南的太湖流域的丝绸业市镇，如浙江南浔镇、江苏震泽镇等地。

中国丝绸的外传其意义是巨大的，首先有助于改善"海丝"目的地国家人民的穿衣问题，古代南亚、东南亚各地人民都喜欢穿中国的丝绸制的筒裙，直到今天仍然如此；东南亚地区人民"以帛缠首"在中国文献中也比比皆是。至今缅甸人仍喜戴丝绸制的"岗包"（帽子），这就是说丝绸还可作为一种修饰品来丰富和美化人民生活；"海丝"的传播也有利于一些国家丝织品工业的发展，中国蚕丝外传，支援了他们丝织工业原料不足的困难，有利于这些国家的民族工业；当然，"海丝"互通贸易，互利互赢，也大大促进了中国丝织工业的发展和繁荣。以湖州南浔古镇为例，它得益于丝绸而发展繁荣起来，到明末它就成为一个重要的丝绸贸易市场，该镇从事出口丝绸工业者不下万户，丝织工人在5万以上，所织绫罗、绉纱岁可出数10万至100万匹。

三、"海丝"繁盛与浙江人文传统

浙江"海丝"繁盛，并不仅仅是向外传布或销售丝绸，实际上它把中国古代的四大发明以及瓷器、医学、中草药等传布到世界各地。同时也把外国的产品或商品，如珍珠、宝石、象牙、犀角、香料、金、银、铜以及动植物和经济作物等新品种传入中国。这种双向的互动与交流，总体上是民间文化的交流与传播，推进了人类历史的前进和社会生产力的发展，中国历朝历代的海商和民众与农民，通过这条"海上丝绸之路"到世界各地谋生并繁衍，对所在国家的发展都曾经起到过很大作用。研究国际关系与世界史专家的研究成果告诉我们，这条海上丝绸之路曾经是连接亚、非、欧、美的海上大动脉，这条海上大动脉给世界文化交流带来了巨大影响。

说到浙江的"海丝"，就不能不说到浙江的人文传统。浙江地偏东南一隅，自古以来"七山一水二份田"，自然条件恶劣。浙地大批民众由山民、草民、渔民组成，民风剽悍，简称山越。正是古代百越民族的后代，有人曾经写过文章说到浙江人的性格特征，"如果说中国的制钱以'外圆内方'为精神指向的话，那么这种精神指向恰恰暗合了浙江人的精神导向"。在中国传统文化中，历来是不太重视商人群体的，"士农工商"，商居末流，一直处于受压抑、受歧视的状态。但浙江人才不屑于这种传统偏见呢！浙江人的商业智慧，一直在全国独领风骚。

就"海丝"而言，浙江省舟山市是海上丝绸之路东海航线的重要节点和枢纽，源源不断地传递着中国的优秀文化，其中玉石文化、丝绸文化、陶瓷文化、茶叶文化、佛教文化顺着东海航线在东亚、东北亚广为传播，可以说对东亚文化圈的形成有着重要影响。

自古以来，渔民的生活就从来没有离开过一个"鱼"字。《吴地记》载："吴王归，思海中所食鱼，问所余，所司云：'并曝干'。王索之，其味美，因书美下着鱼，是为鲞字。"吴王在海上作战时曾令兵士大量捕捉石首鱼充军食，吃剩剖晒后带回。

在舟山各渔岛，在渔港、渔家，特别是出海捕捞作业，或是正在航行途中的渔船，鱼鲜食俗乃至日常饮食习俗中，都表现出许多与众不同，是东海渔岛特定环境下形成的殊风异俗。这些殊风异俗，不仅世代相传，而且约束甚严，无论是岛上、船上渔家自身，还是外来之客，都必须严格遵守，否则就被认为是大不尊，或是不吉利。前一时期，我在查阅上海早期渔民的资料中发现，从濒临海边生活这一点上，早期的上海人与舟山人有相似的经历和相同的性格特征，生长在海边的人，以捕鱼为生的渔民，他们的生存状态因其所处地理环境的特殊性，置身海中或紧靠海边，常受台风袭击，有时风急浪高，击岸破堤，拔树摧屋，险象环生。海上作业形成渔民的生产是流动的，这种流动的特点，常常带有不可预测、不稳定和危险的性质，渔民与亲人处于一种周期性离合，捕捞期、鱼汛每年甚至每月都是周期、有节律的。他们与耕地的农民、山民以及放牧的牧民不同，海上作业与世隔绝，一条船就是一个世界，海上和渔村，一方面是"强"集结，一方面是"弱"组合，是双重的失衡，也是双重的单一。所以旧时代有"世上三般苦，撑船、打铁、磨豆腐"，说的就是这种情景。诚如范仲淹诗句所云"君看一叶舟，出没风波里"，海边的渔民，长年风吹日晒雨淋，穿行风浪间，随时都有翻船丧命的危险。喝江河中的水，吃住在船上，一叶孤舟漂泊江海之间，寂寞孤单是可以想见的。

我们再看宁波，早在7000年前，宁波的先民们就在这里繁衍生息，创造了光辉灿烂的河姆渡文化。公元前2000多年的夏代属百越地，宁波的名称为"鄞"（yín），春秋时属越，秦时属会稽郡的鄞、鄮、句章三县。唐开元二十六年（738年）设明州，领鄮、慈溪、奉化、翁山四县；唐长庆元年（821年）州治迁至三江口（今宁波海曙区），并建子城。宋属两浙路，元设浙东道都元帅府，属江浙行省。明为避国号讳，朱元璋采纳鄞县读书人单仲友的建议，取"海定则波宁"之义，将明州府改称宁波府，宁波之名沿用至今。如今的宁波，简称甬，副省级市、计划单列市，也是世界第四大港口城市。说起宁波的人文传统，唐宋以来，假舟楫之利的宁波商人，通过"海丝"开始与日本、高丽、东南亚沿海国家做生意，进行贸易交流，可以毫不夸张地说，宁波帮甚至影响了中国工商业、金融业的进程。而与宁波隔海相望的上海，则是宁波人较早开发经营的目的地。上海第一个同乡团体"四明公所"成立于1797年，1819年宁波籍的号商和船主在上海建立了"浙宁会馆"，而在上海干手艺活的宁波籍的匠人，则更是本着"亲帮亲，邻帮邻"的互助精神，于1831年建立了"水木业公所"。宁波人为上海早期开埠做出了重要贡献。

浙江奉化具有深厚的历史文化底蕴，奉化在秦汉时属鄞县，晋至隋先后属句章县、鄞县。唐开元二十六年（738年）析鄮（mào）县置奉化县（今奉化市）。关于县名的由来，历来有多种说法：一说唐代明州的郡均为奉化郡，以此县名；一说以"民皆乐于奉承土化"而得名；还有一说就来源于县东奉化山。虽经千百年历史沧桑和战乱浩劫，奉化地区还保留着诸多的文物古迹，一批名人故居、古建筑基本完好，奉化小巷幽静、古朴的传统风貌和民风民俗随处可见。

浙江人文传统中，就是在近现代，不仅出了类似胡雪岩这样的大商人，而且同样出了一批人文学家，如近代汤寿潜著《危言》，倡变法，洞烛先机，是饮誉朝野的思想家；辑《通考》，究典章，卓然成家，是成果繁复的大学者；办铁路，兴实业，成效赫然，是声名卓著的实业家。他爱乡，爱国，耿介清廉，品洁德高。古人所说的立德、立言、立行三方面，他都有所建树。张謇说他"立名于当时，可式于后人"，可谓知人之论，并不过誉。汤寿潜是浙江山水哺育出来的杰出人才，他的立身、治学、行事，他的思想，与浙江的人文传统有密不可分的关系。[1]一大批一流的科学家、数学家，如数学家陈建功、苏步青、陈省身、谷超豪，生物学家童第周，物理学家严济慈、钱三强、赵忠尧、黄昆、王淦昌，气象学家竺可桢，农

---

[1] 熊月之《汤寿潜与浙江人文传统》载《同济大学学报》，1994年第5卷第2期。

学家金善宝，桥梁专家茅以升，心理学家陈立……这些名字大家都耳熟能详，这就是浙江绵延不绝的一种人文传统。

现在人们说到江南，都是"水墨江南""旗袍美妇"一类，什么"一把烟雨情愫，油纸伞撑起的江南"，俗了。其实浙江人文所体现的江南文化的精气神，他们身上所具有的坚韧与吃苦耐劳是世所罕见的。民间文化工程的"探源"，实质就是对于中国人文精神的探寻。人文精神犹如一条长河，川流不息，奔腾向前，既不能塞其源，也不能断其流，今天国家将一带一路作为宏图大计，就是要延伸和展现中华传统文化的历史渊源、发展脉络、基本走向，充分认识到中华传统文化的独特创造、价值理念和鲜明特色，建设人类命运共同体的伟大作用，要让中国传统文化为中国人所认同、所遵循、所自豪，为世界人民所接受、所羡慕、所敬仰。唯有如此，我们才能从根本上增强民族自尊心和自豪感，增强文化自信，增强自立于世界民族之林的底气。

四、"海丝"新平台与浙江人文传统的传承

习近平总书记在2013年9月和10月分别提出建设"新丝绸之路经济带"和"21世纪海上丝绸之路"的战略构想，强调相关各国要打造互利共赢的"利益共同体"和共同发展繁荣的"命运共同体"。这一跨越时空的宏伟构想，对促进欧、亚、非经济贸易一体化、为深化改革和经济转型创造外部环境具有重要的战略意义。浙江的许多海港本身就曾经是海上丝绸之路的出

发地，浙江与上海、江苏都是其中重要的窗口，是"海丝"桥头堡和新平台，长三角地区江浙沪皖的联动，是我国经济总量最大、最具竞争力的区域，上海要发挥龙头作用，协同整个区域参与全球竞争和合作。

当年玄奘西行求法、鉴真东渡日本、郑和七下西洋让中华文明的独特魅力绽放于全世界。如今，"丝绸之路经济带"和"21世纪海上丝绸之路"同样与文化交流关系密切。文化交流本身所带来的最重要的成果是文明的传播。如今"一带一路"所讲的政策沟通、设施联通、贸易畅通、资金融通、民心相通这"五通"，都与文化交流密切相关。

海洋是各国经贸文化交流的天然纽带，共建"21世纪海上丝绸之路"，是全球政治、贸易格局不断变化形势下，中国连接世界的新型贸易之路，其核心价值是通道价值和战略安全。尤其在中国成为世界上第二大经济体，全球政治经济格局合纵连横的背景下，21世纪"海丝"的开辟和拓展无疑将大大增强中国的战略安全。

从21世纪"海丝"开始历史使命的那一刻起，伴随着商品的不断交流，文化交流也悄无声息地开始了。在这一过程中不能说是谁改变了谁，或是哪个国家占据了主导地位，只能说每一个参与交流的国家都是受益者。因此，丝绸之路沿线的文化交流为古代丝绸之路文明史谱写了重要的篇章。推进21世纪"海丝"战略实施，既为了促进世界海洋贸易的一体化发展，也为了提升中国在全球海洋贸易中的话语权。

浙江具有丰厚的人文资源，地处中国东部沿海经济发展带长三角地区的核心，作为长江经济带的主要省份将"丝绸之路经济带"与"海丝"连接起来，通过"四大中心"、自贸区建设和发达的立体交通网络形成对"一带一路"经济区的辐射效应。特别是上海港连接欧亚大陆桥与太平洋海运，是我国海陆双向开放的重要结点，是服务"一带一路"建设的欧亚海陆运输枢纽和经济辐射中心，是中国面向欧亚大陆和面向亚太地区开放的核心。

开放是沿海港口城市的宿命，属于外向型经济，对外依存度很高。21世纪"海丝"战略的实施，可促进中国与东盟等沿线国家的贸易一体化，扩大贸易往来，对浙江来说也是一个重大利好，且不说为了提高中国长三角地区在全球海洋贸易的竞争力，此外，随着经济文化交流的日益频繁，各方面的人才也将充分集聚。要素资源的集聚和产业的发展，"海丝"新平台必将给浙江人文传统的传承带来新的机遇。

中国古代海洋观念的转变与浙江海港的发展
——浙江海丝文化考察调研报告

毕旭玲[1]

海港的出现与发展是我国古代海上丝绸之路开发的重要基础，因此对海港的研究也就成为古代海上丝绸之路研究的重要内容。海港的出现与发展是一个复杂的问题，受诸多因素的影响，比如自然环境、地理位置等自然因素，对外贸易政策、商品经济发展等社会因素。上述这些因素都是显见的，但在这次中国民协组织的浙江海丝文化考察中，我们明显感觉到除了上述因素之外，海洋观念对海港的发展也起着重要而独特的影响作用，而且这种作用往往容易被忽视。

---

[1] 毕旭玲，上海市社会科学院文学研究所副研究员。

一、早期海洋观念与军事港口的建立

古代中国是以陆地文明为主的国家，对海洋资源的探索与开掘长期局限于沿海地区的民间。隋唐以前，官方组织的海洋探索的活动很少，这与传统海洋观密切相关。与当代浪漫、诗意的海洋印象不同，海洋在我们祖先的观念中，是一片阴森可怖、昏暗凶险的地域，充满了未知的危险。比如汉字的"海"，从"水"从"晦"。汉代刘熙在《释名》中说："海，晦也"，"晦"是昏暗的意思，指农历初一月亮最晦暗之时或太阳落山。晋代张华在《博物志》中干脆直接说："海之言，晦昏无所睹也。"海就是暗昧幽冥，茫然不知边际的地狱。这样的"海"并不一定指自然水体，而是被视作疆域的边缘。《尔雅·释地》说："夷、八狄、七戎、六蛮，谓之四海。"古人还将岭南和闽越统称为南海。

作为暗昧幽冥的代表，早期海神的形象也是十分狰狞的。比如《山海经·大荒西经》载："西海渚中有神，人面鸟身，珥两青蛇，践两赤蛇，名曰弇兹。"《山海经·大荒北经》说："北海渚中，有神，人面鸟身，珥两青蛇，践两赤蛇，名曰禺疆。"人面鸟身，耳朵上戴着蛇，脚下踩着蛇，这绝不是和善的神应该有的形象。如此狰狞的海神形象的背后，是畏惧海洋，甚至视海洋为敌的早期海洋观念。

在早期海洋观念的影响下，官方在沿海兴建的港口几乎都是军事港口，其主要职能是拱卫陆地的安全。比如作为浙江沿海重要海港的宁波港，其雏形就是古代越国营建的水上要塞句章港。宁波博物馆的展览为我们普及了古句章港的知识，吴越争霸时期，甬江流域社会经济得到了一定发展，造船业的进步尤其突出。越国在句章设置造船厂，制造战船，训练水师，促进了越地港口的形成，句章港由此脱颖而出。因为宁波地处海道要冲，容易受到来自海上的军事侵袭，因此其军事港口职能持续了很长时间。元代人袁桷在《清容居士集》卷二〇中指出："庆元（宁波古称）联蛮国，入海最近，稍失控御，兵衅不可测。"文献所记录的浙江沿海具有重要军事拱卫职能的早期军港还有不少，如会稽港（今杭州市东南）、回浦港（今临海市东南）、东瓯港（今温州）等。以会稽港为例，会稽在先秦时期属于越国都城，根据《越绝书·外传记地》记载说："会稽城有水门，又有'石塘'。"石塘是停泊军船的地方，应该就是军港。汉代建元三年（前138年），武帝派中大夫严助从会稽港发兵，海路驰援"东瓯国"。建元六年（前135年），大司农韩安国从会稽港口出兵，袭击闽越。

  大量军港的建设，一方面是为了实际的军事用途，但更重要的是各陆地政权对海洋有一种天然的排斥，害怕受到来自海洋的侵犯。因此尽管在隋唐时期，已经开展了面向海外国家的官方朝贡贸易，遣隋使、遣唐使不断来华，但畏惧、防范的海洋观并没有根本改变，主要表现在安史之乱之前民间对外港口贸易被严格禁止。比如通过这次考察我们得知，鉴真六次东渡中有三次被官府阻拦而未能成行。第二次失败以后他漂流到明州（宁波）阿育王寺，在这里，他备受当地士绅和僧人的尊崇。为了阻止他出海的危险行为，在他准备第三次从明州港启航的时候，当地士绅和僧人报告官府进行了拦阻。因为唐代律法规定，私自出海可以判处一年徒刑。当时的明州港是少数几个可以接受外国人登陆的港口。而明州港成为对外开放港口的主要原因并非是政府的行政命令，而是遣唐使船受洋流、季风的影响，偶然停泊到明州港才开启了明州港作为官方对外港口的历史。但一直到安史之乱之前，政府并不允许私人海外贸易。安史之乱以后，藩镇割据，唐政府的政令几乎名存实亡，江浙沿海大规模的民间贸易才逐渐兴旺。尤其是晚唐，在扬州港已经不再通航以后，绝大部分商船都从明州港出发。

二、海洋观念的转变与浙江贸易港口的兴起

虽然出于对海洋的畏惧等观念，政府禁止百姓私自出海，但这并非意味着在唐代及以前的中国就没有港口贸易。相反，唐代的港口贸易相当繁荣，浙江沿海的一些港口也因此发展起来，比如明州港、舟山港、越州港（绍兴）、永嘉港（温州）等。但此时的港口并非双向自由贸易港，港口贸易的明显特征是以官方朝贡贸易和坐等番商来港为主，民间贸易被禁止，主动贸易几乎没有。这一现象在五代时期的浙江得到了很大改变。

当时浙江全境都属吴越国所辖，在经历过唐末的藩镇割据战争以后，吴越国主钱镠采取了休养生息的政策，在修农桑、兴水利的同时，还重视发展与日本列岛和朝鲜半岛等地区的经济贸易往来。《旧五代史·钱镠传》记载说："钱镠鼓励'杨

帆越海'的航海贸易,且航海贸易收入颇丰'岁贡百万'。"钱镠与之前统治者对待海洋的态度完全不同,没有畏惧海洋,反而主动发展海外贸易,而非坐等番客前来交易。在吴越国政府的积极鼓励下,浙江沿海的自由贸易港发展迅速,连政治中心杭州都成为重要的自由贸易港。但杭州湾潮高浪涌,不少海船出于安全的考虑,常常先停泊在明州港,然后通过杭州与明州之间的杭甬运河转入杭州。

可以说,五代时期是中国传统海洋观念转变的关键时期,中国第一批双向自由贸易港就在当时的浙江沿海成长起来,其中最重要的就是明州港。

明州港兴起较晚,其中偶发性因素起了重要作用。我们在宁波博物馆等处了解到,唐玄宗天宝十一年(752年),日本派遣的四艘遣唐使船,除一艘漂流到安南之外,其余三艘都恰巧在明州登岸。这是有记录的最早到达明州港的外国海船,也可以视为明州对外通商贸易的开始。也就是说,明州港兴起于唐中叶以后遣唐使的全盛期几乎已经过去的时期。唐中叶以后是一个非常重要的时间,一方面,与明州港距离不远,同样位于中国南北海岸线中部的扬州港逐渐衰落,这就给了明州港的崛起以很好的契机。造成扬州港衰落的因素有不少,其中最重要的就是河道变迁。唐中叶以后,扬州城外的长江河道向南迁徙,导致河口东移,海潮无法到达扬州城下,海船不能停泊,明州港因此取而代之。另一方面,唐中叶以后的藩镇割据以及之后的战争造成了中央政令在地方贯彻的困难,此前对民间贸易的禁令就大大松动了,几乎名存实亡。民间积累的造船技术、航行技术等在此时大放光彩,民间的航海贸易很快兴旺起来。在最后一批日本遣唐使在明州登陆以后,中日之间的海上交往由官方的朝贡贸易变成了中国民间商船独领风骚的民间贸易,明州港也因此涌现出许多从事海上贸易的大商人,比如李邻德、李延孝、张支信、李处人、崔铎等。公元842年,商人李邻德由明州港出发驶往日本,这是有文字记载的最早的中国民间对日贸易。根据《大日本佛教全书》第113册《道方传丛书·入唐五家传·安祥寺惠运传》的记载:"公元847年,中国商人张支信等的海船从明州望海镇启航,得西南风相助,三个昼夜就到达了日本肥前值嘉岛那留浦,创造了当时最快的航速。"

唐中叶以后,因为政府政令松弛,在明州等港口,双向的自由贸易已经得到了一定的发展。而到了五代时期,这种民间自由贸易才真正被政府所承认。在政府的鼓励下,吴越国时期的明州港与国外的大部分航海来往都是纯商业性的。更有意思的是,连政府之间的往来也是通过海商进行的,这与唐代主要是政府之间的朝贡贸易大大不同。据载,吴越客商蒋承勋等多次往来中日之间,并为吴越国政府传递官方消息[1]。当时的日本实行锁国政策,禁止日本商船出海,因此出现了吴越商船单向通航日本的现象[2]。明州港及其他浙江沿海港口的繁荣,实际上代表了中国传统海洋观正在转向积极和正面。

---

[1] 何勇强《钱氏吴越国史论稿》,第268~270页,杭州:浙江大学出版社,2002年。
[2] 王心喜《钱氏吴越国与日本的交往及其在中日文化交流史上的地位》载《中国文化研究》,2003年秋卷。

吴越国立国不长，仅七十余年，但它实施的支持鼓励民间航海贸易的政策在后世影响深远。宋政府也非常重视海外贸易，在沿海重要港口设立了管理海上贸易的市舶司。市舶司的职能包括检查出海船只货物，收购专卖品，管理外商等。当时沿海港口的市舶机构分属密州市舶司、两浙路市舶司、福建路市舶司、广南路市舶司。其中，密州处于宋金战争地区，其作用不大，持续时间也不长。广州市舶司虽然设立最早，但它主要是管理海外的舶商，而福建路市舶司的设立则较晚。相比较而言，两浙路市舶司的设立意义更重大。两浙路市舶司设在杭州港。根据《宋会要》的记录，杭州设立的两浙路市舶司是在广州之后设立的第二个市舶司，《宋会要》记录了端拱二年（989年）五月诏曰："自今商旅出海外藩国贩易者，须于两浙市舶司陈牒，请官给券以行，违者没入其宝货。"也就是说，各地出海的商船都要向设立在杭州的两浙市舶司申请办理手续。两浙路市舶司是首次为了管理境内海商出海而设立的，这在中国海外贸易管理制度上具有重要意义，开启了重视海外贸易、全面鼓励发展海外贸易的先河。

宋王朝是我国历史上第一个大规模、长时间鼓励支持民间航海贸易的王朝。它不仅奖励市舶司中能招徕船舶的有功人员，也三令五申禁止那些营私舞弊的行为。这是因为市舶收入是宋王朝财政收入的重要来源之一，在某些时期甚至是财政收入的支撑。宋王朝对海洋的积极和正面的态度特别明确，直接带动了浙江沿海港口的兴起和发展。杭州港、明州港、温州港、澉浦港在宋代的发展都很快，因此政府在这些港口都设有市舶机构，密度相当大，超过了南北其他省区沿海。明州港的发展尤其引人注目，很快成长为长江三角洲地区最重要的对外贸易港口，成为"海上丝绸之路""瓷器之路""海上茶路"的起点和通道。当时的明州港还成为宋王朝对朝鲜半岛的主要贸易口岸。北宋政府曾发文说："非明州市舶司而发过日本、高丽者，以违制论"，也就是说，凡是去高丽、日本的商船都必须到明州来领取出海许可证。明州港至高丽航路的开辟主要是受到宋辽之间紧张局势的影响。北宋早期从山东半岛到高丽的航路因此关闭，而改迁至明州。

当时浙江沿海的重要港口还包括温州港、越州港（属今浙江绍兴）、澉浦港（属今浙江海盐）、章安港（属今浙江台州）等。以温州港为例，温州港是一个古老港口，唐代的温州港的单向贸易已经逐步兴起，有日本值嘉岛直达温州的贸易航线。北宋时期随着造船业的兴盛和航海技术的提高，温州港的双向海外贸易得到了迅速发展。南宋绍兴初年市舶司的设立标志着温州港的航海贸易达到鼎盛。当时在整个长江三角洲地区，温州港都是仅次于杭州港、明州港的对外贸易港口。这些港口并不是散乱的，而是形成了层次分明的体系。在这个体系中，杭州港、明州港是重要的中心港口，而温州港、越州港、澉浦港、章安港则是主要辅助港口，由此形成了前后相继的多层次港口体系。浙江港口体系的形成是传统海洋观念改变的产物，而港口体系的发展也进一步促进了海洋观念的发展。在浙江沿海，较早出现了新的积极海洋观。

三、新海洋观念下的港口建设与士文化

新的积极海洋观可以概括为向海洋要生计、求发展的观念，与传统畏惧、防范海洋的观念截然不同。新海洋观出现在浙江沿海有诸多表现，其一就是澉浦港的"创造"。澉浦港是浙江沿海的重要港口，也是杭州港的外港，分担了杭州港的不少港口功能。但在这次考察中我们发现，澉浦港并非一个天然良港，它之所以能成为港口，是被澉浦民众"创造"出来的。

澉浦港位于杭州湾北岸，澉浦镇的南部，是进入杭州的门户。虽然在海边，但澉浦出海口的自然条件并不好，东南部靠海的地方只有两座平行的山——长樯山和葫芦山，缺乏乍浦港那样的天然港湾。因此，澉浦在北宋时期仅仅是一个盐场，港口没有任何发展。后来，距离澉浦很近的杭州港的通航条件受到地理环境和政治命令的影响，无法直接通海。这就客观需要一个外港，帮助海船停泊，并允许海船通过内河河道转到杭州。澉浦民众抓住这个重要的历史机遇，在长樯山和葫芦山中间开挖了一条人工运河（塘），可以使船舶从海口直接驶往澉浦镇。具体的航道如下：海口设招宝闸，海船到了澉浦海口以后，先停留在长樯山下的龙眼塘，然后通过招宝闸进入人工运河，再由人工运河转入原有的内河航道，在沿岸村镇进行商品集散和贸易。由此，南宋时期的澉浦港成为杭州港最理想的海上货物集散辅助港。前来杭州的海外商船，常常在澉浦停泊并进行交易活动，当地不少居民都从事与此相关的行业，"惟招接海南诸货物，贩运浙西诸邦"（《澉水志》卷上《地

理门》)。因为澉浦港的迅速发展,宋理宗淳祐六年(1246年),南宋政府在澉浦设置了市舶官吏,后来又在澉浦镇东设置了市舶场,正式接纳前来杭州的外商船只。因为港口的发展,澉浦镇曾相当繁华,有"小杭州"的美誉。不少内河沿岸村镇的名称也颇具特色,如广陈镇,就是因为海舶带来各种货物"肆列珍异,远近贸易"而得名"广陈"。因为航海贸易成为澉浦的支柱产业,澉浦港口还修建了妈祖庙,来往客商均在这里焚香祷告。虽然如今的澉浦妈祖庙早已衰落破败,但从妈祖庙的地理位置及其建筑残件上,依然可以想象出当时妈祖信仰的盛况。

澉浦港实际上是一个半人工半天然的港口,而澉浦开挖的这条人工运河的水,来自澉浦镇的西边的山上。为了不让山上的水过度流入人工运河,又在山下设坝阻挡,因而形成了一座湖泊,就是我们去过的南北湖。湖水向东通往人工运河,一直到招宝闸,所以运河的水位基本是稳定了,从而减少了潮汐变化和海上风浪对于船只的影响,形成了优良的停泊条件。所以说,澉浦港的建设充分体现了当时规划者的大智慧,是在向海洋要生机、求发展的新海洋观的指引下诞生的一朵中国古代港口建设史上的奇葩。

澉浦航海贸易的兴盛促生了当地的航海世家,元代著名的澉浦杨氏家族就是从航海贸易起家的。元初的时候,杨氏家族的杨发曾总领浙东、浙西舶事,也就是总管杭州、上海、澉浦、庆元、温州等港口的对外贸易活动。后来,元世祖提倡官本船贸易为杨氏家族崛起提供了很好的机会。所谓的"官本船贸易"就是政府支持航海贸易发展的一项特别优惠的措施。具体做法是官府为海商建造海船，并发给他们本钱，派遣他们航行到国外进行贸易，所获利润，政府与海商按照三七分成。这其实是一项无须本钱的好买卖，只要航海技术过硬，有经商才能都能获得丰厚的利润。杨氏掌握了航海贸易的监管权，其家族对于海道又很熟悉，因此招引了不少海商，为其赚钱，很快成为具有地域垄断性质的航海世家。杨发的儿子杨梓、孙子杨耐翁以及重孙杨枢都是著名的航海贸易家。杨耐翁曾任海道都漕运万户，他的儿子杨枢19岁时就乘官本船航行西洋，并从今天的伊朗贩回了白马、黑狗、琥珀、葡萄、酒、番盐等。以杨氏为代表的航海世家的崛起及其航海行为中极其明显地体现了向大海要生机、求发展的新海洋观。

新海洋观在浙江沿海产生与发展的第二种表现是江南士大夫群体的形成及其文化行为。当然，江南士大夫的形成和发展是一个比较复杂的问题，本文不准备做过多讨论。但可以肯定的是江南士大夫的形成的心理基础，一定与新海洋观有密切关系。

要想向大海要生机、求发展，必须有一种包容、开放的心态，这种心态是新海洋观的伴生物。新海洋观和新心态对浙江地区人文精神有重要影响。双向自由贸易港所代表的开放、包容的特质逐渐融入江浙沿海地区的人文精神中，培养和造就了从唐宋开始，一直持续到元明清的对中国传统文化有重要影响的江南士大夫群体。这一群体凭借着江南地区发达的经济文化的有利条件，放眼长远，通过各种途径获取政治上的功能，然后扩展经济实力，引领社会风潮。在这一群体身上，充分体现了新的海洋观。宁波天一阁的建立及其藏书，其实就是新海洋观和新心态的产物。天一阁不仅是我国，也是世界上最古老的藏书楼。我们在参观天一阁的过程中注意到，天一阁主任范钦的收书范围很广，藏书有孤本多、抄本多、精校本多、金石碑刻多的特点，地方志和科举录是其中最有特色藏书种类，没有开放、包容的心态绝对做不到。

综上，我们看到在浙江海港发展过程中，古代海洋观念的转变起到了重要作用，不仅推动了双向自由贸易港口的产生，还促进了浙江港口体系的形成，对地方经济、文化发展都有重要影响。

海丝之路的起点
——杭嘉湖平原的蚕桑丝织文化空间

袁 瑾[1]

中国是世界上最早养蚕和制造丝绸的国家，杭嘉湖平原地区则是蚕桑的发源地之一，亦是海上丝绸之路的起点。传统的蚕桑丝织生产中世代相传的手工生产技艺和知识，在这一带民众的精神文化生活中留下了深刻的印记，在这里带有鲜明蚕桑烙印的民间信仰、民间艺术等民俗事象极其丰富多彩。它们交织在一起形成了一个色彩斑斓的蚕桑丝织文化空间，并业已成为中华民族认同的文化标识和历史记忆，成为中华民族的"根"，对中国历史做出了重大贡献，并通过丝绸之路对整个人类文明的进程都产生过深远影响。

2009年9月，"中国蚕桑丝织技艺"正式进入联合国教科文组织公布的第四批"人类口头和非物质文化遗产代表作名

---

[1] 袁瑾，杭州师范大学学术期刊社副教授。

录"。在蚕桑发源地之一的杭嘉湖平原,蚕桑丝织这一遗产所包括的种桑、养蚕、缫丝、染色和丝织等一系列环节的生产工艺,以及这一过程中所使用的精巧的工具,包括织锦在内的丝绸产品,还有由此衍生的各类相关民俗活动,这一切的存在共同构成了一个生机勃勃的蚕桑丝织文化空间,向世人鲜活地展示着海丝之路的源起。这将有助于让全世界都来尊重这份极其珍贵的遗产,尊重我们世世代代传承的文化创造,也将更加有助于我们自己在现代化的进程中充满自信,有利于蚕乡与世界的交流与对话。

一、蚕桑生产技艺与文化空间的构成

根据联合国《人类口头和非物质文化遗产代表作宣言》的定义,文化空间是"具有特殊价值的非物质文化遗产的集中表现。它是一个集中举行流行和传统文化活动的场所,也可定义为一段通常定期举行特定活动的时间。这一时间和自然空间是因空间中传统文化表现形式的存在而存在"。由此可见,文化空间即是自然地理的存在,也是人文的空间。它是人及其文化意义存在的场所,有它独特的"文化存在"。

在杭嘉湖平原,各种物质的、非物质的文化要素集合在一起,在蚕农周而复始的生产行为、文化实践中被符号化,并被赋予某些固定的意义,最终成为符号化的存在。这些符号相互连接、集结,成为有机的统一体,以蚕神信仰为核心,分布于文化空间的各个层面。试对蚕桑丝织文化空间结构图示如下:

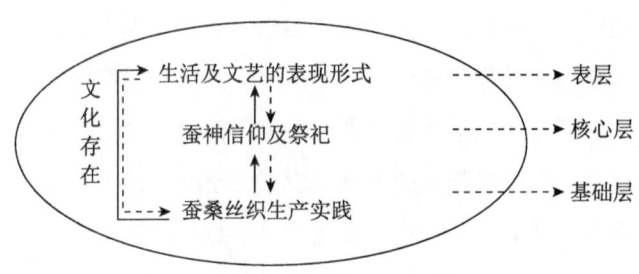

蚕桑丝织文化空间结构图

作为这一带蚕农周而复始进行蚕桑丝织活动而积淀下来的充满意味的空间存在方式，其文化存在可分为三个层次，即生产实践、蚕神信仰与祭祀、生活及文艺的表现形式。其中，蚕桑丝织生产实践是其文化存在的基础。

蚕桑丝织曾在传统的农民家庭经济结构中占有相当大的比重，是蚕农家庭的主要经济来源之一。清嘉庆《嘉兴府志》记载："比户以养蚕为急务……蚕或不登，举家聚哭，盖全家恃养蚕为耕耘之资，蚕荒则田芜，揭债鬻子，惨不免矣。"当时蚕桑之于人们生活的重要性可想而知。在蚕乡，历来又有"田蚕"一说，"田"就是大田水稻种植，"蚕"指的是在家饲蚕，两者相提并论，同为家庭的经济支柱。长久以来，这一带蚕农口中就流传着"忙一个月，吃一年""蓬头赤脚一个月，舒舒服服吃一年"的说法。因此，蚕农们对蚕极为重视，人们历来就把蚕称为"宝宝""蚕宝宝"。养蚕，也叫"看蚕"，意为养蚕需要细心呵护，犹如哺育婴儿一般。这些称呼由来已久，同治《湖州府志》转引《刘沂春乌程县志》云："蚕俗谓春宝（原按：今俗称蚕宝宝）"[1]，说的就是这种称谓。

杭嘉湖蚕乡，养蚕主要以家庭为单位，采取室内养育的方式，具体的劳动一般由家中的妇女承担。家中主持养蚕劳动的女子，无论已婚未婚，一概被称作"蚕娘"。旧时养蚕，每个蚕室只能有一个人被称为蚕娘。蚕娘承担了主要的养蚕工作，对蚕宝宝有如母亲对孩子一般，照顾得细致周到、无微不至。蚕室内诸多工序、操作都依赖于蚕娘的经验以及身体感觉，如同治《湖州府志》中说："治蚕始于护种，终于收茧缲丝，而中间时寒暖，慎燥湿，节饥饱，视慈母之护婴儿殆有甚焉。"[2]与今天各种科学仪器相比，蚕娘身体的这些冷暖、饥饱感觉当然不够可靠，但这毕竟是祖祖辈辈留下的宝贵生产经验，其间蕴含着一份对蚕宝宝体贴入微、细心呵护的可贵情感。这种情感不断沉淀、深化，并成为这一带蚕桑生产领域一切生产技艺与知识传承的维系力量之一。

饲蚕是一项极其细致、繁重的工作。蚕的一生经历了卵、虫、蛹、蛾四个发育阶段，在大约28天的时间里，它们不断吃桑叶，不断长大，三次休眠，三眠三起，直到通体雪白晶莹，吐丝结茧，这期间尤其需要细心看护。待从蚕簇上摘下蚕茧后，又需要及时烘干、选茧，或出售、或自家缲丝制绵，片刻也不得耽误。正是在这样的生产实践中，蚕农世代相传，终于

---

[1] 上海书店《中国地方志集成·浙江府县志辑》（第二十四册，同治《湖州府志》），上海：上海书店，1993年。

[2] 上海书店《中国地方志集成·浙江府县志辑》（第二十四册，同治《湖州府志》），上海：上海书店，1993年。

形成了一整套极其精致的蚕桑丝织生产技艺和知识，贯穿于蚕桑生产的各个环节。具体内容涵盖了桑树栽培与采摘技艺、传统的制蚕种和催青技艺、收蚕蚁和小蚕、大蚕的饲养技艺、上蔟和采蚕茧的技艺、防治各种蚕病虫害的传统知识、蚕具制作技艺、蚕桑生产副产品利用的传统知识、土法烘茧技艺、缫土丝手工技艺、剥丝绵手工技艺等。明代学者朱国祯在其《涌幢小品》中探讨了湖州养蚕丝织生产工艺后感叹道："能节其寒暖，时其饥饱，调其气息。常使先不逾时，后不失期，而举得其宜。……时谓得养蚕术焉。"

二、蚕神信仰与民间艺术的繁荣

蚕神信仰指的是蚕乡民众在长期生产实践中形成的有关蚕桑丝织生产的神灵信仰，也是杭嘉湖蚕乡普遍流行的民间信仰形态之一。它源于蚕桑丝织生产，经过长期的积淀，已然成为一地民众固有的传承性社会文化现象，同时也呈现出一个十分复杂而又高度综合的信仰体系。它具有深厚的心理积淀和文化辐射力，并依其定势，如放射线般发展，不经意地包孕在日常的衣食住行、器物用具和观念行为中，成为各种文化要素整合、连接的核心力量。

蚕乡的人们长期以来信仰蚕神，以为冥冥之中总有一位神灵主宰着蚕桑生产。蚕神也不止一个，比如嫘祖西陵氏，马头娘、蚕姑、蚕花五圣、蚕丛青衣氏等，都被人们信仰过，但在杭嘉湖人们还是普遍信仰马鸣王菩萨，并在乡间村头塑起了神像、建起了庙宇，以寄托美好的心愿。关于马鸣王菩萨的来历，按当地蚕农的说法是"宋敕清封"，说明它兴起于宋代，至清代达到鼎盛。对此，古人有颇多记载，可以相互映照。明田汝成《西湖游览志》卷十云："北高峰，石磴数百级，曲折三十六弯，上有华光庙，以奉五显之神。山半有马明王庙，春月，祀蚕者咸往焉。"清嘉庆《嘉兴府志》云："《吴兴掌故》所称马头娘，今佛寺中亦有塑像，妇饰而乘马，称马鸣王菩萨，乡人多祀之。"清同治《湖州府志》云："俗呼蚕神曰蚕姑……《吴兴掌故集》引《蜀郡图经》曰'九宫仙嫔'者，盖本之《列仙通记》所称马头娘，今佛寺中亦有塑像，妇饰而乘马，称马鸣王菩萨，乡人多祀之。"

当代，蚕农中至今仍活跃着不少口头故事和歌谣。尽管说法不一，但情节基本相同，大致为：一少女欲见其父而誓约许婚，马显神迹迎父回家，马欲娶少女，女父悔约杀马，马皮裹女子飞去，女化蚕，头似马头。

旧时，这一带有许多蚕神庙，蚕农家中也大多供奉蚕神。一年之中，有许多次对蚕神的祭祀，从孵蚕蚁、蚕眠、出火、上山到回火、缫丝，几乎每道工序都要祭祀一番。十分有趣的是，这些祭祀的名称中大都离不开"蚕花"二字。蚕花，是当地蚕农自己制作的一种纸花或者绢花，人们常常把它当作蚕神的象征物，并用它来命名相关民俗活动。比如蚕事开始，蚕农祈求蚕神保佑的仪式叫作"请蚕花"，仪式中有"接蚕花"，象征蚕事兴旺，蚕神诞辰要过"蚕花生日"，蚕事完毕则将新茧、新丝呈献于神灵前，称为"谢蚕花"。据当地老农回忆，在20世纪五六十年代清洁蚕室时还有"走蚕花"的习俗，即正走三圈、反走三圈，口中念道"出门碰上摇钱树，回来碰上聚宝盆"，祈求丰收。这种习俗的原始意义当是一种驱赶巫术，后来逐渐衍化为求吉。目前这一习俗在清洁蚕室的过程中已经消失，但在丧葬仪礼中仍有保留。

到了清明节，这里的许多地方都要举行以祭祀蚕神为中心的庙会，俗称"轧蚕花"，这种民俗活动一直沿袭至今，一向令人瞩目，其中尤以浙江桐乡一带的含山轧蚕花规模最大。"轧"在吴方言中是"挤"的意思。民间传说，蚕花娘娘在清明节化作村姑，踏遍含山，在这座山上留下蚕花喜气。谁能脚踏含山地，谁就能把蚕花喜气带回家，保佑蚕桑生产丰收。为此，每年清明节，远近蚕农，特别是蚕娘们都要争相上含山，到蚕神殿烧香礼拜，到处走一转，轧轧闹猛。

三、生活习俗与民间艺术的繁荣

蚕桑丝织不仅仅表现在传统手工技艺与知识的范畴里，它还渗透到了蚕乡民众日常生活的方方面面，涉及他们的婚丧礼仪、民间文学以及各种民族民间艺术的范畴。丰富的生活及文艺的表现形式最易为人们所感知，处于文化空间的表层，展现其独特的面貌。

围绕着蚕桑丝织生产与信仰习俗衍生开来的民族民间艺术种类繁多、内容丰富，构成了一个丰硕的艺术宝库。其中有"蚕花戏"，就是蚕农为祈求蚕桑丰收而专门邀请戏班来演的戏。还有一种民间歌舞"扫蚕花地",则与早期巫师为巫室祛祟的仪式行为有着某种渊源关系。在蚕乡的庙会上又有"踏白船"和"高杆船"。前者是一种摇快船的竞技习俗,后者则是在船头一根高高的竹竿上表演一系列高难度的杂技动作,十分惊险。甚至在当地春节舞龙习俗中也能够时时看到蚕桑丝织习俗的渗透。许多地方舞罢龙灯,人们纷纷从龙灯上扯下一些鳞片或小饰品带回家,放在蚕室以保佑蚕事,称为"扯蚕花"。而将蚕蔟当作草龙舞动,祭祀焚化,以为祀雨的习俗,也由来已久。

除此之外,蚕乡还流传着有关蚕桑丝织的神话、传说、故事,以及相关的歌谣、谚语、谜语,内容丰富,影响深远。这些原本分属不同文化范畴的传统文化样式无一例外地打上了蚕桑丝织的烙印。在相当长的历史时期里,蚕桑丝织物质生产地位举足轻重,因而对这一带人们的精神生活发生了深刻的影响,终于形成了当地独特的生活样式。这一笔非物质文化遗产弥足珍贵,对于它的传承与保护自然不能掉以轻心。

祛祟、求吉、仰仗神灵的心理对当地蚕农日产生活中的社交、人生礼俗以及婚丧嫁娶也产生了诸多影响,形成了一些特殊的禁忌与习俗。

在社交方面,蚕乡有在养蚕时节"关蚕门"的传统。蚕月中,蚕户一般不互相串门,一则怕惊扰蚕宝宝,二则怕生人进入蚕室带来不干净的东西。一直要到养蚕结束,人们才开始互相走动,称为"开蚕房门"。蚕月亲友之间禁止来往的习俗由来已久。民国《海宁州志稿》云:"四月为蚕月,育蚕之家各闭户，亲邻毋得轻入，官府暂为停讼，谓'放蚕忙'。"[1]同治《湖州府志》又云："蚕时多禁忌，虽比户不相往来。……官府至为罢征收，禁勾摄（原按：学政试士，提督阅兵，按临湖州，并避蚕时。）谓之'关蚕房门'。"[2]《重修浙江通志稿》云："余杭自蚕出种之日，以至登箔缫丝，大约四十日为期，有司特停征讼。"[3]茅盾在小说《春蚕》中，也以桐乡乌镇风俗为背景，提到了这种养蚕期间禁来往的传统，称之为"一个'戒严令'也在无形中颁布了"。可见，这种"蚕禁忌"由来已久，并且遍及杭嘉湖地区，在当地民众的生活中占有极其重要的地位。蚕忙时，不仅亲邻禁止往来，就连官府的考试、阅兵、办案、征税、捉捕犯人等一类公事也不得不为之让路。

在杭嘉湖蚕乡，人的一生也与蚕桑生产结下了不解之缘，在蚕农的婚丧嫁娶礼仪中，处处渗透着蚕桑生产的影响，表现出强烈的地域文化个性。这里至今保留着用两枝桑树作为陪嫁的习俗，陪嫁的桑树必须连根，到了夫家就种下。过去用野桑，象征新媳妇到夫家安家落户，也带有希望家事兴旺的用意。如今野桑寻觅不便，就用家桑代替。新妇过门的第二天，又有"经蚕肚肠"的风俗。当地，蚕农称织布为"经布"，蚕丝为"蚕肚肠"，"经蚕肚肠"就是缫丝织布的意思，这个仪

---

[1] 上海书店《中国地方志集成·浙江府县志辑》（第二十二册《海宁州志稿》），上海：上海书店，1993年。
[2] 上海书店《中国地方志集成·浙江府县志辑》（第二十四册，同治《湖州府志》），上海：上海书店，1993年。
[3] 浙江省地方志编纂委员会《重修浙江通志稿》，北京：方志出版社，2010年。

式就是一次象征性的缫丝过程。俗信以为，经过此番仪式，新媳妇嫁入婆家后养蚕缫丝就会一切顺利。

有人过世，依旧离不开蚕桑，若是碰上有人去世要去亲戚家报丧，在当地称作"报蚕花"。入殓时，将死者放入棺材后，在盖棺之前，所有亲属必须手持香烛绕棺材行走三圈，向死者做最后告别，当地此俗称"走蚕花"。如今不用棺材了，但"走蚕花"习俗仍在延续，将死者抬上殡葬车前，通常都必须先进行"走蚕花"仪式。此外有"扯蚕花挨子""讨蚕花""盘蚕花"等风俗。

四、意义的淡化与保护措施

蚕桑丝织生产技艺产生于传统农耕经济社会，历来依靠口传身授的方式传承着。它在当地传统农村经济中占有举足轻重的地位，蚕事丰收与否与每个人的生活息息相关。这种现实的紧迫感，要求人们在生产、生活行为方式的各方面保持统一和谐的形式。尽管有时候人们说不出个所以然来，但他们始终拥有饱满的热情，信奉蚕神、参加庙会、恪守禁忌，遵守其他与之相关的习俗惯制，虔诚地承续着传统。

然而时至今日，随着外部环境的变化，进入现代社会，它的生存环境已经不可避免地发生了变化，特别是受到"东桑西进"的蚕桑生产战略布局与现代生活文化的冲击，这必然会影响到它的生存和发展。传统蚕区蚕桑生产式微也是不争的事实，由此产生的一个直接后果就是与之相关的文化要素意义淡化，以致逐渐散失，甚至消失。

所幸的是，有关蚕桑丝织的保护已经引起了各地相关文化部门、研究机构以及社会各界的重视，并提上了议事日程。整体性保护的原则也正在成为各方工作的共识。2009年浙江余杭区政府整合当地蚕桑生产民俗要素，以塘北村为中心建立浙江省第一个蚕桑生产文化生态保护区。如今，中国丝绸博物馆业已建立了"中国蚕桑丝织文化遗产保护研究中心"，对各种蚕桑、丝织、印染、刺绣等民间手工艺进行普查，并采取实地生产性保护与博物馆展示性保护相结合的方式。"中国近现代蚕桑不可移动纺织文化遗产调研"与"口述丝绸历史"两个项目也在逐步推进中，一个关于中国蚕桑丝织的立体性保护模式正在形成。与此同时，相关文化旅游空间的深度打造，蚕桑丝织产业的升级也在各地开展。

当下，将遗产保护与社会主义公共文化服务相结合正在成为保护者们积极探索的新方式。对于民众来说，围绕蚕桑丝织生产在不同生活领域代代相传的习俗惯制，是一笔丰厚的文化遗产，是关于自身信仰、价值观和行为方式的表意性象征，也是一种对社会生活具有道德感召力的文化力量。从这个角度出发，遗产的保护正是为了满足当前民众最广泛的文化需求，它所体现的也是全体民众最普遍的共同体的价值。

椒江"送大暑船"活动缘起与传承述评

陶棣华[1]

　　椒江是浙江中部沿海港口城市台州市的主城区，它也是一条古老的江河。自汉晋以降，这一带诞生了海疆都会章安，三国时东吴万人的船队即是从这里远航台湾。南宋以后，椒江的葭沚、海门开埠拓港，促进与海内外商贸交往，成为台州海上丝路的出发地。而自古以来的民间习俗活动，给予这里人们的经济社会生活以精神情感的充实、抚慰。自清中期开始，有一种叫作"送大暑船"的习俗活动在椒江兴起，为的是驱瘟逐疫，祈佑地方平安。一个多世纪以来，该活动基本上从未中断。进入2000年以后，活动更是进行得一年比一年红火，它那热烈张扬的社火表演和祭祀仪式吸引着周边成千上万群众的目光，而在许多民俗学专家看来，它身上依然是"古风犹存"。

---

[1] 陶棣华，浙江省台州市椒江区民间文艺家协会会长。

一

椒江送大暑船活动肇因于我国古代有关驱瘟疫（瘟神）的信仰习俗。据文献记载，早在远古及商周时期，中原一带人们就用傩仪的方式进行禳祀瘟神、祈求平安的活动，多在岁尾腊月举行。《后汉书·礼仪志》叙述"宫廷傩"：阵容庞大，仪式隆重。仪式最后由骑兵高举代表瘟疫（"赤疫"）的火把驱驶出宫，然后将它们投入洛水之中，任漂流而去。这样一种凭借着自然界流水的力量驱除灾疫、祈求平安的仪式，为后世人们所承袭。到了宋代，人们（主要是长江中下游及两湖地方）送瘟仪式中有了推船出海（江、湖）及至到了明清以后在闽台地区王醮仪式中焚送"王船"等做法，均代表着将瘟疫（瘟神）用水流礼送出境，借此祈求境内平安，灾疫不起。[1]在时间的安排上，远古时的傩仪多选在岁尾腊月，而明清以来闽台地方的送瘟出海（王醮）仪式一般选在每年五六月间。清人施鸿保撰《闽杂记》（卷七）中谈到闽地送瘟习俗："出海，驱遣瘟疫也。福州俗，每年五六月中，各社醵钱扎竹为船，糊以五色绫纸，内设神座及仪从供具等……但浮海中，任其漂没。"

关于椒江送大暑船活动何时起始的问题，我们可以从已有的文献资料中查找答案。在这里有必要把下面资料加以引录并分析。

---

[1] 姜守诚《中国近世道教送瘟仪式研究》，第34页，北京：人民出版社，2017年。

其一，清俞樾（1821～1907年）撰《右台仙馆笔记》（卷十二）谈到台州府临海县民众但凡遭受瘟疫后就会相约于次年举行"送船之会"，择大暑日辞送"大暑船"以御灾疾："同治中，临海县民比年疠疾，过大暑不瘳，乃于次年相约为送船之会，亦其旧俗然也。其船如商船之式，船具如桅樯舵舻，用具如桌椅床榻、枕簟、被褥、食物如鸡彘鱼虾、米谷豆麦，备御之具如刀矛枪炮，无一不备。惟盛米之袋甚小，仅受一升，而数则以万计，皆村民所施也。前大暑数日，大建道场。至大暑日，送之出海，听其所之，俗呼为大暑船。"可见与闽地这一习俗外在形态的类同性。

需要指出的是，台州境内载于文献的较大规模送大暑船活动地域只见于椒江一带，而椒江即旧时的海门、葭沚一带，它们在清朝民国时皆隶属于临海县。故俞文统以临海概之，这并没问题，如要说得更具体点，活动地点当在临海海门。

其二，近人有《重修五圣庙碑记》立于海门东门岭之五圣庙内。文曰："五圣之祀，肇自隋文。掌瘟疫，江南民间多祀之，吾邑民风淳厚，笃信神祇，于五圣敬奉尤有加焉。清同治中为立庙于东山晏清门上侧。"

从俞樾文中，我们可以了解到当年送大暑船活动的举办是由于"临海县（椒江）民众比年疠疾，过大暑不瘳，乃于次年相约为送船之会，亦其旧俗然也"，可见那次活动的举办是有着较强的实用性的，因而也可以从一方面解释活动时间"临时"地定在了大暑日的原因。

另外，从《重修五圣庙碑记》中我们知道，海门东门岭

（晏清门上）五圣庙"建于清同治中"这正与俞樾文中对活动时间的记载相合，是为椒江有记载的最早建五圣庙者。

在今天看来，它承袭的"旧俗"，既是源自中原及长江流域古老的送瘟习俗，也在地域的趋近性上延承闽台的送王船（王醮）习俗。因为自明清特别是清中期以来，福建商人凭借海上航运的便利，北上与浙沪沿海地方做生意，福建泉州、漳州等地与椒江商贸交往频繁，以及两地渔民长期渔业生产的季节性交聚等，乾隆三十八年（1773年）后，闽商还在葭沚建起了"泉漳会馆"。另外，在海葭多地都建有天后宫，妈祖文化也对台州沿海地方的民俗产生了重大影响。在这样的背景下，并且在清中期这样时空节点上，在椒江（先是海门，后有葭沚）建起五圣庙开始送瘟习俗活动，这就使得两者在这一习俗文化承袭上有了海洋文化这一客观上的共性，比如习俗活动的场所不是内河而是江海，不是小纸船而是较大的木（竹）制作的一定体量的海商船模，而且我们可以看到活动的主体多半不是农民而是渔民及海上运输者，而尤其重要的是椒江民众将休渔节接入了送大暑船活动，充分表明了这一习俗活动内生出的嬗变意义。

驱瘟习俗由来已久，而一个地方传入此种信仰习俗，首先重要的是建立祀神道场。宋代以来，由于道教兴起，民间习俗每每在道士通过道教的神秘传言等主导道场活动，形成一套相应的禳祀程式，五圣的传说信仰活动即是一例。各地送瘟时禳祀的神祇其来历说法各有参差，一方面是对于瘟神多种多样的表述，另一方面它有一个由原初的自然神祇向人格神祇转化过程。而在众多表述中，有一种表述在江南多数地方较为普遍，即把五圣认定为瘟神，那就是通常所指的张元伯、刘元达、赵公明、史文业、钟仕贵五圣，称作是五瘟神。这在椒江也是一样的，都是来自道教的传说。从发现的葭沚道士在五圣庙内做道场时吟诵的《瘟司御灾治病保忏》手抄本当中，可以看到道教信仰传说在这一习俗活动中的植入，其内容是这样的："五瘟大神原处江西省安庆府浮梁县人，结义五姓，张、刘、赵、史、钟，兄弟同科，得中五进士出身。皇皇无道，除天师福禄，设计将苾御国园中，掘下地穴，五进士藏于地穴内，昼夜笙箫作乐。皇上传旨，速召天师：'御国园中，出了妖怪。'天师指算：'非妖非怪，凡人在地穴，朝暮笙歌，时刻作乐。'左（手）执着七星宝剑，右手提着九龙法水，口中念咒，净水一喷，宝剑插地，御国园中一时滚出五首。五进士心不气忿，五门外兴妖作怪。喻封春夏秋冬五方行灾使者，天下任游。兴运者，坐贾经商，遇则生财大道，康泰呈祥；若慢者，冲则破国亡家，作祸生灾。"[1]

以上内容把五圣作为五瘟（神）的来历说得明白了，这也是通行的说法。不过，葭沚当地还有一些关于五圣来历的说法就与上面通行的说法不同，其中有一个是这样的：五个人是四川人，举人，来到南宋都城临安来考试，他们才学很好的，却屡试不中，一问，说是主考官嫌他们个个长得难看，不予录取。五举人闻知心中愤愤不平，就在临安街上到处发牢骚，攻

---

[1] 顾希佳、陈志超《从大暑船到渔休节》载《椒江续志》，第224页，北京：中华书局，2001年。

击主考官,一时闹得沸沸扬扬。此事皇帝知道后,下旨把他们抓起来杀掉了,五颗头砍下来一起埋掉。五具无头尸体随着潮水飘荡,飘过长江口,进入沿岸几个地方,都不被收留。尸体飘回海里,向北飘,北方人也都不收。又向南飘,一飘飘到台州湾,被葭沚的渔民发现了。葭沚人向来有海上救人打捞尸体的传统,把打捞尸体视作打捞元宝,于是把这五具尸体打捞上岸,找个地方埋了。后来葭沚地方长官做了个梦,梦见五举人对他说,他们会保护地方平安的,所以就给他们造了个庙,叫五圣庙。因这五具尸体都没有头,所以从前这个庙里没有神像,只是摆了五个神位。[1]

之所以把这样一个另类的传说抄录于上,只在说明,葭沚当地还有一种把五圣当作善神的认知,甚而将它们当作海上保护神的,这也让人们依稀窥见妈祖文化对于台州地方习俗的羼入。

二

送大暑船活动主要集中在每年的农历大暑节前半个月,到大暑日活动达到高潮并结束。送大暑船活动在常人眼中的"亮点"无疑就是这艘庄严丽彩的大暑船,而大暑节这一天仪式的很大部分也都是围绕着这条船来设计展开。那么,这是一条怎样的船呢?

---

[1] 顾希佳、陈志超《从大暑船到渔休节》载《椒江续志》第220页,北京:中华书局,2001年。

显然，大暑船每年都一次性使用，所以每年都要新做一条。这工活一般由当地一些资深工匠来做。船的模样是比照旧式商船模样制作，但比例上进行缩小，一般长8米、宽2米左右，也装有前、中、后三支桅杆。船体打造完工后，接下来要进行髹漆和彩绘工序。彩绘的风格充满了传统年画大胆明艳的色彩风格，图案表现了吉祥和教化的寓意，两边船帮还写上"风调雨顺""国泰民安"的字样。

船内设有神龛香案，以备供奉神灵，还有水缸、菜刀、碗筷、床褥、餐柜、卧榻、梳妆台等生活用品，还备有刀矛枪炮等武器，还有炮兵、水手、收账员等，还有金元宝、春篮担等彩礼，当然以上的都是模型、道具。之所以船上要装上这许多物品，大概要表明送五圣爷让其带上随路可供驱使享用；另有说法说是为保护海上渔船渔民，逢有灾困，好前往解救，这些因而可派上用场。

送大暑船活动组织工作由当地星光村几位德高望重的老人牵头并分工负责进行。活动开始于小暑，当日的活动名曰"迎圣"，五圣庙组织了有声有色的"迎圣"活动，用轿子将远道而来的五圣抬到五圣庙，将神偶恭奉于神龛内，为接下来半个月祭祀五圣神准备。

大暑节倒数第五天，即为"请酒"日，上午集圣庙本保爷以地主身份做东，周边文昌阁、龙王宫"老爷"前来集圣庙，然后，大伙一路敲锣打鼓去五圣庙请五圣前来"赴筵"。下午，仪式结束，又恭恭敬敬一路送五圣回庙，这是整个送暑活动的一个小高潮。

到大暑节这天，来自四面八方的香客、群众早早地赶来，五圣庙内外，进香的、逛庙会的、串演的人山人海。午后，祭祀停当，那条"盛装"的大暑船先由十几个青壮汉子从五圣庙抬出，装上轮架上，推出庙前的甬道，沿着葭沚的主街道款款而行，转入道头后先抵达停放江滩上。在游行队伍方面，首先是开道的，然后是几个人扛着一块大牌匾，上书"渔休节大暑庙会"，跟上是娱神表演的方阵：有舞龙队、腰鼓队、木兰扇队、铜管乐队，有荡湖船、抬阁……队伍一边行进，一边表演。队伍中最显眼的莫过于七乘小轿——前面五乘坐着五圣神偶，后两乘内坐着本保爷和杨府爷的牌位。最后，游行队伍到达江堤以外滩涂，在这里设立祭坛祭祀五圣，祀毕，五圣被移奉于彩船上的神龛，在鞭炮声和人群的喧声中，大暑船被缓缓拖下滩涂下到海中，再由渔船拖往外海。

以上是葭沚送大暑船活动的大致情况。事实上，葭沚东边海门东门岭五圣庙的送大暑船情况与葭沚的大致相同，但也存在着一些差异，如场面规模偏小，但祀神仪式别有特色。送大暑船到江堤外后，不是拖往外海去，而是在滩涂就地祭拜焚烧等。

三

以上就各历史时期地域民众运用傩仪、道教仪式送瘟神（瘟疫）现象及椒江送大暑船的习俗过程作了简要的阐述，可以看到，这些送瘟习俗其根本动因乃是由于民众对瘟疫等恶性传染疾病的恐惧和以巫道思维以行禳祀。基于此，我们同样把椒江送大暑船归入到这一习俗的传承进程之中，是有道理的。换言之，北宋以降地域民众的祀瘟神与送瘟船（王醮）的信仰习俗理念——依靠不断流逝的江水把疫鬼瘟神礼送出境，借此祈求境内平安，灾疫不起——在今天台州湾古渔村的送大暑船活动中得到了较好的保留和体现。

随着时代和社会的变迁，传统的民间习俗，尤其是辐射广众的习俗活动，会在时代的进程中产生一些微妙的"嬗变"。就椒江送大暑船而言，10年前当地渔民在活动中打出"渔休节大暑庙会"牌匾中可见一斑。可以说，如今当地人们在活动中不再绝对地把"五圣"当作反面神角色，或者说正渐渐淡化这一观念意象，并且后来的民间传说也有把"五圣"当作渔民海上作业的"保护神"的，渔民中间还流传着许多有关"五圣"在海上帮助渔民解除险情、送水送粮的传说，颇类似于闽台一带渔民对于妈祖的信仰传说。[1]

这些现象的出现，细想之下，其实也可理解。当代世俗的人情思理、民众对于海洋神祇的联想等都会对于活动初始的巫道元素加以稀释，从而对习俗本体产生微妙影响。这里还要补充一下，即人们活动心理的变化还基于这样的事实：如今人们多是在社会环境太平安宁的条件下举办习俗活动，这与古时候人们在瘟疫威胁面前（乃至已经到来）举办活动其心态状况之区别大有不同，因而现在每每呈现的都是欢快而张扬的场面

---

[1] 顾希佳、陈志超《从大暑船到渔休节》载《椒江续志》，第227页，北京：中华书局，2001年。

气氛，这样轻松平和的社火祭祀活动，反过来在人们的心理上一定程度消解了五圣的反面神角色，或者说这也与社会文明、科学普及使得当代渔民有着更广阔的精神视野与自信有一定关系，渔民们更希望这一年一度的习俗盛会能为他们短暂的岸上休整带来轻松休憩，为将要开始的海上作业带来吉祥平安。

近十几年来，尤其是2009年椒江送大暑船被列入浙江省第二批非遗保护名录后，当地各级政府部门都十分关心重视，多次对它所处的生态环境及传承状况进行考察调研，充分肯定了它在继承优秀传统文化和调节渔民们精神状态、丰富渔区休渔期文化生活中的积极作用，而对它所具有的潜在的旅游开发价值也给予相应的评估。在各级政府和社会大众共同支持、保护下，送大暑船这一椒江地域古老的信仰习俗正焕发着自身的生机。

海港坐标

浙东馒头与日本馒祖考

杨古城[1]

一、中国馒头、宁波馒头与日本馒祖

馒头,又圆又满,象形、寓意、谐音圆满吉祥,至今仍是中国人和日本人最喜食的食物。尤以日本东京、京都、奈良销量最高,日销10万个以上。随着近40年来改革开放和国际文化交流的发展,我们进一步知道了日本馒头的根在浙江,且特别与宁波天童寺有缘。

中国人吃馒头的历史,可追溯到2000多年前的战国时期。《事物绀珠》记"秦昭王作蒸饼"之事,萧子显在《齐书》中亦有言,太庙祭祀时用"面起饼"即"入酵面中,令松松然也"。蒸饼,可视为中国最早的馒头。

《三国演义》第九十一回:诸葛亮平蛮回至泸水,遂命

---

[1] 杨古城,高级工艺美术师,浙江省宁波市鄞州区民协专家。

行厨宰牛马和面为剂，塑成假人头，眉目皆具，内以牛羊肉代之，为言"馒头奠泸水"。祭罢，云收雾卷，波浪平息，军获渡焉。自诸葛亮以馒头代替人头祭泸水之后，馒头就成为宴会祭享之用。后来因"馒"通"蛮"，"馒头"即意为"蛮头"。唐代王梵志《城外土馒头》诗云："城外土馒头，馅草在城里。一人吃一个，莫嫌没滋味。"唐以后，馒头的形态变小，有称作"玉柱""灌浆"的。《汇苑详注》："玉柱、灌浆，皆馒头之别称也。"唐人徐坚《初学记》把馒头写作"曼头"。唐宋后，馒头也有无馅者，叫白馒头。北方将有馅者称包子，为了皮薄用手嵌馅攒尖。但在江南地区仍以馒头做红白喜事、佛教道教法会及民间祭祀、建房、寿庆、丧事等用。

宋时馒头进入宫廷，宋《燕翼诒谋录》："仁宗诞日，赐群臣包子。"文后注曰："即馒头别名。"渐之，馒头普及民间，成为古代大学生经常食用的点心，所以《武林旧事》中称"羊肉馒头""大学馒头"。岳珂有《馒头》诗："几年大学饱诸儒，薄枝犹传笋蕨厨。公子彭生红缕肉，将军铁杖白莲肤。芳馨正可资椒实，粗泽何妨比瓠壶。老去牙齿辜大嚼，流涎才合慰馋奴。"但唐宋明州（今宁波）人自古就称馒头，而必有馅或微甜，且一直认为馒头就是素食点心，但少量有荤的。如"肉馒头打狗，有去无回"，即宁波民谚。宋代吴自牧《梦粱录·荤素从食店》曾载有小和尚多吃两个馒头的故事。师父对小和尚说："平时你吃四个馒头，今天你却吃了六个馒头，你多得到了两个，可是你却并没有享受到这两个馒头的好处。得到不一定就是享受，僧人不贪，不求，自然知足，自然常乐。"

明清之后,不管有馅无馅,馒头一直做馈赠、祭供之用。《居家必用事类全集》中,记有很多种馒头,并附用处:"平坐小馒头(生馅)、捻尖馒头(生馅)、卧馒头(生馅,春前供)、捺花馒头(熟馅)、寿带龟(熟馅,寿筵供)、龟莲馒头(熟馅,寿筵供)、春蛮(熟馅,春前供)、荷花馒头(熟馅,夏供)、葵花馒头(喜筵、夏供)、毯漏馒头(卧馒头口用脱子印)。"明代李诩的《戒庵老人漫笔》中记:"祭功臣庙,用馒头一藏,五千四十八枚也……祭毕送工部匠人作饭。""抢上梁馒头"也不仅是浙江人、宁波人庆贺造房子时的民俗,其他地区亦有。

自宋元以来,馒头已成为江南仅次于主食米饭以外的主要点心,已普及于社会生活中。浙东城乡集市普遍出售,寺庙、宗祠大量祭供结缘,特别是从海外进来求法的日本僧人,有幸品尝如此美食,这其中就有一位在天童寺求法的日本龙山德见和尚和他的徒弟林净因传承馒头之缘。

二、宁波馒头　远传东瀛

据日本史料记载,日本关东下总国香取郡出生的龙山德见(1284~1358年),本姓千叶,"德见"是其法讳,13岁时在日本镰仓寿福寺出家。元大德三年(1299年),天童名僧一山一宁由元成宗派往日本,住入镰仓建长寺。16岁的龙山德见即拜其为师。据日本木宫泰彦《日中文化交流史》等记载,22岁时龙山德见仰慕天童佛法，于日本嘉元三年（1305年）由寂庵禅师送他到商船码头入元。到庆元府(今宁波)时，海禁严厉。龙山和尚避开巡检，入夜后从江边越墙入城，"迳入一富商家中"。主人发现，龙山以书字作答：为拜师冒死渡海而来。由于这位商人又是天童寺住持东岩和尚信徒，感其诚心，备了文书荐往天童山参禅修行，并入天童僧名录，此后可免受官府追查。后来他又是天童寺简翁居敬、环溪唯一的法徒。在天童寺修习期间，寺内馒头是他主要米食之一。

然而，入寺二年后的大德十一年（1307年），因日本倭寇烧城，官府追捕日本人，龙山和尚也被怀疑捕送大都（北京），又遭送洛阳白马寺受审。不久，放归天童时一路经江西东林寺，并任兜率寺住职等。数年归回天童时，已由临济十八世竺西妙坦主持天童，他为侍香之职。1309年，日本僧人嵩山居中求法天童，之后又有雪村友梅、月山有桂、孤峰觉明、祖继大智、无云义天、大初启原、赤城了儒、中庭宗可、天岸惠广、中庭宗可、无我省悟、愚中周及等日本僧人来天童求法，都喜爱食用馒头。在龙山德见入天童之后，寺外鄞县东乡以作馒头为业的奉化人林净因拜他为师。林净因原是北宋著名诗人林和靖的七代裔孙。1350年，66岁的龙山德见和林净因等29人从苏州太仓放洋，由龙山德见雇船主施荣甫掌舵启航，龙山德见有诗道："四十七年今复回，一心赢得冷如灰。无端听着演前史，不觉令人悲感来。"

船在海途和岛礁中48日，终于到了京都和奈良。在日本古籍《五山文学别卷·园太历卷三》中记载："回乡一行十七禅僧外，林和靖七世孙林净因随来……"林净因受师傅指点，选择在离京都不远、寺庙很多的奈良小路町住下，仍以做馒头为业。而师父龙山德见回到日本后做了京都建仁寺的第35代住持。

三、奈良馒头　扬名古都

奈良是日本著名的古都，也是当时日本贵族阶层主要的社交场所。林净因在奈良最初制作的馒头，按家乡原来的制法，有肉、菜、豆沙为馅，但外表不露痕迹。日本人百思不解其做法，也不合当时日本人口味。日本原有的点心大都类似于称为"仙贝"一类又硬又脆的米饼，于是，林净因向奈良佛寺试销适合日本人口味的豆沙馒头，馒头上印一红色的"林"字为记。粉团发酵蒸熟之后，又香又软"松松然"的豆沙馒头，远胜原有的日本点心之美味。所以林记馒头首先在奈良寺庙出了名，不仅在僧侣们之间获得口碑，同时在贵族阶层之间也大受好评，并逐步风靡至日本各地。

奈良"林记"馒头，不久有人进献宫廷，又被人推荐给了当时的后村上天皇。品尝到"奈良馒头"美味的后村上天皇大喜过望，对林净因宠爱有加，甚至将自己身边的宫女赐给林净因为妻。为感谢后村上天皇的恩宠，林净因在大婚之日，特意制作了红白双色馒头款待各方。如今，日本人在迎娶新娘或是有什么喜庆活动时，仍保持着赠送红白馒头的习俗。林净因生有两子两女，仍以馒头为业。

1358年（元代至正十八年、日本延文三年），师傅龙山德见逝世后,当时已年过半百的林净因产生了思乡之情,于是他辞别妻儿二男二女,搭趁商船返回故里。从此天海相隔,他再也没有回日本与妻儿团聚,默默地老死在自己鄞东的故里。

但在日本奈良,他的妻儿"遂以净因归国之日4月19为命日,设供养,而以馒头作为传家之业,广为销售"。这家由林净因妻儿开设的馒头屋遂成为日本第一家馒头食品店了。后来,日本幕府将军足利义政公亲笔为他们写了"日本第一馒头所"的招牌。林氏馒头已由其妻儿接替,特别是次子惟天盛祐更有所专,馒头屋生意红火,"奈良馒头"和林氏的"馒头屋"后来由其子孙世代继承,在京都也开有分店。

四、盐濑馒头　风行京都

1368年,日本京都发生"应仁之乱"。为躲避战乱,京都"馒头屋"撤离躲避到三河国设乐郡盐濑村(现爱知县东部)的亲戚家居住,并改姓为"盐濑"。馒头制作也更适应当地人口味,称为"盐濑馒头"。

为了再一次学习祖籍宁波鄞县天童的馒头和点心的制法,居住在日本盐濑的林净因孙子林绍祥,在明初曾回中国浙东再次学习馒头及糕点制作方法。学成回到日本后,又与日本茶道千里休家族结缘,创立日本茶道馒头。不久在战乱平定后的京都重新开业,立屋号"盐濑",制作并销售从祖籍学来的以甘薯为原料的"薯蓣(山药)馒头"。"盐濑"馒头店生意兴隆,多次受到天皇接见。就这样,馒头在日本逐渐流传开来,成为当时最新式的一种食品。薯蓣馒头口感松软，甜而不腻，很快成为京都的超人气点心，甚至馒头作坊的那条街，都被人称为"馒头屋町"。掌权的德川幕府用此馒头装入兜中，作为祭祀神灵、犒劳士兵的美食。尤其是将军德川家康，每次出征之前，都要将薯蓣馒头盛放于武士的头盔之中，敬供军神，祈求胜仗。因此，薯蓣馒头又被称为"头盔馒头"（日文汉字为"兜馒头"）。由于薯蓣馒头深受德川家康的喜爱，后来德川家康前往江户建立幕府政权时，林净因的后代盐濑一族，悉数搬到了江户（即现在的东京）。但留在京都的"盐濑馒头"铺传入民间之后竟有数百家之多。做点心的作坊就通称为"馒头屋"。

据日本馒头34代传人川岛英子提供的资料，京都盐濑馒头继续受各代天皇好评，并赐以"盐濑山城大椽"官名，御书赞歌一曲，并将所住街道命名为"馒头屋町"，即今京都中京区乌丸通三条下之馒头屋町是也。

五、日本馒头　继往开来

奈良的盐濑馒头林氏家族，在中国明末清初时，迁居江户（今东京），之后继续为皇族及各大寺院提供馒头。近300年来，江户林记馒头设有三店。明治维新以后，天皇移居东京，盐濑馒头既入宫中，又及民间。七世孙林宗仁编了《日本馒头词典》，成为日本饮食文化史上重要著作，又是中日饮食文化史上的珍贵文献。日本馒头盐濑总本家制作的薯蓣馒头，曾享有允许使用日本皇室菊纹家徽的殊荣，成为近700年来，专门管理日本皇族生活起居的官内厅所指定的"御用点心"。现在，盐濑总本家设在东京，开在全国各地的馒头分店共有30余家，很受日本人欢迎。在现代日本的许多超市，经常能看到人们在店外排队等着还未出笼的馒头。现在，日本各超级市场里出售的"盐濑馒头"品种五花八门，包括豆馅、肉馅、咖喱、腊肉、桃仁、蔬菜、虾仁等共30多种，味道各异，网上可订。

尽管林氏盐濑家早在江户时代就已经将馒头店总部搬去了东京，但在它的发源地奈良和京都，林氏家族所遗留的历史痕迹却从未被人遗忘。在奈良三条通大街有一座汉国神社，内有一座专门为纪念林净因而建的"林神社"，也是日本唯一的"馒头神社"。日本第十三届全国点心大博览会在馒头之祖林神社前竖立了石碑。至今，每年的4月19日，"林神社"都会举办"馒头祭"，日本全国各地的"和果子"点心制作业主，都会从四面八方献供大量的红白馒头，以感怀日本馒头始祖中国人林净因为日本点心业所做出的贡献。

"林氏馒头"为何能在日本继往开来发扬光大？今年已90岁的日本馒头传人川岛英子认为，关键在于"经营连锁化、生产工业化、质量标准化、管理科学化，永不停歇的创新和不断完善的超越"。

六、馒祖后人　寻根祭祖

日本馒头的最初产地是古都奈良，妇孺皆知的创造者是中国浙江林净因。而林净因就是日本馒祖，且是千年前居住奉化黄贤村林逋七世裔孙。而天童寺就是浙东馒头东传日本的媒介。

据奉川《黄贤林氏家谱》记载，原籍福建莆田林氏先祖林登云有四个儿子，五代时（907~960年）迁浙东，长子林研居象山，次子林钏居奉化萧王庙镇，三子林镶、四子林鈇居奉化黄贤，林逋为林鈇的儿子。林逋幼年好文，年长涉迹江湖，隐居杭州孤山，种梅养鹤，以诗文称绝。但林逋终身未娶，过继侄子林彬为子，他死后，宋仁宗赐谥"和靖先生"，黄贤林氏称他为"梅鹤先生"，黄贤林氏第二代祖宗，宗谱内赫然记着。

1986年5月，日本馒祖林净因的第34代后裔川岛英子夫妇曾寻根浙江，在杭州西湖的孤山建"净因亭"，祭祖时除了各种时令水果，也摆放传统的日式红白馒头。日本林家的后代们，将始于日本奈良"林神社"的馒头祭，又延伸到了林净因祖宗归宿的西湖边，黄贤林氏族人派代表参祭。

2008年10月18日，川岛英子率领儿子孙子三代人，及公司的相关负责人共15名，到天童寺参拜后又到黄贤村寻祖。那天，川岛祖孙三代人查看《黄贤林氏宗谱》，品尝宁波祖传糖油馒头和更为松软微甜的米馒头，为黄贤村"林逋故里"碑揭牌，进入家庙祭祖，并认为自己是黄贤村林姓后人。

2015年5月4日，中央电视台为拍摄《海上丝路》专题片到了天童寺，寻访天童寺与日本的文化交流史料，其中包括馒头、豆腐、粽子、酱、醋、茶的传承交流。后中央电视台又专程到日本东京和奈良拍片。90岁的日本馒头传人川岛英子和儿子接受了近两个小时的采访。中国馒头的东传和日本馒头的寻根虽然终于画上了圆满的句号，然而留给浙江和宁波本地馒头的现状是几百年来停滞不前，品种、花色、包装、创意依然未做革新。

浙江馒头，从文化意义上也属中国古老优秀民间文化的一项智慧，时代和经济文化的发展，要么从传统产业圈子脱颖而出，形成更理性的传承保护和发展；要么在经济和文化的大潮中沉没。也许这也是笔者撰写本文的初心吧！

东海航路与民间的海神信仰

黄文杰[1]

陆上丝绸之路兴盛之时,海上丝绸之路也起着沟通世界的重要作用。而在前者不断衰落的过程中,随着国内造船技术的不断发展,海上贸易逐渐上升为对外交往的主要通道。海上丝绸之路主要有东海航线和南海航线。东海航线主要是前往日本列岛和朝鲜半岛,南海航线主要是往东南亚及印度洋地区。东海航线与南海航线相比较,在文化交流上表现出以中国为主导的鲜明特征,依托宁波为中心的港口,实现多层次的深入互动,从而达到深度的区域价值认同,尤其是民间化佛教观音信仰、妈祖信仰与龙王信仰等被广泛接受,对于东海文化圈的最终形成起到了积极作用。

---

[1] 黄文杰,浙江省宁波市文化艺术研究院副书记。

一、以宁波为始发港的东海航线发展过程

宁波，位于中国南北海运航线的中点，长江、钱塘江、甬江三江出海口。在帆船时代，因北方海岸多沙滩，故行驶船只多为平底，如沙船；南方海岸多深水良港，故船只多为尖底，如福船、广船等。由此，宁波也被选择为南北海船的换船港。隋朝开通大运河后，浙东运河成为大运河的自然延伸段，构成一个完整的南北水运动脉，宁波成为大运河出海口。通过钱塘江、长江、大运河等众多水系，宁波港的辐射力拓展到众多内陆省份。

宁波的海外交通可以上溯到7000年前的河姆渡文化，河姆渡人从山海相连的自然停泊点出发，历险海洋，直至太平洋西岸遥远岛屿。越人"以船为车，以楫为马，往若飘风，去则难从"，已经掌握了相当熟练的航海技术，海上活动已相当频繁。先秦时期，宁波平原近山地带就形成了几个较为著名的原始贸易集市鄞、鄮与句章，集聚了早期浙东商团与慕名而来的海外商人。鄮，取贸易之义，位于鄞州区阿育王山东面。阿育王寺供奉的释迦牟尼佛骨，相传是从海道而来。从秦到两汉魏晋，江浙沿海的海上交通水平大幅提升。在慈溪达蓬山留传有徐福东渡的故事，讲述秦始皇为求长生不老丹，派徐福率领童男童女船员百工数千人东渡日本。据日本古史记载，西汉时中国的罗织物和罗织技术已传到日本；3世纪中国丝织提花技术和刻版印花技术传入日本。宁波可能是这些技术东传的重要始发地。唐初，江浙一带丝织业有了很大发展，为唐宋时

期海外贸易中最受欢迎的商品。青瓷在两晋时期便开始向朝鲜半岛、日本列岛等地输出。可以说，宁波上林湖沿湖几十里炉窑遍布，越窑是中国最早的手工产业集群地之一。朝鲜在高丽朝时，模仿越窑青瓷等，生产既有中国青瓷传统技术、艺术手法，又有本国文化及艺术特色的独立青瓷体系，并出口到中国、日本等。

因为贸易的推动，唐开元二十五年（738年），设立明州（今宁波）州治。821年，在三江口构建州城，兴建港口，置官办船场，修治运河等。明州成为中国港口与造船最发达的地区之一，三江汇合处由此一直为地域中心。从朝鲜半岛经对马、壹岐等岛屿的北线航路，是东海丝绸之路航行最早的，因为是沿岸航线，比较安全。到唐代已经不能适应海上往来和经济发展的需求。加之8世纪70年代以后，因新罗灭百济、高句丽，统一半岛，与日本交恶，日本改走南岛路、大洋路。人们利用海流和季风，直接横渡东海，南开辟南线航路。即经南岛或值嘉岛北上至博多津，达日本难波的三津浦上岸。从日本南岛发航，越过东海至明州顺风时，只需三昼夜。702年，第七次遣唐使横越东海是新航线的开始，明州由此成为东海航路中最重要的海港。在9世纪，传统的北路航线因新罗海贼盛行，商业和文化往来的困难度增加，日本航线多走南线航路。到903年，共62年间，据木宫泰彦的《中日文化交流史》统计，唐商船往返中日之间达30余次。[1]这一时期，唐朝中央政府重视江南开

---

[1] 陈国灿《宋朝海商与中日关系》载《江西社会科学》，2013年第11期。

发，南方经济发展迅速，有着良好地理位置的江浙沿岸的港口城市，有能力扮演起贸易港角色，明州就在这时一跃成为唐朝四大对外贸易港之一。明州商人团是指以明州为贸易港口，整个江浙区域为腹地而发展壮大起来的唐商，包括越州出身的唐商，与明州自越州分化出来后迁入明州的唐商。9世纪中期起，唐商人频繁地出现于日本史籍中。在他们的努力下，江浙地区的对外贸易特别是对日文化交流得到了极大的发展。李邻德、张支信等是其中最为著名的几位。

吴越国时，王国对和契丹王国及朝鲜贸易都有兴趣，于是两国间的贸易协定把南北的经济体系联结成了一个统一的整体，促成航运的发展。宋元两代，宁波是中国最成熟的商业城市之一，也是当时世界上最重要的城市之一。日本等国航船频繁登陆，民间贸易繁荣兴旺；从和义门遗址、江厦码头发掘出来的大量青瓷、沉船，以及鼓楼东面发现的元代永丰库，都见证了海上丝绸之路的繁荣。北宋淳化二年（991年），宁波始设市舶司，为中国通往日本、高丽的特定港；在宋代，宁波两次受旨打造载重五百吨以上"神舟"，出使高丽，造船技术居世界领先地位。明代海禁，宁波港衰落，但宁波港仍是中日官方勘合贸易的唯一登陆港。明海禁导致海外贸易被迫转型为走私性质的私商贸易，而宁波双屿港一度是浙江乃至江南最大的私商港。清代设在宁波的浙海关是当时全国四大海关之一，除严厉海禁时期，宁波还是传统对日贸易城市。鸦片战争之后，宁波于1844年重新开埠。

二、东海航路与民间的海神信仰

变幻莫测的大海对于古代百姓是危险的代名词,有谚语说:"半寸板内是娘房,半寸板外是阎王。"日本遣唐使船队一般由四艘船舶组成,但是最终能够越过鲸波,成功到达中国的,往往只有一艘。临海而生的百姓不得不求助于超自然力的庇护。总体上说,在先秦时期,越地的海神信仰还停留在自然神与自然崇拜阶段,诸如人面鸟身的禺䝞、禺强等,还没有产生人格化的海神形象。吴越先民多"信巫鬼,重淫祀"的民俗,事事拜神,处处占卜。东汉时,起源于古代巫术的道教走进社会生活舞台,道教中的部分神灵与民间海神相结合,如奉化祖域、鄞州鲍盖、福建演屿神等人神信仰开始在宁波流行。两晋时期,在北方佛教南下和海路佛教传入的双重影响下,越地开始大兴佛教,佛教中龙神观念对海神信仰产生影响。东海诸多信仰中,最主要为东海龙王、南海观音与妈祖三大海神,其他海神如潮神伍子胥、网神海瑞、岛神、鱼神等则为辅。

浙东龙王信仰有三方面的文化来源:吴越先民的龙神观念、佛教龙王观念与北方龙神思想。海龙王信仰形成于汉唐时期,隋时在会稽设祠祭东海,到唐玄宗时四海海神被册封为王,分别为东海广德王、南海广利王、西海广润王、北海广泽王。东海海神禺䝞由此演化成东海龙王敖广。在南宋以后,龙王信仰逐渐达到高潮,信仰的中心区域是浙江舟山的定海地区。1169年,南宋孝宗皇帝下诏在定海县的海神庙祭祀东海龙王。清代康熙帝以"万里波澄"匾赐舟山龙王宫。根据《定海县志》记载，到清代光绪年间定海县还有五座大型龙王宫。龙王神格提升，从先民的人文祖神，演变为帝王权威的象征，与"四海之内，莫非王土，率土之滨，莫非王臣"的政治理想有关，通过对四海海神的祭祀，表达海晏河清、四海太平的政治图景，也传达着古代中国人对中国居于大地中央、大地处于四海包围之中的体认。龙神信仰同时又在民间各自延伸，形成多重性的神格，而没有构成统一的价值规范。民间信俗中，海龙王统治着鱼虾蟹蛤、奇珍海物，沿海各地普遍祭祀海龙王，尤其以渔民为重，目的是为祈求多打鱼、晒盐、取宝。在浙东，有众多龙王堂祭祀龙神，形象各不一样。如旧时奉化渔村有许多龙王宫和龙王堂，杨村乡应家棚龙王堂有香岩老龙王，杨村龙王殿有小金龙王，石盆村有独角龙王，桐照乡泊所村龙王殿有十爪金龙王，桐照村有白龙大王和洞盆浦龙王等。龙王的原型也各有定义，如岩蛇、黄鳝、蜥蜴、石蟹、灰白田鸡、跳鱼、龟、蟹等一类不起眼的小动物。[1]鉴于海龙王并不是非常愿意奉献境内的珍宝，于是沿海各地又创造出许多保佑涉海各业丰收，并保护平安的神灵。这就是奉化祖域、鄞州鲍盖、福建演屿神等神灵的来由。龙王亦是日本众多海神信仰中的特殊的海神，龙宫、龙神和龙王信仰、朝鲜和韩国渔民文化基本构成，在日本《古事记》《日本书纪》《丹后国风土记》《平家物语》中也有不少记述。在韩国，尤其是济州岛人保留着许多海神的龙王信仰。

---

[1] 金涛《海龙王信仰与舟山渔民的双重心理》载《浙江海洋学院学报》（人文科学版），2007年第1期。

观音与妈祖信仰的兴起与海上丝绸之路开始繁盛密切相关。初期，人们的航海能力还停留在沿岸航行，航海更多的是祈求"舟楫之便"；但当远程贸易开始时，海神的地位进一步提高。林默成为海神妈祖，典型反映了宋代民间涉海能力的提高。林默原是福建莆田湄洲岛一位民间女子，生时为巫，乐于助人，遇难后，常常在海上救助遇难渔民、客商，又具备灵通、慈爱、孝顺、勇毅等美德。宁波的妈祖信仰源远流长，北宋徐兢由宁波乘万斛神舟出使高丽，返航时遇险而脱险，船上福建船工称有妈祖保佑，上奏后受到朝廷封赐。《庆安会馆》一书记载："宣和五年（1123年），宋徽宗为妈祖钦赐'顺济'庙额后，使妈祖信仰得到朝廷认可，并借助于宁波传播到全国各地，成为航海的保护神。"元代，宁波在海外贸易和国内漕运中占据重要地位，妈祖信仰受到特别重视。妈祖神格不断提升，从"夫人"到"天妃""天后"，上升到护国利民的地位，成为继海龙王之后出现的被普遍信奉的海神。到清代中晚期，妈祖信俗已经深入宁波乡村、海岛，天后宫几乎遍及宁波沿海各地，有40多处。宁波北号船商每当有新船下水，须置一船模型供于庆安会馆妈祖像前，意为常得妈祖神佑。这一以凡人为原型的民间所创造的神灵，同样也被日本、朝鲜、韩国等所信仰，如日本琉球、长崎等，作为福建人、江浙人最早开拓的海外聚居地，也是妈祖信仰的重要传播地。长崎的兴福寺、福济寺、崇福寺都是缘起于对妈祖的供奉。

观世音信仰是影响最大的海神信仰。观世音本是大乘佛教的菩萨，传入中国后，历经发展创造，成为本土化信仰。观世音信仰承载着深厚的人道精神，特别是法雨普施所体现的无差别的普遍济度，对于贫弱者的关爱，对于现世苦难闻声往救的担当感、紧迫感等，获得民间广泛敬仰。中国的观音信仰可以划分为三大体系：一是汉传佛教的观音信仰体系，主要流传于汉族地区，归属于正统的中国佛教范畴；二是藏传佛教的观音信仰体系，主要流传于藏蒙及山西、四川、北京等广大汉族地区，它归属于正统的藏传佛教范畴；三是中国民间的观音信仰体系，主要流传于汉族的广大民间地区，它归属于中国的民间宗教信仰体系，是印度大乘佛教文化与中国儒家文化、道教文化对话的结果。[1]东海观世音信仰的主体是民间百姓，是以中国文化为主体的观音信仰体系。

舟山普陀山成为观音道场相传与日本天台宗始祖最澄的高足慧锷大师有关。唐大中年间（一说咸通年间），日本慧锷大师入唐求法，到五台山请得观音神像。但船开到明州昌国梅岑山（今普陀山）附近时，突遇涛怒风吼，漂到普陀山潮音洞侧。观音菩萨夜梦告慧锷大师："汝但安吾此山。"于是，慧锷把观音像安置在洞侧，礼拜祈祷而去。山上居民张氏目睹此异，将像请回住宅供奉，称为"不肯去观音"，意为观音菩萨不肯去日本，选中了普陀山作为显化道场。严格地说，佛经所说的普陀洛迦，首先应当是在印度。随着印度佛教传入中国，观音信仰逐渐在中国传播开来，在这一过程中，需要寻找一块信徒理想中的风水宝地，作为供奉观音菩萨的道场，并成为人

---

[1] 李利安《从中国民间观音信仰看中国道教文化与印度佛教文化的对话》载《人文杂志》，2004年第1期。

们心目中的朝拜圣地。东晋时舟山就已经出现供观音菩萨的现象，而慧锷置观音像于普陀山，成为普陀山观音道场形成的标志性事件。

可以说，是"东亚海上丝绸之路"促成了普陀山观音道场的形成。海商最惧怕的莫过于遇上海难而人财两空，北朝鸠摩罗什翻译的《妙法莲花经·普门品》说观世音菩萨能"令诸众生，大风不漂，水不能溺""若有百千万亿众生，为求金、银……真珠等宝，入于大海，假使黑风吹其船舫，飘堕罗刹鬼国，其中若有乃至一人，称观世音菩萨名者，是诸人等，皆得解脱罗刹之难"，自然成为他们信仰、供奉的对象。据元盛熙明《补陀洛迦山传》记载："海东诸夷，如三韩、日本、扶桑、占城、渤海，数百国雄商巨舶，由此取道放洋，凡遇风波寇盗，望山归命，即得消散。"许多海商及入唐求学修行的外国船只，常到普陀山躲避风浪、烧香拜菩萨，祈祷航程平安。宋《宝庆四明志》说："寺以观音著灵，使高丽者必祷焉。"观音信仰促进了东海文明商贸的普遍认同，反过来又促进了普陀山观音道场的形成。观音信仰影响更远及于日本、朝鲜半岛、越南等汉传佛教流传的国度，最终发展成为半个亚洲的信仰。加之唐宋元明清五朝，将近20位帝王为了祈求国泰民安，特遣内侍携重礼专程来普陀山朝拜观音，使普陀山从一尊"不肯去观音"逐渐发展为鼎盛时期拥有三大寺、88庵、128茅蓬、4000余僧的"震旦第一佛国"。所谓"海岛处处供观音，观音信仰说不尽"。

三、民间信仰与佛教传播的互动

因为中国文化的高地效应，吸引东海诸国到中国学习先进文化。唐灭隋后，帝国经济文化空前繁荣发达，成为东亚最强大的帝国，声威远扬。当时日本处于奴隶制瓦解，封建制确定和巩固的奈良时期，对直接有效地学习唐朝先进制度和文化的需求更为迫切，于是政府选拔优秀人物为使臣，派出大型遣唐使团，并携带留学生和各行业的工匠入唐学习。日本遣唐使始于630年，为舒明天皇之时，历经奈良时代、平安时代，至894年，共20次，实际抵达16次。从博多横渡大海至明州的大洋路开辟后，遣唐使有三次在明州登陆，是为文化东传的新时代。以经史子集各类典籍为代表的中国文化风靡日本封建社会上层，思想、文学、艺术、风俗习惯等各个方面全面进入了唐风时代，连奈良古都也是当年中国长安都城建设模式复制而成。

因为对佛教的掌控，有利于这个政教合一的国家摆脱旧有传统政治体制的束缚，有利于国内臣民顺从君主意志，进而促进日本政治、经济和文化等，故而佛教得到了政府的大力推崇。佛教传入日本始于飞鸟时代（54～645年），在奈良时代（645～781年）有三论、成实、法相、俱舍、律宗和华严等六宗。大唐名僧受邀到日本传教，如鉴真大师搭乘第十批日本遣唐使回国之船，在第六次东渡成功，在日本首都奈良最著名的东大寺中授戒传授。日本文化精英倾心向往佛教，最澄（767～822年）、空海（774～835年）即为其代表。最澄与空海均是第16次遣唐使者，与宁波城都结下了不解之缘，回国后分别创立了日本的天台宗和真言宗，并且仿效唐朝，开创了日本佛教在山岳建寺的先河。

宋代以后，佛教走向衰微，随着宋明理学的兴起，佛教思想有儒化的情况，同时又有世俗化倾向。但宋代，以识心见性，强调众生皆有佛性、皆能成佛，体现对个人尊重的禅宗却日益昌盛，影响扩大到东亚区域，深度促进汉传佛教共融。9世纪时，遣唐使废止，日本的对外文化交流陷入低谷，但这没有阻止日本僧人远渡重洋到中国巡礼求法的热情。随着武士掌权，对外贸易恢复，中日民间往来逐渐繁盛，日本僧人有了机会搭乘宋商的贸易船进入中国。因为独特的地理位置，在两宋，宁波是日本人来中国登陆的第一站。据木宫泰彦《中日文化交流史》中所载《南宋时代入宋僧一览表》统计，当时入宋求法的日僧有109人，有明确记载到天童寺参访的日僧有20多位，其中最为著名的如荣西与道元。荣西为天童寺禅宗大师虚庵怀敞弟子，回国后创立日本临济宗，为日本传布禅宗教义的第一人。道元为荣西弟子，入宋后为天童寺禅宗大师如净弟子，回国后创立曹洞宗。

朝鲜半岛佛教作为东亚佛教圈一员，其初传时期为高句丽、百济、新罗的三国时期。而在高丽王朝（918~1392年）时达到全盛。这一时期，高丽王族义通、义天等高僧先后来到中国学习佛教教义，并与宁波结下了不解之缘。

由此，东亚诸国在信仰文化交流上存在民间与精英两条线路。以海商、渔民为中心的平民阶层与以政府、士大夫为代表的精英阶层，互相对话，从而形成适合各个社会阶层、层次丰富的信仰体系。民间海神兴起、禅宗为主的佛教在东海区域的传播，与唐宋时，海贸日繁，民间财富日增，渔业生产在深度与广度上持续拓展，产生了发展保障财物的神灵体系的需要相同时。传统的大陆神灵体系缺少与海洋贸易、生产相关的高级别神灵，而过去高级别的如天神、地灵是被垄断的，平民不得祭祀；再之，与海洋相关的神灵也需要重新梳理与定义。于是，在民间，信仰的禁锢开始打破，宋元两代更是如此，中国信仰走向民主化。财神、行业神、祖先神、地方英雄神灵等等纷纷诞生出来。起初这些神灵兼有多种职责，然后逐渐专职化。妈祖，作为一个专职的海神，正是在这样一个大背景下产生，并逐渐上升为高级别神灵。相比较于本土女神妈祖，观世音是外来菩萨，原是转轮圣王无诤念的大太子，他与弟弟一起修行，后成正果，侍奉阿弥陀佛，成为"西方三圣"之一。观音信仰所宣扬的般若空观佛学教义，易为中国上层贵族阶层和下层普通百姓接受；"大慈大悲"的实质内容表现为利他和平等两个方面，与中国儒家提倡的伦理道德主张具有某种暗合之处，与海上丝绸之路的价值需求相契合。在海上丝绸之路上，或者说在东海区域，观音信仰以其内具的慈悲救济的开放性与民众性，超越中国佛教宗派结构、能够覆盖各大佛教宗派的融摄性和调和性，救难、解毒、应求、化度的实践性与简易性，成慈悲、端庄、圣洁、祥和的化身，获得了最为广泛的民众基础。佛经说观音菩萨为广化众生可示现种种形象，有说33身的（《法华经·普门品》），有说32应化身的（《楞严经》）。观音道场建立，观音形象最终完成男性神向女性神的过渡，成为完美的东方女神。尤其在明清以后，观音信仰的佛教色彩逐渐淡化，乃至于完全发展为民间信仰，没有严格的仪轨限制，而观音菩萨形象也逐渐俗神化，观音的身世也本土化、民间化，从而走上民众信仰的宗教神坛。

禅宗主张内心修行，体认佛性，与民间化信仰不同，也与称名念佛依靠他力的净土宗不同；禅宗最终的接受人群是士大夫阶层，或者说是精英化的平民，这些人是中国古代社会的精英；禅宗重新定义了佛教精英，不是天台、华严等义理型学问僧，而是自己内心出发，有着强烈自信的禅宗的修行者。[1]但禅宗与观音信仰有着相同的宗教特征，主要信仰形式和精神内核都源自印度佛教，在佛性和心性上是统一的。观音信仰与禅宗尽管在形态和修行方式上有较大区别，但都是让众生究竟成佛的法门。观音菩萨是大乘菩萨，禅宗也是大乘法门，主张行菩萨道，利益众生。禅宗的一些社会实践，如丛林制度、禅门清规，具体落实的也是普度众生的四宏誓愿。在利益众生的过程中会遇到种种险阻。如果能经常祈祷观音菩萨，依靠菩萨的加持，能够顺利成办利他事业。然而两者在心性的妙用上却有差异，观音主悲，禅宗主智。两者之妙用恰好构成了智悲双运，具有互补性。悲心与智慧分别顺应了众生的情感需求和理性需求，这两种需求是生命个体不同层面的需求，具有普遍性。

---

[1] 丁小平《中国佛教信行关系研究——以净土宗和禅宗为中心》载《西南民族大学学报》，2014年第6期。

四、东海民间信仰的文化特征

由此看,以新兴的海商群体为中心,推动形成东海区域新的价值认同体系,这一体系表现为三个特点。

首先表现为阴性的特点,这与中国传统文化认为世界是天地阴阳二元合一,大陆为阳,海水为阴有关。"五行"学说中"男属阳,女属阴",大地的主宰是具有阳刚之美的雄健的男性神,而海洋之神就应是具有阴柔之美的温和女性,暗含以女性端庄、温柔的特性来祈福带来平安和庇护,从某种意义上,这是文化自觉的体现。相比较奥林匹斯神系中地位仅次于宙斯,象征力量、征服,集善恶于一身的波塞冬,观音信仰体现出更为和平温柔的特质,强调慈航普度,是善的化身,美的体现。这使得地中海海洋文明与东方地中海"东海"的海洋文明表现出鲜明的差异:东方注重以善服众,而西方是以力量来征服自然和世界的,观音相比波塞冬更具有人文精神。

第二表现为平民化与世俗化的特点。观音具有"大慈与一切众生乐,大悲与一切众生苦"的德能,能救12种大难,所以自隋唐以来,东海观音信仰走向民间化信仰,不是严格意义上的佛教文化,是在中国社会长期历史洗礼和锤炼中逐渐丰富起来。这一信仰可能连常见的典籍、神灵系统、教徒组织也不具备,但它依托丰富的民间传说,深入人心。禅宗在慧能之前与唐代其他义学宗派相比,区别不大,大抵也是属于贵族化的佛学。慧能对禅宗的改造,主要是取消了俗世与天国、此岸与彼岸、人与佛之间的鸿沟。只要心性清净,也照样可以超越世俗人生，可以臻于佛的境界。人人都能成佛，取消了社会中的等级差别，向芸芸众生敞开了佛国大门。平民化的教义、简易便捷的顿悟法门、入世的宗教精神，使禅宗风靡于宋代以后的平民社会。平民化使佛教走向普及，对于提升大众的文化素养，普及生而平等、互惠互利等价值观念起到了积极作用。在古代，没有宗教信仰的平等，就没有国家间的平等，地区间的平等，也就无法解决东海文化圈平民之间对等贸易的问题。

第三表现为开放性，以海纳百川、圆融互摄为价值取向。东海海神信仰与儒教、道教及其他民间宗教兼容并包，和谐互动，赢得价值的广泛认同，这在全世界来说，是不多见的。海曙天封塔建于三江口建城前，建天封塔传说是为保存民间老石匠在四明山上采得的宝石，老石匠在宝石的帮助下杀死了在镇海招宝山经常兴风作浪的一条鲨鱼精，使城市免受潮淹之灾；天封塔与老石匠两个元素的结合，表明佛道两家思想在水神崇拜上的地域性融合。相比较以中国海的周边区域为基本文化圈的妈祖信仰，是因华人遍及世界而走向世界，妈祖信仰最早不是任何宗教，而是一个民间女神。在这一信仰产生、发展，并形成广泛影响之后，才被佛教、道教所纳入。观音信仰则是世界性的，更具开放性。究其原因，观音是佛教大乘菩萨之一，而佛教又是世界三大宗教之一，凡有佛教寺庙的地方肯定供奉着观音菩萨。普陀山观音道场的开基即以日僧慧锷为始祖。朝鲜半岛即在7~8世纪流行观音信仰。百济僧人日罗应日本圣德太子之请，将观音信仰传入日本。观世音的"大慈大悲大德"已经成为宗教符号体系中的集体表现和心理表象,成为爱的行为和心理的集中体现物,具有很大的拓展张力。

妇女在观音信仰中扮演着重要角色。传统社会中,妇女平时户外娱乐活动比较少,祠堂祭祖、神灵祭拜等往往又限制女性的参与。而观音信仰具有保佑生育的功能,妇女为生育而祈求神灵,得到了默许。妇女们对这一拓展社会事务和活动空间的民间信仰活动表现得极为狂热,几乎家家户户的中老年妇女都经常参加这一类民间信仰活动。以观音为中心的女神被赋予保胎生育、温暖守护、慈爱柔美、宽容端慧等女性气质及行为规范,同时也逐渐被建构成为民间社会传统女性的角色形象。另一方面,男权主导的传统社会中男性接受对女神顶礼膜拜,在一定程度上反过来消解了对女性的歧视与偏见。与海洋有关的从业者,如海上行船者、渔民、客商或者水师,几乎都为男性,他们对女性神灵的信仰,对于宁波地域突破男尊女卑等以男性为中心的观念,到重视女性的文化建构有着重要影响。这在一定程度上也体现着东海信仰的开放性与平等性。

一旦滨海人群只要存在关心社会行为者强有力的动机倾向和感情需要,那么滨海人群就会根据在涉海实践活动中所产生的需要去实现信仰的新认识、新理解、新情感、新要求和新操作。[1]除了给宁波民众物质生活提供一种虚幻的保障之外,也为百姓的精神和文化生活提供了一把万能的钥匙。从某种意义

---

[1] [美] 斯皮罗《文化与人性》,第172页,北京:社会科学文献出版社,1999年。

上讲，先有天封塔等寺院景观的繁荣，商业贸易的扩展，后有城市州治的设立，观音等海神是组织生产和社会活动的物质力量。渔民出海到普陀山祈求航行平安、捕鱼丰产；宋代出使日本、高丽使船经普陀时，必登山举行各类佛事；而遇海难也大都是普陀山举行佛事超度。这种祈福祛灾的活动，以朴素的方式和原始的创造力，表达了与周遭的自然和社会环境形成彼此相依为命的生存关系，旨以实现人与人、人与自然、人与神的彼此关系相互交错，水乳交融。就商人而言，因为他们贴近普通民众的日常生活，来往于各个地域之间，在不知不觉中起到了信仰传播先锋的作用。而从历史的过程来看，海神信仰在东海区域的传播与发展，不是经济的绊脚石，而是商贸与海洋生产发展的催化剂。

中国官府对于民间海神信仰采取相对宽容的态度，并力图将其纳入国家意识范围。《宋史·礼志》载："故凡祠庙额、封号，多在熙宁、元祐、崇宁、宣和之时。"[1]从南宋到清，妈祖获得了十五次朝廷的册封；而宋乾德五年（976年），宋太祖赵匡胤派太监王贵到普陀山进香，首创朝廷进山祭祀观音的先例。这些官府的追认与推崇，强化了民间的海神信仰。士绅往往是信仰活动的组织者和参与者，对民众的信仰和生活有着重要的影响。11世纪起，宁波科举官僚辈出，在佛教发展中起到了重要作用。宋孝宗（1163～1189年）时，丞相史浩在东钱湖上水建龙聚庵，在下水建无量寿庵。此外，又创建月波寺和

---

[1] （元）脱脱等《宋史·礼志》（卷一〇五），北京：中华书局，1997年。

"宝陀洞天"石窟，建立观音道场，并与附近的尊教寺、青山寺联在一起创建了南宋最大的"四时水陆道场"。史浩之子史弥远，在宋宁宗时，奏请建立禅院之等级，设置五山十刹。宁波天童寺、阿育王寺列入五山，雪窦寺列入十刹。

海丝之路传播的梁祝文化

周静书[1]

地处我国海岸线中段的古城宁波,是海上丝绸之路的重要节点,它不仅是古今对外经济商贸的重要港口,而且是对外文化交流的发源地。尤其是众多的民间文化通过海上丝绸之路传播到亚欧各地,例如宁波的民间文学、民间工艺、民间饮食、民间茶道、民间中医、民间信仰,以及民间渔文化、船文化等。对国际文化的融合与发展起到了十分重要的推动作用。这里我重点谈谈海上丝绸之路梁祝文化的传播。

一、往东北:传向朝鲜半岛至俄罗斯、法国

美丽动人的梁祝的传说,东晋时代在浙东沿海孕育产生,在古鄞地发源,口耳相传1600多年,在中国各地区、各民族间广泛传播,深受大众喜爱。甚至流传到国外,至今发现的最早

---

[1] 周静书,浙江省宁波市民间文艺家协会主席。

的传播地是朝鲜半岛，据载梁祝在唐宋时期开始传入高丽古国，韩国藏书，成书于公元918年前后的《十抄诗》，是高丽王朝一部影响较大的七言律诗范本，该书收录了中晚唐时期的白居易、杜牧、皮日休、罗邺等30位唐代诗人（包括四位新罗人）的七律诗作品，每人10首，共300首。引人注目的是书中收录了浙江余杭籍著名诗人罗邺咏梁祝的七律诗《蛱蝶》，这是我们目前发现的唯一一首咏梁祝的唐诗，也是梁祝流传到国外的最早见证。

到了宋代，高丽人编辑的《夹注名贤十抄诗》不但收了罗邺的《蛱蝶》诗，而且在注释中加上了一段《梁山伯祝英台传》，这是至今看到的最早流传到国外的梁祝故事。高丽人的《十抄诗》注本《夹注名贤十抄诗》出版的时间大约在公元1200年。罗邺的诗本身反映了梁祝故事，而注本在注释中用434字详细叙述了梁祝的完整故事。全文如下：

> 大唐异事多祚瑞，有一贤才身姓梁。常闻博学身荣贵，每见书生赴选场。在家散袒终无益，正好寻师入学堂。云云。一自独行无伴侣，孤村荒野意恫惶。又遇未来时稍暖，婆娑树下雨风凉。忽见一人随后至，唇红齿白好儿郎。云云。便导英台身姓祝，山伯称名仆姓梁。各言抛舍离乡井，寻师愿到孔丘堂。二人结义为兄弟，死生终始不相忘。不经旬日参夫子，一览诗书数百张。山伯有才过二陆，英台明德胜三张。山伯不知她是女，英台不怕丈夫郎。一夜英台魂梦散，分明梦里见爷娘。惊觉起来情悄

悄，欲从先归睹父娘。英台说向梁兄道：儿家住处有林塘，兄若后归回王步，莫嫌情旧在儿庄。云云。归舍未逾三五日，其时山伯也思乡。拜辞夫子登岐路，渡水穿山到祝庄。云云。英台缓步徐行出，一对罗襦绣凤凰。兰麝满身香馥郁，千娇万态世无双。山伯见之情似醉，终辨英台是女郎。带病偶题诗一绝，黄泉共汝作夫妻。云云。因兹深染相思病，当时身死五魂。葬在越州东大路，托梦英台到寝堂。英台跪拜哀哀哭，殷勤酹酒向坟堂。祭曰：君既为奴身已死，妾今相忆到坟旁。君若无灵教妾退，有灵需遣冢开张。言讫冢堂面破裂，英台透入也身亡。乡人惊动纷又散，亲情随后援衣裳。片片化为蝴蝶子，身变尘灰事可伤。云云。

　　从这篇文字中我们可以看到梁祝传说中祝英台"女扮男装"、梁祝"同堂读书"、山伯"祝庄访问"及合葬等基本情节完备。其中最有价值的就是祝英台衣裳"片片化为蝴蝶子"的化蝶情节。

　　梁祝故事为什么会这么早就传入了高丽？我认为，这与古代中国尤其是浙江宁波与高丽密切的经济文化交流有着直接的关系。早在春秋时期，中国与朝鲜已经通过海路进行贸易活动。唐代时，两国文化经济交流进入了繁盛时期。经五代十国，北宋统一后，海上贸易兴盛，与高丽王朝开展频繁的商贸和密切的文化交流，到12世纪中叶达到了高潮。据《高丽史》载，1012～1278年，宋朝商人到高丽者达5000人之多，尤以浙、闽人为众。当时明州（宁波）是宋朝与高丽之间交往的最主要口岸。1117年，宋朝廷特地在明州建造高丽使馆，办理去高丽的准许证，接待高丽使者。宋代与高丽交往由北到南，主要通过南路明州到礼成江口，明州成了当时最主要的对高丽交流的港口。当时高丽朝廷也收容宋人有才艺者，可以仕官，收容的人大都为中国的明州、泉州、福州人。这些人中有可能传播了唐诗和梁祝故事。更为可能的途径是，高丽王朝从958年始仿照中国实施科举制度后，科举又以诗、文、赋等为考试内容，于是对汉文书籍需求十分迫切。据史载宋代江南人李文通向高丽献书592卷；高丽向江南一带购书1.08万卷。因而唐代诗人白居易、杜牧、罗邺等作品很可能由此进入高丽，把咏梁祝诗也随之带入。

值得注意的是，宋代也正是宁波官府和民间十分推崇梁山伯勤政为民和梁祝爱情的时代，明州知事李茂诚大做《义忠王庙记》（《梁山伯庙记》）文章，虔诚修缮梁山伯庙宇，庄重立碑颂扬。民间更兴盛祭祀梁祝，传颂梁祝故事，这无疑会对高丽使节、文人及民间来往人士产生很大影响，至今传世的南宋明州地图上，我们既可以看到"梁山伯祝英台义冢"的标志，也可以看到"高丽使馆"的标志，而且两处均在宁波城西。这不是巧合，而是两者在历史上同现的客观印记，从而揭示了宁波古代海上丝绸之路对文化交流做出的重要贡献。因此，当时在高丽文人圈或民众中梁祝故事可能已广泛流传，由此我们便不难理解，为何高丽的编辑者能如此详尽妥帖地注释罗邺诗句中的梁祝故事了。而且从这段注释的"梁山伯祝英台传"的行文情况看，最初文字是以七字句为方式，编者作注时可能考虑到注释文字太长，故省去了一些句子，因而注释文中不时出现"云云"之类省略语，先后竟达六处之多，可见当时高丽的梁祝传说原文还要长得多。这一梁祝传说为我们研究梁祝故事流传到国外的历史和梁祝"化蝶"产生的源头以至梁祝故事的发源，提供了一份十分珍贵的资料，是当代梁祝文化研究中的一个重要发现。

1898年，俄国学者尼·盖·加林·米哈依洛夫斯基完成环球旅行，他在朝鲜时曾搜集、记录了一些民间故事，后在俄国出版了《朝鲜民间故事集》，梁祝故事《誓约》即为当时采集到的流传于朝鲜北部的众多梁祝传说中的一篇。20世纪30年代，作家刘半农之女刘小蕙将俄文版《誓约》转译成法文，又流传到了法国等欧洲国家。可见当时在俄国和法国已经开始传播梁祝故事了。

二、往西南，较早传向印度尼西亚、越南等地

海上丝绸之路，从宁波古港向西南输送的，不仅有大量的瓷器、茶叶、丝绸等，更有丰富的文化艺术。即使是瓷器，我们从清代1817年戴安娜号沉船打捞中，发现了工艺釉陶《梁祝十八相送》，可见梁祝文化对外交流的多姿。梁祝故事很早就由海外商贸的华人传入印尼，根据不完全统计，19世纪以来，梁祝故事的译本或改写本，先后出现在印尼、马来亚（今马来西亚）、新加坡等地。作为最早传播梁祝故事的国家之一，印

尼还把它列为世界四大著名爱情悲剧之一，有多种版本和多种部族语言的版本。

1873年印尼中爪哇三宝垄出版的凡·多普（van Dorp）的《爪哇年鉴》上刊登的爪哇文《山伯·英台》（*Sam Pek Ing-Tae*），是印尼同时也是海外最早出版的梁祝故事之一。梁祝的故事在印尼不仅有马来文本，还有爪哇文、巴厘文、马都拉文和乌戎潘当（望加锡）文等版本。根据印尼学者奥托姆·台台的介绍，仅《梁祝》的马都拉文版本就有好几种。而早在这些译本之前，通过当地居住的华人的口头相传，梁祝传说早已家喻户晓。

法国研究印尼华人马来语文学的著名学者苏尔梦在《爪哇移植中国小说简要》中写道："《山伯·英台》（*Sam Pek IngTae*）的故事，最早刊登在1873年由中爪哇三宝垄出版的凡·多普（van Dorp）的《爪哇年鉴》（*Javaansche Almanak*）上。"苏尔梦还提到，1875年的巴达维亚（雅加达旧称）协会议事录曾记载过一部手写的《梁山伯祝英台的故事》（Bramartai），后又把它刊载出来。1928年，《山伯·英台》故事又由萨斯拉苏玛达（S.Sasrasoemarta）翻译成爪哇散文，取名为《今生来世永相爱》（*Katesnan Donja Akerat*）。

从1885年到20世纪中叶，印尼出版的梁祝故事，既有散文，又有诗歌，至少有10多种，分别在巴达维亚、三宝垄、梭罗和泗水等城市出版，有的还一版再版。如1885年由华人文信和（Boen Sing Hoo）翻译的《梁祝》，1892年和1902年分别出了第二和第三版，至1922年已出了第六版。1890年由华人郑丁兰写的诗歌形式的梁祝故事出版发行，接着在1892年和1895年先后出了第二、第三版。此外由乔及源编译的《梁祝》，至少出了三版（1897、1926和1930年）。

印尼一位署名"虹"的学者写道："早在1885年间，中爪哇三宝垄的格力夫书局就用马来语翻译出版了《来自中国的故事——山伯英台爱情悲剧》。到1922年，印尼已先后6次再版《梁祝》，而且其他出版社也至少出版了9种不同的印尼文版本。"（注：现在的印尼语和马来西亚语都是从马来语基础上发展起来的，所以许多学者把前两种语言通称为马来语。）

从翻译到改编，有的印尼语或印尼部族语言的版本增添了原著中没有的内容，用来吸引读者；有的把故事本地化，便于读者理解。如19世纪70年代后出版的《山伯·英台》的爪哇文和巴厘文校订本里，英台多次到山伯坟前祭奠，还写了祭文，并在坟前喝酒。这些都不是爪哇葬礼的习俗，而是中国葬俗。而在1920年的爪哇文本和1915年的巴厘文版本里，原中国特有的祭坟仪式虽然没有全部取消，但已经经过改造，与爪哇和巴厘的风俗相符合。印尼的梁祝，到了当代变化加工的情节更新更多，在1990年巴厘文的版本里，英台骑着摩托车赴杭州，半路上带上了似乎要搭车的山伯，于是英台加大油门，风驰电掣般地驰往杭州。在另一个改写本里，山伯、英台还有一起唱"卡拉OK"的时尚化风趣情节。马都拉文《梁祝》版本还有下面一个有趣情节：梁山伯、祝英台在赶赴杭州的上学路上，看到一座古庙，里面有金童玉女两尊塑像。英台故意装作不知道塑像是什么人，特意问山伯。山伯解释说，他们是旧时的一对恋人，把他们的塑像放在庙堂上，是为了供后人瞻仰和效法。英台听了不禁窃喜，山伯却对英台的暗示一点也不知道，气得英台指责山伯"笨如水牛"。"笨如水牛"是印尼家喻户晓的成语，因为当地老百姓心目中，水牛不动脑筋，总是被人牵着鼻子走路。汉语中也说"笨如牛"，可是不说"笨如水牛"。

梁祝故事属于中国，它广泛流传海外，深受欢迎，具有很强的生命力，但是像印尼这样对梁祝故事进行大胆的改编和创新，也是值得我们学习借鉴的。

越南和中国是山连山、水连水的邻邦国家，两国文化交流源远流长。梁祝文化也深刻的影响着越南人民，梁祝化蝶的美丽传说，在越南几乎人人都知道。早在清代时候，越南著名诗人潘孟各就作诗说：

> 平生每恨祝英台，
> 怀抱为何不早开。
> 我愿东君勤用意，
> 早移花树向阳开。

作者在诗歌后的注解中介绍了中国的梁祝传说。

20世纪初，越南文化界翻译了一批当时在上海流行的鸳鸯蝴蝶派的著作，对越南文学的发展也起到了一定的积极作用。这也为中国优秀传统文化如梁祝文化在越南的传播创造了有利的条件。

1949年中华人民共和国成立，中国从经济、文化等全面地支援越南人民，大批中国艺术作品也在这个时候传播到越南。20世纪50年代中期，电影《梁山伯与祝英台》在越南上映，受到越南人民的喜欢，虽然梁祝的故事内容带有民间传说色彩，可是通过电影，使民间故事具有直观教育意义。这部电影对刚从封建主义和帝国主义统治下解放出来的越南人民有着深刻的意义。人们都热爱和平，都有追求爱情自由的愿望，可是在封建制度和殖民主义制度的统治下，人民是不可能实现自己的愿望的，只有像梁山伯、祝英台那样勇敢地反抗，才能找到幸福和爱情。一双蝴蝶在空中展翅飞翔，就是理想真实而美好的写照。

　　1955年春天，彩色戏曲电影《梁山伯与祝英台》在越南放映以后，歌剧、戏曲等许多越南传统文艺样式都以梁祝故事为题材进行演出。最突出的还是越南的改良艺术类型，梁祝故事内容非常符合改良艺术类型表演，因此在短短的时间内梁祝故事很快被改编为改良歌剧本。1955年，越南几个中央和地方的改良艺术团都开始进行梁祝歌剧表演，并得到了越南人民的热烈欢迎。越南当时的最高领袖胡志明主席非常关心并鼓励改良歌剧团对梁祝题材的改编演出，而且多次观看过梁祝题材的影视片和舞台剧。有一次胡志明观后当场登台吟诗抒怀：

　　　　一对山伯英台，情可重，才可惊。
　　　　只因为这个糊里糊涂的老人家（指着演祝公远的演员），使鸳鸯一对，不成婚配。
　　　　（举起头）粉碎封建主义，使许许多多英台山伯成全婚姻！

通过各种艺术类型对梁祝故事的改编表演，梁祝文化渐渐地传播到了越南人民群众中间，成为越南人民津津乐道的中国文化。通过这样的传播，中越两国文化交流也得到了加强，进一步加深了中越两国人民的传统友谊。

总之，梁祝文化通过海上丝绸之路，以及近百年的对外文化交流，在东南亚以及欧美广泛传播，成为享誉世界的东方罗密欧与朱丽叶。

天童寺与海上丝绸之路佛教文化交流

庞 超[1]　刘恒武[2]

　　曾是宋代禅宗"五山"之一的天童寺,在东亚海上丝绸之路佛教文化交流史上发挥了十分重要的作用。荣西、道元等日本禅宗的开山祖师均到过天童修习禅法,日本禅寺的结构、布局,寺内清规戒律很多也参考天童寺的结构与布局。目前,有关天童寺与海丝佛教文化交流的研究成果不多,其中,刘磐磐的《中日佛教交流史上的宁波天童寺》[3]从荣西、道元和雪舟三位禅僧与天童寺的关系,分析了宁波天童寺在中日佛教文化交流史的作用。[4]本文力图在解读历史文献的基础上进一步分析天童寺对日本禅宗的历史影响,同时探讨天童寺海丝历史文化遗产的保护与利用。

---

[1] 庞超,宁波大学人文与传媒学院教授。
[2] 刘恒武,宁波大学人文与传媒学院教授。
[3] 刘磐磐《中日佛教交流史上的宁波天童寺》载《黑河学刊》,2011年第2期。
[4] 刘恒武、金田吉孝《中日航海交往史上的阿育王寺与天童寺》载《浙江海洋文化与经济》第二辑,北京:海洋出版社,2008年。

一、天童寺的历史变迁

天童寺位于宁波市鄞州区太白山山麓,整座寺院依山势而建,自香道至罗汉堂逐渐上升。天童寺的布局沿中轴自外向内依次为古香道、千佛塔(遗址)、七佛塔、内万工池、照壁、天王殿、佛殿、法堂(与藏经楼同建筑)、先觉堂、罗汉堂。附属建筑分布在两翼,塔院、古天童等位于寺院东侧(非寺院内部)。天童寺建筑面积共2.88万平方米,有殿、堂、阁、轩、居、寮、室等30余幢,旧说共计999间。

天童寺始建于西晋永康元年(300年),由义兴结茅修持之所修建而成(即现古天童处)。唐代,宗弼县总禅师迁寺院于太白峰下(即现在天童寺所在处)。乾元二年(759年)受赐"天童玲珑寺";咸通十年(869年)受赐"天童天寿寺"。唐代的天童寺自宗弼县总迁寺后规模改变不大(仅建食堂、镇蟒塔,值夹道松)。在弘扬佛教方面,唐中后期,曹洞宗开始兴起,大中元年(847年)住持咸启禅师弘扬洞山宗风。[1]

宋代,是中国禅宗发展的高峰期,也是天童寺第一个建设与快速发展的时期。景德四年(1007年),寺院受赐"景德禅寺"后,天童寺越来越得到当时宋朝朝廷的关注。惟白于元丰八年(1085年)入禁中问道,受赐金襕紫衣;建中靖国元年(1101年),宋徽宗赵佶御制《天童景德寺惟白续灯录序》;宋孝宗书"太白名山"赐寺。在宋嘉定年间评定寺院等级时,

---

[1]《天童寺志》编纂委员会《新修天童寺志》,北京:宗教文化出版社,1997年。

天童寺更是被定为五山之第三山。宋代天童寺规模有了明显的扩大，僧堂、千佛阁、山门、卢舍那阁、内外万工池相继建成或扩建。

元代，天童寺规模继续有所扩大，至正十九年（1359年），重建朝元阁，增设鸿钟、乾藏两楼，法堂、大鉴堂、东西蒙堂三堂，梅屋轩、迭屋轩两轩，叠翠楼、望月楼两楼。

明代，天童寺先后遭火灾、水灾毁坏，明后期是天童寺重建期，也是天童寺第二个快速发展、规模扩大的时期。万历十五年（1587年）重建法堂，万历三十年（1602年）重建钟楼。崇祯在位时，佛殿、天王殿、先觉堂、藏经阁、禅房、钟楼、返照楼等相继重建或新建，万工池也于同期进行疏浚。明代后期的这次重建，基本奠定了天童寺的规模和布局。

清代，天童寺寺院规模变化不大，主要以受灾重建以及修复建筑为主。新建的主要有奎焕楼（藏顺治御笔额联）以及冷香塔院。值得一提的是清代天童寺多次受清统治者赏赐，如清顺治十六年（1659年），世祖帝召寺僧道进就敕谕，并赐三衣、黄衣、缘云缎袍各一袭。康熙四十四年（1709年），圣祖帝敕赐天童寺御书金字心经宝塔一幅，旁记康熙岁次乙酉二月南巡舟中书。五月又赐金字心经一卷、僧诗一幅、白绫四条。雍正十二年（1733年），世宗帝赐御书"慈云密布"匾额及柱联、赞释迦、观音偈各一。

民国状况与清代相似，天童寺主要建设也以灾后重建以及重修建筑为主。

二、天童寺与古代海丝佛教文化交流

宁波是中国古代重要的港口城市，也是海上丝绸之路的重要城市。历史上，中日佛教交流频繁，不少日本僧侣通过宁波进入中国，也有一些中国禅僧通过宁波前往日本，位于宁波的天童寺和阿育王寺是古代东亚禅宗交流的重要平台。

（一）天童寺与中日禅僧

宋代，是天童禅寺发展最快速的时期之一，也是天童禅宗在中日佛教文化中扮演着重要角色的时代。[1]在这一时代中，不少为日本禅宗发展起到过重要作用的禅僧，都与天童有着密切的关系。日本临济宗（黄龙派）开山祖师荣西与曹洞宗开山祖师道元都曾在天童寺修禅。

荣西到达天童寺是在第二次入宋期间，这在《元亨释书》和《兴禅护国论》中有明确的记载："庵（虚庵怀敞）移天童西亦行"[2]；"从虚庵禅师于天台天童两山之际有年矣"[3]。日

---

[1] 北宋以前，来到天童寺的日本僧侣较少。这其中有两方面原因，首先是由日本佛教发展状况以及来中国僧侣的目的决定的。隋唐时代，对应日本的奈良、平安时代。这一时期，日本社会影响力较大的是南都六宗与天台宗、真言宗。平安时代天台与真言在日本的发展使日本僧侣赴中国的目的主要是学习天台与密教，禅宗并非日本僧侣学习重点。进入北宋，日本赴华僧的目的转化为消除自身罪孽与圣迹巡礼，赴宋僧赴宋更多是瞻仰舍利、巡礼名山，此时的天童寺仍然非日本僧侣的首选。此外，日本禅宗发展缓慢，甚至为朝廷和其他宗派所排斥，所以入宋学习禅宗的僧侣较少。唐及北宋，日本来中国的僧侣主要前往北方（如五台山等地）佛寺，到了南宋时期，日本僧侣的参礼地开始转为南方寺院。

[2] ［日］虎关师炼《元亨释书》（卷二），活字本02，贞治三年（1364年）.

[3] 荣西.兴禅护国论//大正新脩大藏經：續諸宗部，第80卷.东京：大藏經テキストデータベース研究会，2018：1.

本建久二年（1191年），虚庵怀敞授荣西菩萨戒，并赠法衣、临济宗世系图，荣西回国。值得一提的是，荣西回国后，派人渡海运巨木给天童寺建造千佛阁（塔），这在《兴禅护国论》也有记载："智者禅师塔院颓毁。舍衣资营土木。万年三门两庑缺焉。寻兴造也。天童山千佛层阁改作之事。师力居多。众皆美之。勒功刻石。详于宋国学士楼钥所撰太白名山千佛阁。"[1]

道元曾两次来到天童寺，第一次是与明全一起师法孙无际两年。第二次是参问浙江诸山后返回宁波，在天童寺师拜会如净禅师。如净禅师对道元产生了巨大的影响，道元弘扬曹洞宗所提出的"只管打坐""身心脱落"等很多都是来源于如净禅师与天童寺的经历。关于这一点在道元《永平元和尚颂古》中有非常明显的表述："天童和尚曰。我个里不用烧香礼拜念佛修忏看经。只管打坐始得放自手头不敢拈。"天童和尚曰："参禅者身心脱落弄来木杓风波起。"[2]除荣西与道元外，日僧明全、圆尔辨圆（端平二年……不岁入天童山礼痴绝道冲[3]）、彻通义介等均有到过天童寺。

镰仓时代结束后，虽然日本禅宗逐渐本土化，但仍然有较多日本僧侣到过天童寺。如元代的龙山德见、雪村友梅、寂室了光、天岸慧广，明代的雪舟等杨、绝海中津、伯英德俊、

---

[1] 荣西.兴禅护国论//大正新脩大藏經：續諸宗部，第80卷.东京：大藏經テキストデータベース研究会，2018：1.

[2] 道元.永平元和尚頌古//大正新脩大藏經：續諸宗部，第82卷.东京：大藏經テキストデータベース研究会，2018：318.

[3]《元亨释书》（卷七），活字本05。

大年吉登等[1]。入元僧、入明僧挂锡天童寺，表明元以后天童寺在中日文化交流中仍然有着十分重要的地位。这其中不得不提到被称为"天童第一座"的雪舟等杨。雪舟是禅僧，更是画师，他在中日文化交流中起到的作用是在绘画方面。雪舟在天童时受赐"天童山班禅第一座"称号，之后雪舟的绘画常常落有"四明天童第一座雪舟"。[2]雪舟的绘画，对日本室町时代的山水画产生了巨大的影响，而"四明天童第一座雪舟"的落款，则表现出天童寺的经历给雪舟留下的深刻印象。

在天童停留并对日本禅宗发展起到重要作用的不仅是日本赴宋僧，还有许多中国渡日僧也与天童寺有所联系。如无学祖元（《佛光国师语录》中多次提到归天童）、一山一宁（"适一环溪踞天童。衲子辐凑。法社甚盛。师求挂锡。溪不拒。"[3]）、兰溪道隆、西磵子昙、明极楚俊等赴日前均到过天童寺。

（二）天童寺在日本禅僧著作中的记载与影响

除了上面提到的对日本禅宗发展起重要作用的中日禅僧，天童寺的一些清规、仪式等也给日本禅宗发展产生了巨大的影响。如道元就多次将天童寺的清规引入自己的著作中，如

---

[1] 《天童寺志》编纂委员会《新修天童寺志》，第267~274页，北京：宗教文化出版社，1997年。
[2] 滕军《中日文化交流史——考察与研究》，第302页，北京：北京大学出版社，2011年。
[3] 一山一宁.一山国师语录//大正新脩大藏經：續諸宗部，第80卷.东京：大藏經テキストデータベース研究会，2018：331.

"然则所谓寮主在各自之案位。轮次勤之猶堂中直堂也。是以须知无单称寮主寮之分寮矣以十刹图考之。天童山则於众寮之背后。有把针架及洗衣处焉。今复倣之设把针架洗衣处等可也"。[1]此外，道元还在著作中时常提到天童寺的禅师，并给予很高的评价，如："坐禅箴ハ。大宋国。庆元府。大白名山。天童景德寺。宏智禅师正觉和尚ノ撰セルノミ。佛祖ナリ。坐禅箴ナリ。道ヒ得テ是ナリ。"[2]对于天童禅风传入日本，永平义云在著作《义云和尚语录》也称赞道："就中当山初祖。遥航万里旷海。亲见天童净和尚。倒却谩幢身心脱落。佛祖宗风始通扶桑国。国之运也。"[3]永平三代论争后，曹洞宗发展开始本土化，但莹山绍瑾在《莹山清规》依旧多次提到了天童寺的仪式，如"大众皆加巡寮。到法堂问讯主人。深问讯别。主人在法堂。待大众天童古仪也。或大众送方丈。不妨遶寺际微音诵消灾呪。"[4]"或祝圣香山呼后。亦拈香供养佛。虽有两样。天童净老禅师以来。只供养佛香。而已。"[5]值得一提的是，莹山绍瑾并未到达天童寺学习，在他的著作中出现了天童寺的仪式与清规，可见天童寺对于日本禅宗的影响

---

[1] 道元.永平清规//大正新脩大藏經：續諸宗部，第82卷.东京：大藏經テキストデータベース研究会，2018:331.

[2] 道元.正法眼藏//大正新脩大藏經：續諸宗部，第82卷.东京：大藏經テキストデータベース研究会，2018：119.

[3] 永平义云.义云和尚语录//大正新脩大藏經：續諸宗部，第82卷.东京：大藏經テキストデータベース研究会，2018：472.

[4] 莹山绍瑾.莹山清规//大正新脩大藏經：續諸宗部，第82卷.东京：大藏經テキストデータベース研究会，2018：443.

[5] 莹山绍瑾.莹山清规//大正新脩大藏經：續諸宗部，第82卷.东京：大藏經テキストデータベース研究会，2018：438.

并不仅仅局限于来到天童寺的僧侣及他们的著作，而是在禅宗传承中予以保留。

此外，天童寺以及天童寺的僧侣还在中国赴日禅僧的著作（或说法）中大量出现，如《佛光国师语录》中就多次提到天童，无学祖元曾到过天童寺，而天童寺在其语录中大量出现，说明天童寺在无学祖元心目中的地位。

进入室町时代后日本禅宗本土化发展加速，道元时代严格遵照中国禅风的曹洞宗，也加入了密教等元素，开始向平民阶层传播。虽然日本禅宗发展走上了一条与中国不同的道路，与中国禅宗的联系也开始有所疏远，但在日本禅僧对于宗派发展的叙述中，仍然可以看到天童寺的影响。如江户时代卍山道白在《禅戒诀》中提到"西之后我道元和尚入宋。受法于天童长翁净。又传其禅戒。与西所传一般也。法灯国师年谱中所谓。受菩萨戒于深草佛法上人。乃天童所传戒仪者是也。然荣西所传被于后昆今犹存焉。永平门下递代相承。至经于乱世。则如其血脉虽系联。而坛仪不行。幸得天童传来戒仪之旧本。而永平大乘大慈三处室内戒本合而一律。"[1] 卍山道白所在的江户时代距离镰仓时代已经至少300年，然而在他的著作中依旧强调天童的禅戒，可见天童寺对于日本禅宗（尤其是曹洞宗）影响之深。此外，面山瑞芳在《建康普说》中有如下记叙"天童之脉断于宋。而元明之洞宗荒唐。只我日本五百年来正传三昧

---

[1] 卍山道白《禅戒诀//大正新脩大藏經：續諸宗部》，第82卷，东京：大藏經テキストデータベース研究会，2018：616.

光明烜赫。"[1]"然今于日本其称永祖儿孙者。非但昧却吾祖家范不知天童正传奈何耳。"[2]面山瑞芳的记叙有其不合理之处，但从他的文字中可以看到日本曹洞宗对于继承天童禅法是十分自豪的。

（三）天童寺在海丝佛教文化交流中的作用

天童寺有众多中日僧侣停留，也在日本禅宗僧侣著作中留下了较多的记录，可见天童寺在日本禅宗发展中起到的重要作用。天童寺在中日海丝文化交流中的作用主要有以下几点：首先，天童寺是日本禅宗发展初期模仿的对象之一。日本禅僧学成回国后，在日本弘扬禅宗，他们所建造的很多禅宗寺院结构便是模仿宋代寺院，天童寺作为宋代五山之一，自然是日本僧侣模仿的对象。道元的吉祥山大佛寺就是其中很好的例子。[3] 其次，天童寺是荣西道元等日本禅师学习宋禅的重要场所。无论是荣西还是道元，都在天童寺获法衣、受戒、获赠书，这些仪式在天童寺举行，说明天童寺对日本禅宗的创立具有不可替代的作用。曾住天童寺的入宋日僧的思想对日本佛教产生了巨大的影响。道元主张的"只管打坐""身心脱落"来源于天童寺的经历以及如净禅师自不必说。荣西与道元均在天童寺学习

---

[1] 面山瑞芳《建康普説//大正新脩大藏經：續諸宗部》，第82卷，东京：大藏經テキストデータベース研究会，2018：723.

[2] 面山瑞芳《建康普説//大正新脩大藏經：續諸宗部》，第82卷，东京：大藏經テキストデータベース研究会，2018：725.

[3] "道元效仿天童山景德禅寺，将大佛寺打造成纯粹的禅修道场。"详见：王颂《日本佛教》载《世界佛教通史》（第九卷），第332页，北京：中国社会科学出版社，2015年。

较长时间,并在天童寺学成归国,说明他们在天童寺接受了大量禅宗思想。道元在《正法眼藏》中多次提到天童寺,而《正法眼藏》又是道元论述禅宗思想的著作,可见天童寺的经历对道元禅宗思想有着重要的影响。此外,道元在建立永平寺后,对名利并不关心。这也与天童寺居山修行有着一定的联系。第三,天童寺的清规、戒律对日本僧侣产生了巨大的影响。镰仓时代初期,日本佛教的发展出现了戒律松弛的问题。这一时期,无论是平安二宗还是新出现的净土宗、净土真宗,在戒律问题上均有不足。荣西回国后主张"禅宗以戒为先"[1],道元编撰《永平清规》,可见日本禅宗对于清规戒律的重视,而这种重视一定程度上说是天童寺的经历对于他们的影响。荣西的"禅宗以戒为先"以及道元的《永平清规》内容较多来源于《禅苑清规》,《禅苑清规》的编撰虽然与天童寺关系不大,但荣西和道元都在天童、育王等中国禅寺学习并践行了《禅苑清规》。他们在修习禅宗的过程中亲身体验清规戒律,了解清规的实际执行方式,并对清规有了更深的了解,他们回国后在寺院中施行清规,一些也是来源于他们在宋期间的感受。"然则所谓寮主在各自之案位。轮次勤之犹堂中直堂也。是以须知无单称寮主寮之分寮矣以十刹图考之。天童山则于众寮之背后。有把针架及洗衣处焉。今复效之设把针

---

[1] 荣西在《兴禅护国论》中反复强调"禅宗以戒为先"在一方面是为了减轻其他宗派对于初创的禅宗的排挤(不守戒律是日本朝廷以及一些宗派排挤其他宗派的理由之一,能忍的达摩宗便是因为这一理由而受到打压)。但另一方面,可以看到荣西的禅宗派别受到幕府支持得到发展,是因为禅宗遵守戒律,不会威胁幕府的统治。

架洗衣处等可也。"便是日本僧侣参考天童清规施行清规的最好例证。

三、宁波"东方文明之都"建设视域中的天童寺海丝文化遗产

天童寺是海上丝绸之路重要历史文化遗产，加强相关文物资料、文献史料的整理、保护和合理利用，将有益于扩大宁波海丝文化影响力，有利于推动"东方文明之都"建设。

（一）海丝佛教文化交流历史的展现

天童寺在宁波古代海丝文化交流中起到了十分重要的作用，而这正是天童寺及其周边景区所需要重点展现的部分之一。目前，天童寺内关于海丝文化交流的景观呈现和文物展示相对较少，主要为道元等日本禅师的纪念碑等，文献、图片、影像等资料较少。天童景区可以以设立展览馆等方式，将从古至今天童寺在海丝佛教交流中相关史实展现出来。展览馆古代部分可以以时代、僧侣为轴线，将古代僧侣的画像、他们对海丝佛教交流的贡献以及历史资料对于他们的评价展示出来，以凸显天童寺在海丝佛教交流中的地位。近现代部分则可以采用以时间为轴线，将与天童寺有关的东亚佛教交流的图片、媒体报道等展现出来，体现在近现代乃至当代，天童寺在东亚佛教交流中发挥的作用。除了图片与文字介绍，天童寺与天童景区还可以通过沙盘、建筑模型等方式展现天童寺历史发展与变

迁，并与日本的寺院模型相结合，展现日本禅宗寺院对于天童寺建筑结构的借鉴、模仿。

（二）相关文创产品的设计与传播

文创产品是历史文化遗产载体扩大影响的重要方式。文创产品的研发，有利于天童寺与天童景区扩大自身的影响，也有助于宁波扩大海丝文化的影响。中日海上丝绸之路佛教交流的史志资料是天童寺和天童景区最佳的文化创意资源，天童寺可以考虑将千佛阁等代表中日海丝佛教文化交流互动的建筑，抑或是雪舟等代表中日文化交流的人物的绘画作品制作成纪念币、明信片、书签等文创产品，以扩大宁波海丝文化的影响，展现天童寺在海丝文化交流中的地位。

（三）媒体的利用

媒体宣传是扩大自身影响的重要方式。首先，天童寺与天童景区可以从自身网站入手，加入海丝佛教交流相关板块，将历史上海丝佛教交流与天童寺的关系体现在网站内容中，同时将当代天童寺佛教文化交流的图片与新闻展示出来，以此来体现天童寺在佛教交流中发挥的作用。第二，可以与相关部门合作，在火车站、飞机场以及外来游客较多的地铁站放置广告，并在广告中以天童寺悠久的历史与海丝文化交流为主题。在凸显天童寺在海丝文化交流作用的同时，扩大宁波佛教文化影响。第三，目前海上丝绸之路申遗正在进行，天童寺作为海上丝绸之路申遗遗产点之一，可以与相关部门合作，制作海上丝绸之路宣传片（或纪录片），在宁波公共交通电视以及电视台、网络播放，展现天童寺在海丝文化交流的作用。

结　语

天童寺作为历史上禅宗"五山"之一，在海丝文化交流史上发挥了不可替代的作用。自镰仓时代以来，日本禅宗（特别是曹洞宗）僧侣渡海来到中国后，不少均参访过天童寺。天童寺对于日本曹洞宗发展的影响是巨大的，自道元时代起，日本曹洞宗禅寺借鉴天童寺的空间结构建设伽蓝，根据天童修习实践制订寺内清规，道元的禅学思想很多源自天童宗师的论见。此外，需要强调的是，深入发掘天童寺海丝历史文化遗产的丰富内涵，将有助于推动宁波"东方文明之都"建设。

宁波市鄞州区打造"中国海丝文化之乡"的实践与探索

胡 勇[1]

鄞州,作为宁波的核心城区,原为鄞县,2002年2月,撤县设区。近年来,鄞州区立足区情实际,以传承保护和发展繁荣海丝文化为己任,依托资源优势,围绕创建"中国海丝文化之乡"这一中心任务,开展了一系列卓有成效的工作,在海丝文化历史底蕴挖掘、主题品牌打造、为民惠民服务、当代价值提炼等方面做出了有益的实践与探索。

一、鄞州区打造"中国海丝文化之乡"的资源优势

鄞州区的海丝文化传承保护工作拥有得天独厚的优势,可以用"历史文化底蕴深厚、海洋文明星光璀璨、海丝文化一脉相承"来概括。

---

[1] 胡勇,浙江省宁波市鄞州区文化馆副馆长,鄞州区民间文艺家协会副主席。

（一）悠久的历史渊源

鄞州的前身——鄞县，是中国历史上最古老的建制县之一，始建于公元前222年，是一座具有2200多年历史底蕴的文明古邑。鄞州是中国最早对外开埠的通商口岸之一，是中国水利工程技术的发祥地之一，是中国佛教文化的重要传播地之一，也是中国经典爱情故事——梁祝民间故事的起源地。鄞州文化遗产丰富，拥有物质文化遗产保护单位、点和名录862处，其中国家级文保单位5处、省级文保单位9处；拥有库藏文物档案藏品两万多件（套），其中珍贵文物664件（套）；拥有各级非物质文化遗产名录159项，其中国家级名录4项、省级20项。此外，鄞州拥有博物馆21座，是中国博物馆文化之乡。鄞州人文荟萃，名人辈出，贺知章、王安石、吴文英、王应麟、沈光文、万斯同、全祖望都在这里留下了历史足迹。

（二）璀璨的海洋文明

鄞州从来都是面向大海，胸襟开阔。鄞州区海域主要分布于东南端，属象山港海湾的一部分，面积为53.5平方千米，其东北联结北仑海域，直达广袤东海，通向太平洋。海水平均深度约10米，最深处达23.5米，是天然避风良港。海岸线总长25.66千米，海运通往沿海各地，海区内盛产马鲛鱼。鄞州区的西北端，就是宁波的城市海洋文化地标三江口，甬江、姚江、奉化江三条江水在此汇聚，由甬江水道直达东海。自古以来明州（宁波）始终是一个极其优良的中国对外开放的主要港口，从唐朝的"海外杂国、贾船交至",到宋代与广州、泉州并列为三大主要贸易港,再到鸦片战争被定为"五口通商"口岸之一,在这一演变过程中,三江口一直扮演着宁波重要港埠的角色,成为"河""海"贸易和"南""北"贸易中转的枢纽,也是构成鄞州海丝文化体系的重要元素。

(三)繁荣的海丝文化

鄞州,作为古明州港(宁波)的发祥地,如今仍保留着众多体系化、集群化、地域化的重要海丝文化历史遗存。如在唐朝鉴真东渡中发挥重要作用并作为日本佛教曹洞宗祖庭的西晋古刹天童寺,珍藏释迦牟尼真身舍利和舍利宝塔的阿育王寺,中国近现代临济宗中兴祖庭之一的七塔禅寺,堪称航海地标的庆安会馆和天后宫,推动民间石刻艺术东传的东钱湖南宋石刻群,促进民间工艺交流的朱金木雕、骨木镶嵌、金银彩绣、甬式家具、竹器等传统手工技艺。这些在海上丝绸之路上举足轻重的民间文化地标建筑和在漫漫历史长河中起到对外交流关键作用的民间工艺,从不同维度不同视角不同空间共同构建起鄞州区海丝民间文化的脉络和根基,也使鄞州区具备创建"中国海丝文化之乡"的优厚土壤和区位优势。

二、海丝文化在鄞州的传承发展

鄞州区从区情实际出发,依托重要的海丝文化资源,深入挖掘海丝文化的内涵,加大海丝文化打造力度,提升社会影响力和为民惠民效用，切实推进海丝文化在鄞州的传承发展，主要开展了以下几方面工作：

（一）准确把握海丝文化精神，顶层设计任务明确

鄞州区委区政府对习总书记讲话中关于"活化石"的论断进行了深刻研读，把弘扬海丝民间文化精神作为当前的重要工作来抓，结合鄞州区情实际，深挖海丝文化底蕴，梳理传承脉络，做好今后工作规划，确保让海丝文化活化石真正"活起来"。在统一思想形成共识基础上，鄞州区明确提出了创建"中国海丝文化之乡"的工作目标，制定了工作方案，要求各部门通力合作，财政局做好经费保障，文联、文广局开展好相关文化活动，社科联做好理论支持，鄞州日报社和电视台做好宣传文章，各镇和街道也按照各自实际广泛开展海丝文化系列活动，全区上下一盘棋，聚精会神打造亮丽城市文化名片，通过创建活动不断满足人民群众对于美好生活的向往。

（二）积极开展海丝文化活动，民间影响深远深刻

从2013年开始，以弘扬海丝文化为目标，连续成功举办了四届海商文化艺术节，形成了"丝路海韵"音乐会、"宁波十大最美海商文化景观"发布会、中国（宁波）海商文化国际论坛、海商文化韩国经贸周、"海商杯"文化创新空间评选等一系列海丝文化活动品牌，同时还打造了海商文化公园、海商文化墙绘等海丝文化阵地，据不完全统计，参加各级各类活动的民众累计达到40万人次，有力地宣传了海丝文化，形成了民间

各个组织和人民群众一起共同参与建设海丝文化的浓厚氛围。今年以来，鄞州区进一步整合有关资源，提升海丝文化打造力度，今年4月份举办了"海上丝绸之路——非遗鄞州"创意设计大赛，作为2018中国（宁波）特色文化产业博览会的专业活动之一，向全球公开征集以"海上丝绸之路"元素为主题的优秀文化创意产品。同时开展了由全市海丝民间文化研究专家参与的论证会，对宁波以及鄞州的民间海丝文化资源再次进行了全面而系统的梳理。下半年还将举办海丝音乐会，广邀全国各地一流专家，以原创作品的形式集中为鄞州海丝文化放歌。同时还邀请本土作家收集、整理船文化资源，年底将正式出版《甬上船文化》一书，为海丝文化提供更宽广的内容支撑。此外，鄞州区还在积极策划其他具有影响力的海丝文化系列活动。

（三）着力加强海丝文化研究，理论支撑坚强有力

组建了海丝文化研究机构，依托市级资源优势筹建了宁波海上丝绸之路研究院（北京外国语大学丝绸之路研究院宁波分院），以北京外国语大学的学科专业和国际影响力为支撑，创新体制机制，整合国内外资源，开展相关经贸、文化、语言、法律、政策等问题研究。我们还在宁波博物馆（鄞州区博物馆）成立了海丝文化研究机构，有正式编制三人，专门从事海丝文化研究工作，近年来产生研究成果近20项。区社科联组织专家把海丝文化作为重要课题进行广泛研究，完成了20多个研究课题，在各类期刊公开发表12篇次，同时还举办了海丝文化与鄞州发展理论研讨会，与会专家围绕如何挖掘鄞州海丝文化

的特有内涵，提升城市文化软实力和区域竞争力展开了深入研讨。开展"借脑"工程，邀请上海海洋大学、浙江海洋大学、宁波大学、宁波工程学院等高校教授和学者定期或不定期开展海商文化理论交流活动，不断丰富夯实鄞州区海丝文化工作的理论基础。

（四）加强宣传报道力度，努力扩大海丝文化影响

鄞州区不仅注重把海丝文化各项工作做实做好，更加注重通过宣传报道营造海丝文化的影响力。今年专门为海丝文化创作了主题歌，通过各种媒体平台广为传唱。同时海丝文化VI系统（即主题文化视觉识别系统，包含标志、基本导向元素等）正在设计制作中，未来将以统一的形象向社会公众进行发布，提升鄞州海丝文化的整体形象，提高民众认同感和黏着度。我们还广泛利用国家、省、市各级各类媒体，尤其是新媒体的平台，对海丝文化系列主题活动进行了全面的宣传。据不完全统计，近年来在市级以上媒体共计发布各类信息和宣传报道达到120余篇次，有效地宣传了鄞州海丝文化。

（五）深入推进创建工作，全面启动海丝文化探源

2018年5月，由中国民间文艺家协会牵头的"一带一路"民间文化探源工程——浙江海丝文化（宁波鄞州）调研考察活动在鄞州区顺利开展，来自全国各地的专家学者考察了天童禅寺、阿育王寺、七塔禅寺、庆安会馆等海丝文化遗存，比较全面了解、掌握鄞州区海丝文化丰富资源。在随后召开的"一带

一路"民间文化探源工程——"丝绸之路活化石"主题论坛上,中国民协,省、市民协领导和专家学者一起围绕"海丝文化国际视野与生态理念"这一主题进行了深入探讨,初步达成共识,认为鄞州区海丝文化优质资源集聚,各项工作推进有力,蓝图规划全面有序,传承发展成效显著,创建"中国海丝文化之乡"优势明显。

三、鄞州区海丝文化的当代价值

海丝文化既反映出中国在漫漫历史长河发展进程中的民族精神,具有重要的传统历史价值,是对中国历代以来繁茂繁盛的政治经济状况和文明开放的文化交流现象的真实写照,同时又指向未来,具有当代现实价值,尤其是在新时代社会主义发展进程中,海丝文化必将蕴含着更为丰富的文化价值和更加深刻的现实意义。概括起来讲,鄞州海丝文化的当代价值主要体现在以下四个方面。

(一)海丝文化凝聚时代精神

纵观鄞州海丝文化发展史,我们可以清晰地感知这片江南鱼米之乡的经济兴盛、社会兴旺。值得骄傲的是,即便当时的鄞州人处在一种富足、安逸、稳定的生活状态之中,仍然保有着闯荡大海、勇于冒险的大无畏精神。与其说"海上丝绸之路"是贸易之路,倒不如说是探险之路、拼搏之路,展现的是鄞州人渴望发展、乐于沟通、善于包容的处世态度。这就是

"海丝精神"。当今鄞州正处于社会主义新时代背景下创新发展的崭新时期，更加需要符合区域特色、适合鄞州特点的精神来激励，"海丝精神"恰好顺应了这一时代的要求，这也正是我们重提"海丝精神"的现实意义之所在。

（二）海丝文化助推城市建设

海丝文化历史基础深厚，已经成为鄞州区的文化软实力，是城市精神的凝聚，因此在城市规划、建设、管理和运营等方面有了根基有了溯源，城市发展也必将印上浓厚的海丝文化标签。当我们回归生活本源，走过鄞州的大街小巷，"海丝"遗迹随处可见，出于保护、弘扬传统文化的需要，鄞州一直以来并将继续积极实施经济、文化、城市建设一体发展战略，做好人财物的保障，构建以"海丝文化"为重点表征的主题文化，不断满足人民群众对于美好生活的向往。

（三）海丝文化致力经济繁荣

一脉相承，生生不息的海丝文化为城市的经济建设提供强大的支撑和依托，成为促进经济发展的关键推手。今年6月，2018海丝港口国际合作论坛在宁波（鄞州）举行，"宁波港口指数"首次面向全球发布，这是全面评价港口行业景气程度及港口企业经营情况的指标体系，彰显宁波的大港底气和鄞州的海丝追求。同时，以海丝文化为指引，凭借"向东是大海"的追求和"敢为、求实、争先"的闯劲，鄞州区1～6月实现外贸进出口增长20%，其中跨境电商出口增速超100%，外贸做到全省第二,相关经验被中央和省市媒体广泛报道。

(四)海丝文化促进发展创新

1976年,鄞州区云龙镇甲村出土了"羽人竞渡纹铜钺",在这件战国时期的一级文物上,四个古代先民双手持桨,奋力划船,体现了勇猛强悍的精气神,也完美诠释了海丝文化所蕴含的不断开拓、敢为人先、创意创新的精神内核,成为宁波海上丝绸之路申遗标识。今天,在全面转型发展的关键时期,尤其需要这种海丝文化精神去激励和引领,为经济社会的持续高质量发展注入活力。同时,海丝文化具有开放学习、融通多元的优势基因,在经济全球化背景下,我们需要博采众长,加强国际交流合作,寻求更多的合作伙伴,扩展朋友圈。另外,海丝文化倡导精思通达、求变求新的潮流意识,在社会主义新时代征程中,仍然需要这种理念,顺应世界潮流大势,契合国家发展战略,全方位、大力度、实质性推进改革创新。

"海上丝绸之路"与浙东妈祖信俗拓展

黄浙苏[1]

古老的明州港于两宋以后的近1000年间,在弘扬以妈祖信俗为合理内核的东方原始海洋文化,拓展我国"海上丝绸之路"的过程中,创造与延衍了华夏文明。

妈祖信仰,历史悠久。自北宋经过千年的融合厚造,孕育成影响深远的文化现象,成为中华民族原始海洋文化不可分割的组成部分。

宁波地处东海之滨,乃海道辐辏之地,妈祖信仰的民间基础十分雄厚,为官方首次对妈祖褒扬和倡导的重要之地,又系妈祖由民间区域性的神祇,晋升为全国性海神的转折点。源远流长的浙东妈祖文化,丰富多彩的航海风俗,以及妈祖文化的载体——庆安会馆,都无不折射出妈祖文化鲜明的地域性。

妈祖信俗是否经明州(宁波)发扬光大,并走向世界?这是学术界有争议的问题,笔者从分析古明州港地理位置与文化

---

[1] 黄浙苏,浙江省宁波市浙东海事民俗博物馆研究馆员。

环境相关的因素，认为宁波是发展妈祖信俗并向世界各地传播的重要城市。

一、"海上丝绸之路"启碇港的海洋文化特质

关于"海上丝绸之路"的启碇港，史学界向有争议。现在宁波、广州、泉州、扬州等城市为申报世界文化遗产，个个挖掘文献与遗址据理力争。但唐宋时期，宁波造船业与海上贸易的繁荣，却是不争的事实。

德国地质学家李希霍芬，在130年前曾对中国进行了七次考察。1861年，他沿着杭州湾那曲折优美的海岸线，走遍了浙东沿海。他发现这个省份虽然风景如画却没有任何矿产资源，而地处浙东的宁波更甚。在这个号称宁绍平原的地方，连土地都少而贫瘠。然而宁波人勤奋与奋斗的企业家精神却深深地感动了他。他在《中国——亲身旅行和据此所作研究的成果》一书中，这样写道："浙江省人，由杂种多样的人组成……沿海有特殊种族，如宁波人。宁波人在勤奋、努力、对大事业的热心和大企业家精神方面较为优秀。尤其是商业中的宁波人，完全可以与犹太人媲美。"[1]

自唐宋以来，宁波即是"海上丝绸之路"的主要港口。林士民先生在他《万里丝路》一书中，比较详尽地介绍了宁波这个港口城市与"海上丝绸之路"的关系。他说：海上丝路的开

---

[1] 沙连香《中国民族性》（一），第299页，北京：中国人民大学出版社，1989年。

通，就中国而言，最早见于史书的是《前汉书·地理志》的记叙："自日南、漳塞、徐闻、合浦船行可五月，有都元国……汉之译使自此还矣。"[1]说明汉武帝平南越后，曾在日南、徐闻、合浦等地派出译使远航至印度。

"海上丝绸之路"的历史，从某种意义上讲，就是中华文化与世界各国、各民族文化相互传播、碰撞、融合和不断创新的历史。梁启超先生在20世纪初形象地把中国历史的演进说成是"中国之中国"—"亚洲之中国"—"世界之中国"三个相互递进的时期。"海上丝绸之路"的诞生、发展演变及至衰落，正是中国由"亚洲之中国"到"世界之中国"的缩影，包含着十分丰富的文化信息、文化价值。

两宋在明州府设立市舶司，管理"唐船"对外贸易与他国商人至明州上岸交易。其时经唐及五代吴越国的经营，现宁波三江口一带经常"帆樯林立，商船如鲫"，上岸各国商贾在市集上往来穿梭，出现空前的繁荣景象。

明州港到宋代，已几乎进入全盛期。当时所销商品，主要是越窑青瓷、茶叶与丝绸。所辖浙东地区，仅慈溪上林湖地区越窑遗址，就发现有234处。这些窑址自魏晋南北朝始至两宋间烧制无数，现日本、韩国，以及东南亚一直到地中海欧洲诸国，均有越窑青瓷的灯碗、四耳壶、六耳壶、支烧印痕的碗、盘、夹层碗、直口盅、敞口洗、双耳洗、花卉盘、荷叶盖罐、鬲炉、鱼耳瓶、贯耳瓶以及各种各样的祭祀品出现。这时宋商

---

[1]《前汉书》卷二十八（下）《地理志》。

船的海上航线已拓展，不但东至日本、高丽，南至东南亚马来西亚、沙捞越诸国，而且拓展到印度、伊朗、巴基斯坦、伊拉克、埃及、斯里兰卡和地中海西欧诸国。

明州为何成为世界性的大港？因为它具备三个要素。

（一）与当地蓬勃发展的造船业和先进的航海技术相关

古越人在7000年前已能制造独木舟（筏），善于驾舟在海上航行。到公元9世纪，造船业和船舶的防漏性、抗风浪能力及续航能力均达到较高的水平。对海洋气候和水文资料的掌握也达到了很高的程度。特别是航海者掌握了季风和信风以及海流的规律，能够横穿太平洋海域，被吴越原始先民视为畏途的南路航线，便成为唐、宋两代越人航海家攻克的主要"难关"。而且唐、宋间宁波定海镇（现镇海），有上千木工日夜劳作的"官办船厂"承制当时世界上最大、最先进、抗风浪能力最强的"唐船"。上文所提到唐商团首领张友信，就是一个"唐船制造家"。

（二）与明州港的地理位置相关

宁波自古以来就是一个天然深水良港，它的地理位置在我国中部突出部。自隋代为南粮北上，运输漕粮挖通的运河成了中原黄土文明与江南古越文化联系的桥梁与纽带。唐、宋两代统治者励志求新，消除了中原人们对越地夷民的歧视。古越民族的原始海洋文化引起统治者的重视，建设对外开放的"古代东方大港"成为社会经济发展的需要。

（三）与当地经济、文化发展繁荣相关

经魏晋北方人口大迁移，江南吴越之地是最先接受北方中原先进农耕文明的区域，由于古越民族自身的原始海洋文化中那种"海纳百川"的包容精神，致使南北文化相互糅合，发展成为经济繁荣有利于向外拓展的古代商务文化精神。况且江南之地沃野千里，气候水利资源均适合于经济发展。时已兴起的手工作坊普及里巷，掌握了海外诸国需要的，先进的制瓷、制茶和制造丝绸的生产技能。而这些正是北方中原所欠缺的经济文化软环境。

这些就是妈祖信俗能在古明州港发展和向海外传播的基础。200多年前，德国哲学家黑格尔就曾断言海洋文化是使西欧区别于东方诸国的文化特征："中国、印度、巴比伦……占有耕地的人民闭关自守，并没有分享海洋所赋予的文明……"和"西方文明是蓝色的海洋文化，而东方文明是土黄色的内陆文化"的结论。如果他能和李希霍芬一样，来到宁波这片神奇的土地，他肯定会发现他这一结论有失公允。

二、明州港城市文化繁荣与妈祖信俗发展

据史料记载，北宋宣和年间，宋廷派徐兢等赴高丽，回国后，根据其本人高丽途中及在高丽的经历，撰成《宣和奉使高丽图经》四十卷，其中曾有一段重要记载："宣和五年（1123年），给事中路允迪等奉使高丽，因中流震风，七舟俱溺，独路所乘，神降于樯，安流以济，使还奏闻，朝廷特赐'顺济'

庙额。"

宋徽宗因宣和五年发生的这起海事活动，而萌动对妈祖庙额御赐"顺济"额，确立了明州（宁波）在我国妈祖信仰传播中的独特作用和重要地位。

妈祖是我国东南沿海的海上庇佑神，千年来一直受到沿海渔民与舶商的瞻仰，其庙宇香火经久不衰。在宋代妈祖晋升为"妃"的第二年，宁波就建立了第一座天妃宫。元人程端学在《（鄞）灵慈庙记》中记载了宁波妈祖的来历，宋绍熙二年（1191年），有福建船商沈法询，因"经南海遇风，神降于舟以济，遂指兴化分炉香以归，见红光异香满室，乃舍宅为庙址。"这是宁波第一座天妃宫，位于现东渡路与江厦街交叉处，此庙已于20世纪40年代毁于战火。宋代此址为航运码头，是船商活动的中心。至元，朝廷对保护漕运安全的天妃特别崇敬。宁波是元代漕粮海运航线上的重要港口，天历二年（1329年），元帝遣使祭庆元天妃庙。此时宁波已建有妈祖庙数座，据《镇海县志》记载，镇海于元至正十六年（1357年）在招宝山建造天妃宫。清代"开禁"后，宁波港口贸易得到持续发展，妈祖信仰的传播也达到鼎盛时期，共建造了大大小小的妈祖庙40余座。如甬东天后宫（庆安会馆）、安澜会馆、福建会馆，慈溪观城天妃宫、慈溪胜山娘娘庙、象山东门岛天后宫等。随着妈祖庙的不断建立，妈祖信仰的传播和发展得到了长足的发展。

妈祖信仰的出现，是中国航海事业发展的必然。从另一个角度说，古代中国航海事业的发展，终于呼唤出一位能够经天纬地的海神。其信仰的传播与发展，几乎与11世纪以后中国航海事业的发展同步的。正如有学者所言："泉莆一带的地区性妈祖信仰，演进成一种国内外整个华人社会，特别拥有和普遍接受的航海文明。"

明州与妈祖的渊源关系，根据上述真实的历史事件中发生的背景，及所涉诸相关因素，究其原因，按常规的说法主要有五条：

第一，在五代北宋之后，由于对日本、高丽等国为主的海事活动日益增多，朝廷和民众真正认识到了海洋的伟大，从而产生出崇尚海洋、敬畏海洋的情愫，于是航海保护神应运而生，妈祖信仰从福建一隅向全国范围传播势在必行。

第二，妈祖信仰既是朝廷安定民心的需要，同时，又正好符合广大民众寻求精神依托的愿望，从而自然而然地成为一种影响深广的民间信仰，而官府的不断崇祀、册封，又推波助澜地使妈祖信仰日臻完美。

第三，明州是我国宋代三大贸易港之一，历史上与高丽交往一直十分频繁。从宋代开始，朝廷十分重视市舶贸易，并专在明州设立市舶司（用以征收商税，经营海货的专买专卖，以及管理海外诸如高丽等国的朝贡等事务）。明州知州楼异，在宋徽宗政和七年（1117年），奏请徽宗准许，在明州特设高丽司（即高丽使馆）。

第四，宋代明州造船业十分发达，宋神宗元丰元年（1078年）曾派使臣安焘、陈睦往聘高丽，指令明州打造船只。至宋徽宗宣和年间，派徐兢出访高丽，朝廷又在明州打造了两艘巨型海船。通过造船，促进了海上丝绸之路的形成与妈祖信仰的传播。妈祖信仰寄寓宁波而得到朝廷的认可，影响范围从地方扩大到全国，由此妈祖与海上丝绸之路结下了不解之缘，成为百姓世代供奉的航海保护神。后散布在宁波各地的妈祖庙，是对妈祖信仰的一种延续。因此可以说，宁波是官方首次对妈祖褒扬、倡导的重要之地，是妈祖由民间区域性的海神晋升为全国性海神的转折点，而追溯这些因果都与海上丝绸之路紧密相关。宁波因是海上丝绸之路始发港而出现了妈祖信仰，也因海上丝绸之路传播了妈祖信仰。

三、多姿多彩的浙东渔村习俗文化

浙东沿海渔村民间信俗文化的开展与传播，在历史上就非常丰富与活跃。长期与海相伴，靠海为生的劳作方式，深深地影响沿海人民的生活观念和心理特征，也形成了渔区与妈祖文化相关联、独具特色的风俗习惯。从前在渔区，每当渔民出海，妻儿家人总要在码头相送别，渔民们也要放鞭炮、喝酒以壮行。而每当鱼汛来临，他们都要去敬拜妈祖，祭奠大海，祈求生产丰收，祈盼平安归来。

舟山渔场与象山石浦的渔文化，在浙东应该说颇有代表性。不仅历史悠久，而且内容丰富。这里有气势豪放的码头锣鼓，有风情独特的鱼灯会，有别具特色的渔民秧歌，有庆贺鱼汛的渔家龙灯和渔家子女的马灯队，有渔区丝竹小调和悠扬激越的渔工号子，还有造型各异的昌国抬阁，都深受渔区群众的欢迎；"三月三，踏沙滩""妈祖赛会""六月六迎神赛会""七月半放水灯"等民间文化活动在区域内外也颇具影响。近年来，由象山县政府举办、为期三天的"中国开渔节"更成为展示渔区民俗的盛大庆典，踩街、对歌、抬阁、挂鱼灯、舞龙灯、跑马灯等一系列古老的民间活动，纷纷登台亮相，重新焕发了新鲜而持久的活力，而其中最具震撼力和影响力的要数开船仪式和祭海仪式。

（一）"中国（宁波·石浦）开渔节"的祭海仪式

丰富的海洋文化合理内涵，和远播四海的民间妈祖崇信习俗、蓬勃发展的东海渔业生产与海洋旅游资源，使象山县人民政府率先举办了"文化搭台，经济唱戏"的"中国开渔节"的系列活动。自1999年至2010年9月15日，已办13届，宣传地域文化精神，获得社会各界人士的好评，并带来丰厚的经济效益。集中历朝历代县志记载的精华，把祭海仪式推向高潮。"中国（宁波·石浦）开渔节祭海典礼"内容与形式如下：

1.祭海典礼开始

上午8时正，祭海主司仪（石浦镇镇长）登上祭台郑重宣布："中国（宁波·石浦）开渔节祭海典礼"开始。主祭人（象山县县长）陪祭人有省、市、县等领导相继登上祭台。

2.宣读祭文

仪式击鼓、鸣锣、吹号、放鞭炮。

祭台庄严、肃穆，台下锣鼓、琵琶、长号等乐队严阵以待。40面龙旗、鱼旗迎风招展。各界代表排着整齐的队伍肃立两旁。由主祭人宣读祭文。

祭文内容:"人与自然,休戚攸关。陆与海洋,脉脉依偎。然而大海索取无度,必危及人类自己。纳百川叮不竭,节细源使永远。故自九五,施行休渔开渔。政府立法,渔区尊奉,以保长渔久业。"(此文每年有不同)

3.献五果仪式

祭文宣读完毕,主祭人、陪祭人带着40名仪仗手,由礼仪手捧祭文,另有18名捧玻璃鱼缸儿童,五名捧五果的礼仪,九名捧锡酒壶礼仪,走向大海献礼。

全体祭海人员肃立,面向大海三鞠躬。在渔家乐的乐曲声中向大海献上红枣、桂圆、花生、核桃、荔枝等五果。

4."放海生"仪式

随着《梅花三弄》乐曲声,"放海生"仪式开始。

由18名男女儿童抬着装有鱼、虾、蟹等海洋生物的玻璃鱼缸,与主祭人、陪祭人一起将鱼缸护送到海水中放生。18只装有海洋生物的大缸,在18位船老大和36位青年守卫的护送下,也抬到海水中放生。

随着主司仪宣布"礼成",锣鼓齐鸣,鞭炮震耳。200只信鸽带着全体半岛人民的美好祝福,飞上蓝天,飞向大海。

5.开船仪式

每年开渔节压轴戏是此仪式。石浦港内彩旗猎猎,千余艘大马力渔轮整装待发,岸上人山人海。开船的锣鼓敲起来,欢快的舞蹈跳起来,远航的汽笛响起来,十里渔港成了欢乐的海洋。

随着主司仪宣布开船——千舟竞发石浦港,万人空巷观开船。

（二）三月廿三妈祖庙会

三月廿三为妈祖诞辰日，也是渔民出海捕黄鱼的启程日，为一年中渔村最为重要的节日。通常的妈祖庙会有三个内容：

1.祭拜天后妈祖上供。一般在这个月的十五便开始准备，需选涨潮时分，备三牲福礼，荐享天后，虔诚祈祷出海平安和广纳钱财（多捕鱼）。在殿前天井里置八仙桌两张，分供猪羊各一。大殿中堂又放八仙桌两张，陈列鸡肉鱼蛋豆腐、和面食等5～8大盘上供，盘头供品放在红漆桶盘中，五果、点心不用大盘。

2.吉时已到，红烛高悬。由主祭长元（船主）上香献爵，行跪拜礼，虔诚祝祷。礼毕，退立。众船上伙计跟随跪拜如仪。礼成，在妈祖神灵前求得三角小旗（俗称令箭）一支后，请"妈祖菩萨"上船。由长元手捧红漆大桶盘，置神像（有木雕或泥塑神像，也有以"令箭"插以四角香袋代菩萨的）。两旁列侍千里眼、顺风耳神。香烛悉备，出殿时，代舵（俗称二肩）撑黑布护顶，三肩提灯笼前导。恭恭敬敬地把"菩萨"请上渔船，放在船圣堂神龛内，顶礼膜拜后而退。把灯笼置船上，以驱邪保护众人平安。

3.午后（也有提前）开始在天后宫内演戏娱神。日夜连台，连演5～10日方罢。戏团一般外请，远从浙江嵊县（今嵊州市）、天台临海诸地请来。戏文曲目一般为《桃园三结义》《薛仁贵征东》《赵子龙长坂坡救主》《宝莲灯》《辕门斩子》等传统戏。每晚开演前，均派一小乐队，到城隍庙、土地庙、关公庙、诸庙宇"请神看戏"，把代表各菩萨的三角小旗

"令箭""请"至天后宫。四庙宇菩萨都请全,有时还会加戏,加戏长元得另付戏班红包。

4.如此"热闹"过后,渔船择良辰下海启航,岸上亲人送行。

(三)六月廿三谢洋妈祖赛会

东海洋山黄鱼汛,一般至夏历6月20日左右结束。船队返航归里,渔村有举行"谢洋妈祖赛会"的习俗,演戏庆祝捕鱼丰收和亲人平安归来。一般由此鱼汛中的"高产船"出资包演"酬神",俗称"谢洋戏"或"还愿戏"。

"谢洋妈祖赛会"程序与三月廿三"妈祖庙会"相同,只是多了一个"抢戏班子"的内容。各渔船主会大把地"化钱",选择聘请优秀戏班为自己的村坊"长脸面",还举行"妈祖出巡"的礼仪活动:选壮汉一名,手执大旗为前导,双面号锣,随后制作精良的牌灯两对,后由人扮"千里眼""顺风耳"和一大群宫女跟随。一顶大轿由八名壮汉抬行(系选择父母双全的青年)。"圣驾"过后,又有小轿一乘,上置炉香,谓之"香亭"。后随善男信女、护驾仪仗多人。手持各式武器,俗称"护驾百将"。

"谢洋戏"与出海庙会一样,要演5~10日,中午12时举行素餐庙宴。有的地方办得比"庙会"还隆重热闹。

(四)造船"点睛"的"祭船文化"

船是渔民在海上作业、生活的基础,在渔民眼里比生命还要宝贵。自古以来东海渔场的渔民,除祭海外,还有一种祭船文化。象山东门岛在唐代就辟为渔商港埠，悠久的历史和独特的地理环境，使东门岛成为浙东海洋文化发祥地之一。这儿独特的"祭船文化"活动，自两宋始已形成习俗。

据当地渔民告诉笔者，岛上先民，有不少是从福建迁入，有"闽帮兴渔"之说。东门大捕船也由福建传入，后又从东门传至岱山、宁海附近诸地。清乾隆三年（1738年），东门渔帮有大捕船八十余艘。说起造大捕船，如同造房屋一样隆重、讲究。因为船是渔民的命根子，是渔民的家。渔民把船称为"木龙"，造船先由大木师傅破木选料定龙筋。再请阴阳先生，选良辰吉日，在天后宫敬拜海神妈祖，用三牲福礼祈请保佑祭后，长元（船主）向大木师傅敬酒（大小师傅从福建、浙江台州等地请来，东门岛有名大木师傅就算邵广福），送红纸包钱礼。新船船壳造成后，要在船头两侧贴"龙头生金角，虎口出银牙"对联，在船尾栏板上挂"风平浪静"或"海不扬波"横幅。

祭船文化的关键之处，就是"点活"船眼睛。新船船壳造成，由大木师傅选用上等木材制作渔船眼睛，不得丝毫差错。船眼睛根据船只大小制作定型后，不是说钉便可钉的，要讲阴阳五行，又到天后宫，在请妈祖神明前，要掷珓问卜择定时辰。安装船眼睛有专用术语，有三道程序：一为定彩，二是封眼，三是启眼，不得半点马虎。渔船眼睛黑白有阴阳协调之意，按金、木、水、火、土五行，用五色彩条扎于银钉，每只船眼睛上镶入一枚银圆。坐头把椅的造船师傅，才有资格用银钉将船眼睛钉在船头两侧。要钉得不高也不低，不前也不后，两边对称。据说一只船眼睛紧紧关注着天意,能知天上风云变幻;另一只眼睛紧紧关注着海洋,能知浪涛变化和海里鱼群动向。渔船一钉上眼睛后,立时变得很有灵气,这一过程称作"定彩"。"定彩"之后是"封眼","封眼"较简单,用红布或红纸把船眼睛蒙上。

在入水前必有隆重仪式——"启眼"。"启眼"需择妥吉日,候准潮时方可进行。一切由民间约束,要到天后宫大殿妈祖娘娘前,"掷珓扶乩"选定黄道吉日。在鞭炮声、锣鼓声中,长元(船主)亲手把"封眼"的红布或红纸,利索地揭去。这一慎重动作,便称作"启眼"。这时船眼睛好像巨目普光,银钉变得异常闪亮、生动,显得十分神气。新船下水前,必要敬天地和祭妈祖。祭祀仪式与祭海一样庄严肃穆。在道头滩场东西两侧,各置八仙桌一张,供全猪,全羊各一,恭敬天地。天后宫大殿中堂,设数张八仙桌。供上肉、蛋、鱼(或鱼胶)、豆腐、麦面、馒头等6~8大盘头,供品放于红漆桶盘中。长元(船主)在妈祖神明前点烛、烧香、叩拜,虔诚祈祷"一帆风顺,满载而归,渔丰人寿"。

祈祷毕新船行入水,需邀身强力壮、父母双全青壮年数十人,披红挂绿,鸣鞭炮,敲锣打鼓,将睁着两只眼睛的新船徐徐推入海中。名曰"赴水"谐音"富庶",以求吉利。船上飘扬长红旗,"长元"站立船头,把供请过的馒头,分给造船师傅,然后馒头如雨点般,纷落在围观乡亲群中。在一片呐喊声中,新船如蛟龙闹海,掀起千万朵白花。船到海中竖起桅杆。桅杆上贴"大将军八面威风"条幅,桅顶挂大红长幅写"天上圣母"四个大字，舵牙贴有"万军主帅"横幅。港中新船威风凛凛，船眼睛光芒四射。

这种习俗，在"文革"期间被取缔，船眼睛列入"四旧"被废，使怀旧之人真觉得渔港少了一道亮色。现在渔村恢复这习俗，造出来的船就像充溢着生命而变得生气勃勃。（由丁爵连提供资料）

（五）七月半"放水灯"，悼念"海难"亲人仪式

浙东渔民在对大海的长期开拓中，形成与海洋和谐共处的对话传统。七月半放水灯，是渔村古老的民间习俗，在整个舟山渔场中都很流行。这一习俗既是渔村民众对海上遇难亲人的一种怀念，也是对大海的崇敬。

相传此习俗首出清代诗人王植三在《东门竹枝词》中云："盂兰盆会纪中元，招得孤魂启佛诞。"每逢夏历七月十五日前，为荐祖先，举行盂兰盆会佛教仪式。由庙柱首（当家人），敬请4～8位和尚念经做道场，其中一人为法师。傍晚时分，在船埠头搭起高台，挂"鬼门""人门"两门，设盂兰盆（倒悬）一只，为八角长方灯，号有"东、南、西、北"四城门名，设斋供僧。两张八仙桌上供有肉、鱼、蛋等十二碗，还有点心、水果等祭祖羹饭，十分丰盛，香烛悉备，还有忏放焰口，意为晦气全无、财源滚滚而来。

相传夏历中元（七月十五日）是地狱鬼门敞开之日，"鬼"可以四处游荡，更可以回家"探亲访友"。渔村各家都要做"羹饭"，购来好菜，添上美酒，祭祀祖先，要发麦糕，

还有发饼筒。麦饼筒以麦粉糊烙成一张张圆圆薄饼,直径30厘米左右,厚度两三毫米,不可烙焦,要有极好韧性。然后将餐桌上菜肴,如肉丝、鱼片、豆芽、米面、菜干等,夹放在薄饼中,像蜡烛包那样裹起米。荤素皆有,味道极好。

水灯家家制作,五彩缤纷,品种繁多。水灯亦称海灯,底座是草,先用竹子做成"十字"或者"井"字骨架,骨架大小根据水灯大小而定,再将草绑扎于竹子上。底座中间安装一小钉,为插蜡烛用,然后将红、黄、蓝、绿、白各色彩纸裱糊竹骨上。灯的形状各异,有鱼灯、虾灯、蟹灯、宝莲灯、海星灯、六角灯、八角灯、荷花灯等,色彩和式形多种,能漂浮,但莲花灯必须要有。

施放水灯,必在忏放焰口后,把祭祖活动推到高潮,船埠头边站满男女老少,施放者候准潮时,在平潮时分,把一盏一盏水灯装在舢板上,要用好几只舢板装运,摇至港中央,择落水顺风顺水时辰。放灯为四人一组,一点烛,二捅烛,三传递,四放灯,一环扣一环,动作迅速而熟练,不得差错。先由二盏莲花开导,皓月高挂,照得港面上银光闪泛,一盏又一盏,多姿多彩水灯,在海面上飘悠。波浪中那幽幽的红、黄、绿、蓝、白,一色又一色的灯,散开又并拢,并拢又散开。

一次放水灯,少的是几百盏,多时有上千盏。波动的海面成了流光溢彩的世界,"万点红灯波历乱,星河倒影水连天"。那水灯随波逐流,随风飘荡,向门头方向飘去,形成长蛇阵,五彩缤纷,煞是好看,把港湾装扮得异常艳丽,岸边观者大呼小叫,谈论不绝,水灯载着做灯人和渔家的希望与祝愿,顺着潮流,漂向它要去的地方。当水灯渐渐远去,人们也渐渐散了,但海岸还有不少老人默默坐着,沉思着,久久不肯离去。

(六)东海海岛妈祖信仰的奇风异俗

妈祖信仰中,除了"三大节庆"别具特色外,其他贯穿在生活、生产中的信仰习俗更为奇特,为其他海神信仰所未见,如"诞辰禁捕""泛槎挂席""九重米粿"等俗,充满一种野性和海性味的原始宗教色彩。现分别记叙如下。

诞辰禁捕。旧时,每逢三月廿三日妈祖诞辰前后数日,江浙渔民均不准出海捕鱼。传说是龙王和水族这几天都要来朝拜妈祖,故而禁捕(是为古代的禁渔期)。

送船还愿。此俗至少始于元代。传说,妈祖在风浪中救人,都是驾船前来。对妈祖来说,这样的神船越多越好。渔民许愿脱险后,就制作各种小船送到天后宫,供天后使用,俗称"还愿船"。如舟山的天后宫,都有神船悬挂在廊下。据说,山东长岛县有个天后宫,有"还愿船"300余艘,近似一个海船博物馆。

泛槎挂席。旧时,江浙渔船出海,桅杆上常挂一帆式草席,以利顺风送船,加速行驶。后由草席改为小布帆,俗呼"镶边"。原因是传说中的妈祖神船,常用草席代帆,故而仿之。

"祭海"亮旗。"祭海"是东海渔民的重大庆典,"祭海"时渔船都要亮出自己的旗帜,其中有一面很大的蜈蚣旗,上书"天上圣母"四个大字的,即为妈祖"圣母"旗。

装点烛山。妈祖元宵之夜,天后宫的广场上,有一个用铁杆或木杆做成的大烛架。待夜幕降临时，大烛架上千烛共烧，火光冲天，形同烛山。人们说，烛光象征妈祖的神光，经神光照耀，海岛人日后出海即使遇上弥天大雾，也不会迷航。

船形发髻。此俗主要流传于东海诸岛的中老年妇女中。她们的发型是船帆形的，即在头中后部，梳成一个高10多厘米、半弧形竖起的类似古帆船的发髻。这个特别的发式形制，传说是对妈祖生前发式的仿效。

红色婚妆。在江浙海岛，旧时年轻女子结婚时，要穿红衣红裤，红盖巾、红绣鞋，里里外外一身红。此俗传说也与妈祖有关。因妈祖一生酷爱红色，故而仿效之。在舟山某小岛还有穿半截红裤的，即上红下黑。理由是妈祖是圣母，凡人是俗人，能够仿效其一半，已足够享用了。此外，在服饰习俗中除仿效妈祖喜爱的色彩、样式外，还有向妈祖寝宫敬赠被褥、幔帐、绣旗等习俗。

九重米稞。农历九月初九是妈祖升天之日，这一天东海诸岛有蒸制九重米稞祭妈祖的习俗。所谓九重米稞是用米浆和配料蒸制，连蒸九次。此俗的含义是妈祖食了此稞能直上九重天。这一天，在浙南海岛还有食炒面和食卤鹅肉的习俗。

杀财猪。所谓"杀财猪"，即渔业丰收或商船生意兴隆时，都要在天后宫"杀猪台"上杀猪敬神。待"财猪"屠宰洗净后，先供祭在天后神龛前，并配祭若干其他供品，焚香燃烛，举行祀典。祀神毕，由船主用黄裱纸醮猪血焚烧，意为财猪已被天后享用。尔后，"财猪"进行分割，猪头归船老大，猪蹄归二老大，猪尾巴及猪腱归伙浆，内脏作结账后"聚餐"

时的下酒菜。剩下的猪肉供全体船员和家属食用，并欢迎村人和路人入席。

水族朝圣。这是妈祖诞辰日的一道特殊祭品，东海渔民用面粉彩塑成三十六种鱼、虾、蟹、蚌，放在特制的三十六盘红漆木盆上，供祭在妈祖神像前。这三十六种海洋水族，头部都要朝着妈祖神像，并略往上翘，呈现叩拜姿状，名曰"水族朝圣"。有的还在祭品旁放航海图、海螺壳、小木船等物，供妈祖巡海之用。

除上述习俗外，妈祖习俗中还有九节菖蒲，妈祖香袋等俗，这些均属渔民巫术范畴。传说妈祖生前曾用九节菖蒲为剑，驱逐瘟神，并用香袋镇邪，使鬼怪不能近身。再如"诞辰禁捕"，为航海和捕捞型的妈祖信仰，而"船形发髻"和"水族朝圣"等，则是人们在发型、服饰、饮食方面的习俗行为。妈祖信仰，就是通过这种隆重的三大节庆和大量的日常性的信仰习俗活动，潜移默化地渗透到海岛人生产生活的方方面面，从而成为一种强大的信仰力量，给海岛人以精神寄托和心灵的抚慰。

现在东海海岛与沿海渔村中，还流传着不少妈祖信俗习俗，这些习俗具有三个鲜明的特色：一与原始妈祖信俗相关；二与渔村地域文化相关；三与渔业生产是否顺利相关。如果海上作业不顺利，活动就会显得逊色一些。

妈祖信仰是人类在航海发展中的一种精神鼓舞，它对我国海上丝绸之路的发展和中华文明的传播，同样有着巨大的作用和影响，是值得我们深入研究的。

扬帆远航

"海上丝绸之路"舟山段地名文化遗产保护研究

孙 峰[1]

舟山群岛位于中国南北沿海航线与长江水道交汇点,背靠中国大陆广阔的"丝绸茶瓷"经济腹地,是中国东部沿海和长江流域走向世界的主要海上门户,也是古代"东亚海上丝绸之路"和我国南北航路的必经之节点和重要枢纽。与其他"海上丝绸之路"申遗城市不同,舟山群岛新区,拥有1390个岛屿,由此构成了许多航门,形成了港口、码头以及灯塔等历史建筑,这些港、航门、海域、岛屿、古寺、道头、灯塔、海防设施与自然实体物等,形成了舟山"海上丝绸之路"独特的地名语词文化和地名实体文化。

---

[1] 孙峰,浙江省舟山市浙江国际海运职业技术学院,群岛海洋文化研究中心主任。

一、舟山"海上丝绸之路"地名文化遗产保护存在的问题

(一)老地名误写误用

政府企事业单位从业人员地名文化遗产保护意识不强,对历史老地名,一些相关从业人员往往采用主观臆想的方式随意进行解读,往往导致地名被误读。如朱家尖的石牛港,常常被写成"石榴江",如《朱家尖石榴江综治工程开工》《舟山市普陀区朱家尖石榴江综合治理(一期)工程招标公告》等新闻稿件、政府公告文件多次将老地名石牛港写成"石榴江",而石牛港2009年已经被列入《舟山市地名文化保护名录(第一批)》,这说明地名文化保护名录的宣传力度不够,或者是相关从业人员对地名标准化不重视,加强地名文化保护名录的宣传普及和教育刻不容缓。

(二)城镇化过程中,老地名、老建筑不断消失

随着老城改造,一些老的街巷里弄和建筑被拆除,建起了成片的商品房,新的马路、街巷建起来,一些老地名没有得到保护,如定海的钞关弄,沈家门的石灰道头、外道头等地名,其所依托的建筑原貌已经消失或部分消失,作为老地名也没有被列入《舟山市地名文化保护名录(第一批)》得到应有的保护,因此需要尽快制定《舟山市地名文化保护名录(第二批)》,重点加强对"海上丝绸之路"老地名的保护。

（三）地名失传，地望不详，亟待研究考证

由于定海古城屡建屡废，多次受到战争及海禁的影响，一些古代文牍资料散失，因此关于舟山古代历史的史志材料和古代舆图相对缺乏，一些老地名的资料零散，再加上海陆沧桑变迁，其地望也不甚详细，需要通过考证研究其历史变迁。如，高丽道头仅记载于南宋文人赵彦卫撰写的《云麓漫抄》之中，其地望最终由普陀山文史专家王连胜先生考证，位于普陀山司基湾一带。而明代著名的双屿港，由于史料记载不详再加上古代六横岛地理变迁复杂，因此其地望得不到准确定位，对考古工作带来一定难度，这也说明构建起一支专家型的地名研究队伍，对地名地望研究来说非常重要。

二、舟山"海上丝绸之路"地名文化遗产保护的对策

党中央、国务院高度重视地名工作，习近平总书记2013年12月在中央城镇化工作会议上特别强调："要规范地名管理，传承、保护和弘扬优秀传统地名文化。"历史地名记载着中华民族对自然环境和人文环境特有的认识和思考方式，"海上丝绸之路"地名文化遗产记录着中外海上交通、贸易、文化交往历史进程中创造的物质文明与精神文明成果，也是古城舟山悠久历史的见证，是海洋文化形成、发展和传承的载体，是宝贵的文化遗产。深入开展地名文化遗产保护工作，对保护舟山独具的海洋特色地名文化资源、促进地名文化繁荣发展、推动地

名事业科学发展、弘扬民族优秀文化、促进社会主义文化建设具有重要意义。

（一）舟山"海上丝绸之路"地名文化遗产保护的制度建设

地名文化遗产是重要的中华民族文化遗产，是宝贵的文化财富。近年来，民政部先后颁布《关于加强地名文化建设的意见》（民发〔2012〕106号）、《全国地名文化遗产保护工作实施方案》等政策文件，在全国全面开展地名文化遗产保护工作，并提出"坚持全面保护与重点保护相结合，保护研究与保护实践相结合，传承弘扬与宣传教育相结合"的原则。结合舟山"海上丝绸之路"地名文化遗产保护的现状，要重点做好"著名山川地名文化遗产"的工作，建议将海域、航道、港口相关地名列入这一体系。

要因地制宜，从舟山"海上丝绸之路"的历史背景、独有的群岛性地理条件出发，加快制定《舟山群岛"海上丝绸之路"地名文化遗产保护工作实施方案》，完善历史地名的普查、调研评估、记录公示、宣传弘扬、管理保护工作。

要完善地名文化遗产的征集程序，确保历史地名采集完整。要面向社会公开征集老地名，征集舟山市境内具有一定历史文化价值或纪念意义的"海丝"地名，也包括其他历史悠久、使用50年以上的老地名，民政部门根据所推荐历史地名的古悠度、知名度、文化含量、文化独特价值以及传承价值等方面，初步评定一批具有保护价值的历史老地名，在向社会公示并征求意见后，发布第二批历史地名保护名录。

(二)舟山"海上丝绸之路"地名文化遗产保护的研究队伍建设

地名文化遗产的征集、整理与考证需要建立起一支专家型的研究队伍。海上丝绸之路的地名文化遗产保护,涉及地方史志、海上交通、海洋文化与民俗、佛教史、地名管理等多个领域的研究,因此要改变民政地名管理部门单打独斗的状况,要最大限度地发挥社会各界的智囊团作用,建立一支文史与地名工作者相结合的专家队伍,充分调动文史学者的积极性,为地名管理服务和地名文化保护提供智力支撑。

完善舟山市地名研究会组织建设,成立舟山群岛地名文化工作室,邀请高校、地方史志部门的学者专家以及社会上的文史研究与地名文化爱好者加入研究会,通过多学科、多视角的团队合作,开展"海上丝绸之路"地名文化遗产保护的专题研究。

要推动县(区)基层民政部门建立地名专家委员会、研究会、学会或专家智库,在专家指导下,探索建立海丝地名文化遗产分级分类保护制度,挖掘地名故事的前世今生加强宣传,利用地名普查成果,开展地名图、志、录等编撰工作,积极开发相关地名文化公共服务产品。

"海上丝绸之路"地名文化遗产保护是一项创新性的地名文化工作。因为是多学科、多领域的研究,参与人员更需要在地名保护与管理规范的指导下,按照地名标准化要求进行研究,地名主管部门要为研究人员的培训和学术交流创造条件,要努力学习国际组织和国家有关法规规定,钻研相关专业知识，组织考察沿海城市"海上丝绸之路"地名文化遗产保护的创新举措，不断提高地名文化遗产保护的工作水平。

（三）舟山"海上丝绸之路"地名文化遗产保护的宣传

地名的误用、失传，关键是宣传不够。历史地名的保护不能仅仅停留在历史考证，更在于传播、宣传，要多形式创新地名文化传播载体，开展立体式宣传。

1.开展地名文化的申遗工作

非遗保护，是各级文化部门的职责与工作，开展地名文化的申遗，有助于借助文化系统的力量，推进地名文化遗产的宣传和保护。南京市是我国最早把老地名作为非物质文化遗产项目进行申遗保护的城市，南京老地名目前是江苏省非物质文化遗产项目，通过老地名的申遗，多了一个宣传展示的平台，可以建立起一支更加完善的地名文化遗产保护与研究的团队。

地名文化申遗，要选择好非遗保护项目的类别。文化部门认定的非遗项目，分为民间文学、传统音乐、民俗等10个类别，"南京老地名"是按照"民俗"这一类别进行申报。舟山则根据舟山"海丝"地名多传说故事这一特点，把"舟山地名文化"作为"民间文学"这一类别进行申报，注重地名文化的口述历史，"石牛港、莲花洋、短姑道头、新罗礁"等"海丝"地名文化故事成为"舟山老地名"保护的主要内容。目前，"舟山地名文化"已经申报舟山市定海区区级非遗项目保护名录。

2.创新地名文化的科普工作

积极利用互联网，探索"互联网+"环境下的地名科普工作，充分发挥微信等新媒体的功能，宣传"海丝"地名文化。舟山市地名研究会与舟山广电微信公众号合作，定期推送"王教授的课"地名文化的微信，以文化散文的方式，图文并茂，介绍舟山"海丝"地名文化等知识，趣味性强，最多时有数千公众通过手机阅读收看，传播效果好，要通过地名文化这一载体来展示舟山悠久的港航历史文明和渔都港城的美景。

地名科普要被市民接受，要抓住公众的互动参与，参与越积极，科普宣传效果越好。根据智能手机普及的条件，开展最美舟山"海丝"地名抓拍征集活动，列出舟山"海丝"老地名清单，发动市民通过手机拍摄舟山"海上丝绸之路"老地名的新景观，通过微信或QQ群发送，评选若干优秀作品并在网络上展示；再比如，参与协办舟山古代"海上丝绸之路"十大历史事件、历史人物、文化地标评选，把"海丝"地名文化遗产融合到历史事件、历史人物中去，利用网络和学校渠道等，做好宣传和组织发动工作，借助评选活动扩大地名文化的影响。

3. 争取大众传媒参与，普及"海丝"地名文化知识

地方报刊的宣传对当地民众还是具有导向作用的。因此要通过《舟山日报》《舟山晚报》等报刊宣传舟山海丝地名文化，邀请地名研究人员、文史专家围绕舟山海上丝绸之路的历史，介绍舟山的航道地名、岛礁地名、港口地名的历史与文化，澄清地名误用、错写现象。同时规范历史地名的使用，编写《易误用不规范地名一览表》，发放给记者和报刊编辑人员，把好编校最后一关，避免出现"石榴江"这样的误写地名，避免造成对公众的误导。

4.制作历史地名展示碑,介绍"海丝"地名历史沿革。

历史地名依附于历史遗存之中,会显得更加形象。然而,由于舟山自明代起屡遭遇海禁,又由于海洋地理环境百年沧桑的自然变迁,舟山历史地名所依附的历史遗迹很多已经逐渐消退,有的则散落在茫茫大海之中,如何展现这些古老的海丝地名文化遗产?对于地理实体已经消失的历史地名,民政部门可以采取有效方式留名存史,选择部分重要老地名,在原址的适当位置,设置历史地名保护标志(如碑、牌、亭等),释文介绍历史地名文化内涵、历史沿革等内容,给"老地名"树碑立传。

如新罗礁,是一个自然遗存的海礁,处于海中一隅,普通游客一般难以登陆。但是,这个海礁一带海域却是唐宋新罗船时常经过的地方,有时还有触礁险情。对于这一历史景点,普陀山管委会在新罗礁的正对面,普陀山的南天门景区设置了地名碑刻,游客可以远眺莲花洋中的新罗礁,感受唐宋时代的海上交通历史。

高丽道头,这是普陀山唐宋以来最早有记载的港口,由于海泥淤积,道头早已经变成一片山麓下的绿地。但是作为这样一个重要的东亚海山丝绸之路的历史地名,民政部门可以采用立碑述记的方式,介绍相关历史记载的内容。旅游部门也可以考虑设计一些海上丝绸之路帆船和古代道头的雕塑,作为一个怀古的文化景点。

历史地名的展示,一方面需要旅游、文化、城建、民政部门的协同配合,发挥地名文化资源的旅游价值,另一方面也需要民政部门加强对历史老地名的详细考证和实地走访,广泛收集各类历史老地名的资料和信息，集中编纂好重要的地名史志档案、地名工具书。

（四）舟山"海上丝绸之路"地名文化遗产的应用

老地名蕴含着不可再生的文化积淀，是见证一个城市历史的"活化石"。老地名可以在建设中延伸生命，这就是地名文化遗产的"复活"。在城市建设中，地名管理部门要注意保护有重要意义的历史地名，对一些历史悠久、文化价值高的老地名，将按照地域就近原则，实施移植使用，复活老地名，使地名成为"活着的历史"。

"海上丝绸之路"中的海域、航道地名可以应用到相关新的建筑地标上来。如舟山将"响礁门""西堠门""桃夭门"这些海上丝绸之路中重要的航道地名，使用到跨海大桥的命名，既贴近"就近移用"的命名原则，又体现"航门、航道"的海洋文化内涵。

再比如，朱家尖"禅意小镇"建设已经入选浙江第二批特色小镇，由于航道和佛教文化传播的因素，朱家尖自唐宋以来就是东亚海上丝绸之路的驿站，马秦山、石牛港、莲花洋这些"海上丝绸之路"老地名具有重要的历史价值，应当根据建设实际，采取就近移用、优先启用的措施加以保护，为"禅意小镇"建设服务。

福建与舟山海洋经济交流史初探

孙　峰[1]

舟山，是一个典型的移民城市，来自五湖四海的人融汇到这个千岛新城。舟山的居民，以宁波人为主，这是因为地缘相近。然而，舟山各地还居住着大量的福建民众，尤其是普陀地区，这些福建先民为舟山这座城市的发展做出了很大的贡献。舟山文化中也处处渗透着"福建元素"，在一些历史建筑、语言、饮食、风俗等文化现象中，八闽文化的"影子"无处不在。在福建与舟山的文化互动中，福建民众传来了妈祖文化，类似天后宫这样的关于妈祖信仰的历史遗存建筑散落于舟山各个海岛。而舟山的海天佛国普陀山观音文化，则在福建民众的信仰中具有举足轻重的地位，每年来普陀山朝山进香的福建香客约占普陀山进山游客的三分之一。研究福建与舟山的文化互动，笔者认为与历史上长期以来的闽舟经济交流有密切关系。

---

[1] 孙峰，浙江省舟山市浙江国际海运职业技术学院，群岛海洋文化研究中心主任。

一、古老的海上丝绸之路架起福建与舟山的经济贸易桥梁

福建与舟山，同处东海之滨，一衣带水。福建人海上弄潮，走南闯北，在赴东北亚的海上丝绸之路中，把舟山当作驿站。在历史长河中，成千上万的福建海商曾经驻足普陀山等岛屿，在此候风放洋，向菩萨祈福，只求一路顺风到异邦。

唐末五代起，福建就已经有福建经宁波到日本的海上航线。据《福建省志·对外经贸志》研究考证，提出："福建与东北亚的新罗的贸易往来则从泉州发舶，乘夏至之后的南风北上，先到宁波尔后续航，一般5～7天即可到达。"宋元时期，泉州至高丽航线，也是从泉州出发经东海、黄海北上到达高丽。南风时出海，北风时回航。这条航线的后半程和明州往新罗、日本的航线重叠，因此古代福建往东北亚朝鲜半岛、日本的航线通常经过明州昌国县（即今舟山），并常在普陀山候风放洋。

16世纪前，福建往北方的航线中，普陀山一直是重要的经停港，这种情况一直延续到明代。漳州月港遗址，是漳州"海丝"申遗的重要内容。对于这个明朝成化、弘治之际（1465～1505年）的官设贸易港，普陀山也是其重要的贸易目的港。漳州名士郑怀魁目睹月港的繁华，就曾写下《海赋》云："若乃南走交广，北涉京师，东望普陀之胜，西企海市之奇。……瓯台在其左，番禺在其右，四卫罗列，八方辐辏，实以戍卒，威以甲胄。"

16世纪开辟了福州往日本的新航线，即由闽江口横渡台湾海峡，经台湾岛北部海域的花瓶屿、彭佳屿、钓鱼屿，到达琉球，尔后抵达日本的兵库。这条航线后来发展为厦门至日本长崎的直达航线，即由厦门港大担放洋，横渡台湾海峡，经鸡笼头直取长崎港，新航线的开辟，缩短了航程。《筹海图编》记录了福建直达日本的"福建使往日本针路"。

但是实际上，明末清初的很多福建商船并不走此航线，而是非要途经普陀山不可，这主要还是赴日贸易品种和生活用品补给等缘故。福建船要在普陀山装载江南特产——生丝、绸缎等产品，并在普陀山捎带赴日海商，候风放洋，为赴日做最后的补给准备。明清时期，福州帮是到达日本长崎的唐人（中国商人）四大帮派之一，据日本一本关于明清时期唐船赴日贸易口述史的书籍《华夷变态》记载，大量的福建商船在赴日贸易时经停普陀山。单以元禄五年（1692年）的统计数字为例，当年共有从福建始发赴日贸易的船舶25个航次，分别来自福州、厦门、漳州、泉州四个港口，其中有15个航次的福建商船经停普陀山，占了60%，这个比例非常高。舟山，是浙闽沿海商船赴日贸易的最后一站，在东亚"海上丝绸之路"具有地理条件上的绝对优势。《福建省志·对外经贸志》指出："清代鸦片战争前，福建对外贸易商船的航线与明代大抵相同。东洋航线是先到浙江普陀山然后放洋东航，到达日本。"

至宋代起，舟山不仅仅是宁波的外围港，也是福建东亚"海上丝绸之路"的中间站。舟山港的区域核心意义进一步提升，辐射范围放大。尽管那时候舟山港基本上还是中转港的性质，但是经停港域进一步扩大，南部海域更多的岛屿、航道纳入东亚"海上丝绸之路"的繁忙运输线，普陀山南侧乌沙门航道的通航意义显得尤为重要，由此成为福建商船赴日航行的必经门户。此外，福建经停舟山赴日贸易航线的开辟，对明代贸易大港双屿港在普陀六横岛的形成也有重要影响。

东亚"海上丝绸之路"架起福建与舟山的桥梁，闽舟之间的贸易往来也越来越发达。福建木材对江浙的建筑业有着重要意义，明代学者王在晋在《越镌》中记载，浙江人"先往福建收买杉木，在定海（今宁波镇海）交卸"。历代普陀山兴建过程中，大量的寺院建造所耗用的木材，多数采自福建山区。如明末建于佛顶山的慧济庵以及清康熙年间重建的法雨寺，其所用木材都是从福建募化而来。

普陀山上的杂货干果也来自福建等地。明末朱国祯在《涌幢小品》中说："普陀一无所产……自闽广来者皆杂货，恰勾岁用。"福建的干货大量涌入舟山，专售福建果品特产的店铺常被称之为"南货店"。

福建、舟山两地的海上贸易往来，使两地的地名传承也有一些相同点。如"道头"，大道之头通海处，这是舟山、宁波一带表示港口码头的特有地方方言，北宋时期普陀山就有高丽道头这种带有鲜明港航文化特色的地名。无独有偶，在福州等地也有大量历史悠久的"道头"地名，如福州的台江道头、长乐道头，厦门的十三道头等。地名文化是历史"活化石"，闽舟两地的码头拥有共同的称呼——"道头"，这也正是唐宋以来"海上丝绸之路"的纽带作用使闽舟两地贸易活动频繁往来的一个例证。

二、渔舟竞发，舟山渔场成福建渔民的"第二故乡"

黄浙苏援引赵以忠先生所编《舟山渔业发展史初稿》的观点，认为早在两宋间就有福建渔民在舟山一带捕鱼。元明时代，福建沿海渔民从涂滩渔业向沿岸渔业转变，逐渐就有钓捕鱼船来沈家门渔港附近港湾浅海作业。明代福建渔民在舟山渐成规模，有些浙江官员甚至因为担忧其通海寇而提出要"海禁"，据《明季北略》载，崇祯二年（1629年）浙江巡抚张延登上奏《请申海禁疏》称："闽船之为害于浙者……一曰钓带渔船，台之大陈山，昌之韭山，宁之普陀山等处出产带鱼，独闽之莆田、福清县人善钓。……每至八、九月，联船入钓，动经数百，蚁结蜂聚，正月方归。"从这里可以看出，大量的福建人自明代起就已经在普陀山一带捕捞带鱼。这点，在明崇祯年间来普陀山的文学家张岱所写的游记《海志》中也可得知："岭上见钓船千艘，鳞次而别，带鱼之利，奔走万人……。"

惠安县《梅峰肖氏家谱》也记载："明洪武以来，严禁梢水，海寇无而鱼利无。弘（治）正（德）而后，海禁稍宽，鱼利有而海寇亦有。当时造尖尾大船，可装载数十万斤。冬即往浙江南屺、北屺（今温州南麂、北麂）及舟山、普陀等处。"

到了清代以后，福建渔船数量更多，这些福建渔民逐渐在舟山各地定居，舟山渐成福建渔民的"第二故乡"。《福建渔业史》记述："早在130年前，晋江、惠安渔民就自发转浙江渔场捕鱼。最早去的是带鱼延绳钓，以后是拖网、大围增、流刺网以及定置作业船，以季节性转浙和常年就地捕鱼。其中有一部分渔民，就在嵊山、沈家门……定居下来，至今还有福建街、福建会馆等旧址。"钓捕船多系单船作业，一般是3~5艘渔船结成钓渔船队，"闽帮"渔民逐渐开始在沈家门等渔港建立生产基地。

到了民国时代，闽帮成为舟山渔场的主力军之一。据民国《定海县志》记载，当时舟山渔场有八闽渔业公所、闽浙公所等闽帮行业组织，单八闽渔业公所就拥有钓冬船480余艘，以钓带鱼为主，作业渔场主要在嵊山一带。这些钓冬船，有大钓、小钓之别，大钓船容量约10万斤，小钓船容量七八千斤。

福建渔民的到来，也为舟山渔业带来新的捕捞技术。像钓船，就是从福建渔民中传入过来，钓捕具有成本低、渔具结构简单、操作方便等特点，后来逐渐为舟山渔民所掌握，如今钓捕的对象也扩大到石斑鱼等品种。

福建渔民秋冬时节乘着大钓船北上钓带鱼，大钓船大，需要货物压舱，因此一定会携带大量闽货来到舟山，渔民捕鱼之前先在沈家门半升洞、定海道头一带清仓，这里也就聚集了大量闽货，闽货贸易由此发展起来，闽人所到之处的"活水码头"，市街林立，热闹非凡，多有"小上海"之称，像"八闽会馆""福建旅沈同乡会"等这些闽人的集聚议事场所也便建立起来。

渔业的发展，带来贸易的发展，又促成集镇的形成。闽人在沈家门渔港尤为集中，他们开设渔需用品店，民国时期沈家门"油麻业"的前三位店铺都是福建人经营的。渔民豪爽，酒量惊人，1914年闽人就在西横塘开设德顺坊酒坊，年产黄酒500吨；1917年，闽人还集资与当地士绅一起造起了存济医院，福建老乡还一起筹办了"私立闽侨惠群小学""惠英小学"，1933年两校合并成为"私立群英小学"，即现在的沈家门二小；闽人修建了半升洞灯塔、马峙门灯塔，开办存仁善局、义（冢）山等慈善机构，建起沈家门难童教养所，设立了全部由闽籍青年组成的"沈家门义勇警察队"等，福建渔民为"第二故乡"的发展倾注了大量的心血，沈家门成为东南沿海一带的渔业生产基地，昔日的小渔村演变成初具规模的港城，一跃跻身世界三大著名渔港。

1949年后的沈家门，受福建渔业的影响更大。20世纪50年代，受台湾海峡军事对峙影响，福建自身的作业渔场萎缩，从1953年冬始，福建渔民有组织地转到浙江渔场生产。1957年在沈家门成立福建省人民政府驻浙江渔业生产指挥部。"福建水产"主要是收购鱼货、供应渔船上的物资和渔民所需要的衣食物资。"海螺星星震天响，十万渔民上战场。"当时，从福建过来的渔船有3000多条，渔民有五万多人。60年代为捕捞盛期，1968年福建水产在浙江渔获量达到9.34万吨，占福建全省海洋捕捞总量的29.8%。

20世纪50年代的半升洞，刺棚山脚下本是一片海水。在福建水产这块区域，早些年到沈家门创业的福建水产干部在这一带建房、铺路、筑海堤、砌码头，经过几十年的建设，才有后来半升洞这一带的热闹。来自福建水产的创业者，把自己的青春熔化在"第二故乡"的现代渔港发展历史中。

　　唐宋以来福建往东北亚航线的开辟，使得舟山普陀山成为来往船舶候风放洋的重要驿站，福建船商的短期栖居与祈福活动，让普陀山观音文化深深植入闽人的心中。福建船商的到来，也传来了妈祖信仰，万历时期，僧人大慧在普陀山司基湾南侧建起天后宫，妈祖与观音信仰逐渐融合趋同。明代以后福建渔民的大量移居，则强化了这种民间信仰的互动。当然，在闽舟经济贸易与文化的互动中，历史上一些闽籍莅舟巡洋官员、文人起了推动作用，如北宋出使高丽担任使团提辖人的福建籍官员徐兢，曾经策划出使船队在沈家门"祠沙"，使沈家门成为"历史上皇家使节首次公祭妈祖之地"，妈祖文化得到弘扬；曾经担任定海总兵的漳浦人蓝理，主持修复普陀山、重修《南海普陀山志》、创建天后宫与八闽会馆等，贡献颇大。

古代朱家尖——浙东"海上丝绸之路"的重要驿站

孙　峰[1]　潘瀚涛[2]

从古代朱家尖的地理环境、历史记载、文化遗存等多方面考证，朱家尖是浙东"海上丝绸之路"的重要驿站，朱家尖、普陀山、沈家门构成了浙东"海上丝绸之路"的"普陀金三角"。

舟山作为中国南北海上交通要冲，明州海上门户，在"海上丝绸之路"上占据重要地位。对此，已经有很多专家做了比较深入的研究，其中王连胜老师专门撰写了《舟山的"海上丝绸之路"遗存》一文，对普陀山、沈家门、朱家尖等地的历史遗存进行了系统的梳理，并发表《普陀山与东亚海上丝绸之路》等相关论文。笔者在此基础上认为沈家门、普陀山、朱家尖构成的"普陀金三角"是浙东"海上丝绸之路"的重要驿站，特别是朱家尖，具有浙东"海上丝绸之路"驿站的优良条件。

---

[1] 孙峰，浙江省舟山市浙江国际海运职业技术学院，群岛海洋文化研究中心主任。
[2] 潘瀚涛，浙江省舟山市民间文艺家协会副主席。

一、朱家尖的独特地理环境优势，决定了其"海上丝绸之路"的驿站功能

（一）古代朱家尖，乡村经济发展使之具有良好的补给港条件

"普陀金三角"位于舟山本岛的东侧，相对于舟山群岛的其他地区，"普陀金三角"是古代远洋船舶驶离明州境界的最后补给港，具有良好的补给条件。

从历史记载看，以古代马秦山为主体的朱家尖，自宋代起乡村经济发展已经使之具备港口补给地的良好条件，并不逊于沈家门、普陀山。

其一，是马秦山的人口集聚。朱家尖历史悠久，据西岙（黄沙村）兵船湾出土的石戈等文物考证，早在商、周时已有人在境内居住。宋代有马秦村，隶属安期乡，至元代已经形成大马秦、小马秦等数个自然村落。

其二，是朱家尖具备良好的农作物种植条件，相对于普陀山"一无所产，岁用米七八千石。自外洋来者，则苏、松一带出刘河口，风顺一日夕可到"（朱国祯《涌幢小品》）。朱家尖"地颇丰腴"，能提供补给所需的各类农产品。关于古代朱家尖的土地肥腴，志书上多有记载。如《宝庆四明图志》记载："乌石塘有三，一在马秦岙……中成膏腴，不以人力"；《大德昌国州图志》也载："乌石塘在马秦，……下注民田，皆成沃壤"。

其三，渔业生产发达，水产品丰富。宋元时期，随着大批商船、渔船在乌沙门往来，官府在乌沙门筲箕湾一带设立"砂岸"（元代又称作"沙岸"），专门管理船舶和税收。砂岸"即其众其渔业之地也"，马秦山乌沙门一带就是宋元时期官设的渔业基地。元《至正四明续志》云："昌国州有'沙岸'，其中'乌沙洋务钞肆锭'。"元《大德昌国州图志》又载，马秦山附近海中的香火礁大鱼洄游规律，说"每岁三月间，大鱼扬鬐鼓鬣从大洋来会于礁之下"，这说明马秦山的渔民，在长期捕捞中积累了丰富的经验，已掌握大鱼洄游规律，也说明当时马秦山渔业生产之发达。

其四，由于海上交通及渔业生产的良好条件，宋代的马秦山，也是昌国县经济发展较早的地区，当地还设有专司酿酒的"马秦坊"。宋宝庆《四明志》中记载，昌国县酒坊15所，都是人口规模较大的村落才有酒坊，如翁山坊、白泉坊、岱山坊、金塘坊、昆斗坊（桃花）等，而马秦山也占一坊，这说明马秦山当时户口数量与诸大岛相匹敌。酿酒不但工艺较为复杂，原料、设备都有一定的要求，如果酒缸、酒坛当地不能生产，而要到外地采购的话，也须具备较好海运条件。所以，酿酒绝不是有粮、有曲、有水就行的。因此，酒坊的建立，也说明古马秦山当时的农业、手工业生产水平较高，海运业初具规模。

（二）古代的朱家尖是自然条件出色的避风良港，具有和沈家门、普陀山相媲美的港口条件

岛礁密布、大山遮挡的自然条件，使朱家尖成为"海上丝绸之路"的交通要道。南宋乾道《四明图经》中记载，马秦山"在县东南四百里"。马秦山的左侧是乌沙水道，右侧就是茫茫的东海。自汉至明清，乌沙水道以及附近的石牛港、莲花洋水道便是东亚"海上丝绸之路"的港口避风泊地。

今天的朱家尖，在古代并不是一个岛屿，而是由近10个大小岛礁经滩涂淤积而相连成岛，包括古代的顺母涂山、泗苏山、马秦山、石马山，以及蜈蚣峙、馒头礁等，岛与岛之间形成了良好的港湾条件，由于岛屿的屏障作用，如白山头、大山、大青山等高高耸起，可以避风，据《浙洋守御论》记载："沈家门可避四面飓风；石牛港、乌沙门可避二面飓风……"因此岛礁之间的水道，就成了日本、高丽等各国贸易船舶航行的必经之地。如明代《天下水路路程》卷七记载，杭州府至普陀山的水路，"本府出草桥门……出浑水洋，百五十里舟山所。八十里沈家门，莲花洋、石牛港、缶八孟山。共七十里，普陀山"。据王连胜老师采访老渔民所知，从沈家门驶到普陀山，如果航行其西面的普沈水道（现朱家尖跨海大桥处），受潮流条件和古代航海技术限制，即使顺风顺水，也会被强烈的潮流漂向塘头山那边；有时候遇到潮流风向不好，早晨从沈家门出发，直到天黑才能到达普陀山，须航行10个小时。而石牛港内四面环山，潮水平缓，风不甚大，驾驶木帆船往返沈家门和普陀山，经过此港就比较便捷。

古代的乌沙水道，自莲花洋以南包括今福利门、乌沙门两个航门，宁波往日本、往东南亚的国际航线在此分踪。经乌沙水道往南过兵船湾、筲箕湾可以往东南亚诸国；由乌沙水道北侧往东，经过石牛港、新罗礁可以至高丽、日本，唐代日本遣唐使多次经此水道入明州港。鉴真六次东渡及明代日本国朝贡贸易等多数走的都是宁波—普陀（乌沙水道）—日本这条航线。

（三）古代的朱家尖，也是舟山海岛佛教圣地，可以满足古代船舶出洋祈福需要

宋代的马秦山，也是舟山较早的佛教传入之地。宋宝庆《四明昌国县志》记载："保宁院，县东南海中，旧名保安。晋（注后晋）天福元年（963年）建，皇朝治平二年（1065年）赐今额。"当时有寺产田近10万平方米，山近82万平方米。后由院升寺，到元大德年间（1297~1307年），该寺已经历350多年历史，这时田产总数增加93.9%，其中田增加了5倍。此外，南宋时期的马秦山上还有碧云庵等其他寺庵。

二、古代朱家尖，作为航运、海防基地的历史记载

古代马秦山是构成现在朱家尖的10个岛礁中面积最大的岛屿，关于马秦山的航运、海防的史料记载比较多。

（一）元代的马秦山，官方曾设置海船千户所，这是海上国门的象征

元朝初期，官方曾在昌国县的马秦设立海船千户所，这是保护海上运输、对外贸易的一个管理机构，马秦山俨然成为当

时庆元路（今宁波）的门户，海上国门的象征。

元初在马秦山一带设立海船千户所，出自元朝邓文原的《巴西集》中《故建昌路南城县尹王君墓志铭》一文。元朝昌国县的第一任知县王元善，曾在昌国升州后任职马秦海船千户所副千长，"在任凡三考，县升州，就除马秦等处海船副千长，会盗发，台州宁海主帅倚君掩捕余党，悉平。"昌国州建立是在至元十五年（1278年）。元朝初期，元政府组建一套完整的海上贸易机构，在沿海各大城市设立"行泉府司"专掌海运，下辖镇抚司、海船千户所、市舶提举司，"统海船万五千艘"，同时还建立了海上驿站，专门为宫廷运送"藩夷贡物及商贩奇货"，并组建"海船水军"保护船舶航道的安全。庆元府下设立马秦海船千户所，就是为对外贸易保驾护航，打击海盗势力也是其一项职责。马秦山设立海船千户所，具有非常大的历史意义，说明元代甚至宋代，乌沙门航道边的马秦山一直是"海上国门"，边防重镇。

（二）明代设立烽火台和海防营寨

明代，"日本国贡使来华勘合贸易船，大部分也从日本五岛直接开往乌沙水道在莲花洋停泊"，海面上"日本贡船连云"。明李言恭、郝杰同撰的《日本考》中记载：从日本的五岛历天堂官渡来浙东，"多则至乌沙门分踪"。可见，唐宋以来的乌沙水道是中日北洋航线的必经之路无疑。同样，倭寇也是走这一条水路，为此明朝政府在朱家尖设立烽火台以资瞭望。民国《镇海县志》记载："设旗军以瞭望声息，昼烟夜火,互相接应。若郭巨之三塔山,舟山之朱家尖,矗峙最高,所望独远,故设总台,多拨旗军戒严。"明代朱家尖还设立海防营寨,至今还留有"廉泉"遗址,这从一个侧面说明朱家尖在浙东海上交通上的锁钥地位。

(三)南明时代,曾有吕宋使者船泊乌石塘港区

清初著名诗人吴梅村曾经做过一首关于舟山明末鲁王政权的叙事诗《勾章井》(即舟山宫井),诗中有"马秦山接桃花岛,吕宋帆移棋子湾"一句。马秦山,即今之朱家尖。棋子湾,就是古代马秦山的"棋子湾"。元《大德昌国州图志》云:"黑棋子湾,在乌石塘之左,其形圆巧绀滑,欲得之者必祷于神,撒黑豆易之";又有"白棋子湾",与黑棋子湾相望。诗句中的"吕宋",指的就是现在的菲律宾。这说明,南明时期有菲律宾贡船停泊在马秦山,当时的鲁王南明政权割据一方,东南岛国琉球、吕宋等仍旧以鲁王监国为明朝正统,遣贡船使者觐见鲁王。"吕宋帆移棋子湾"或可作为明末朱家尖古代航运发展考证的一个线索。

钱海岳《南明史》中《卷七·志第二·礼》记述:"南渡,安南、日本、琉球、吕宋、占城诸国先后入贡。"说明南明时期,确有安南、日本、琉球、吕宋、占城等国曾派使者入贡。当然南明有诸多小朝廷,这些小国是否曾经向鲁王朱以海朝贡?据记载,鲁王监国四年(1649年),琉球国仍旧向时南明的监国鲁王朱以海朝贡,并与建国公郑彩关系密切,还将硫黄卖给南明以抗击清军。此后,也有可能吕宋使臣前来朝贡。

三、朱家尖的历史遗址和文物见证"海上丝绸之路"

普陀的乌沙水道作为浙东海上交通的门户之一起源甚早。20世纪60年代以来在水道两侧的兵船湾、石牛港、小山头等地发现了多处新石器晚期遗址，并有石斧、石戈、陶器以及大量汉晋时期的古币等文物出土。根据西岙兵船湾出土的石戈等文物测算，已有4000余年文明史。

2006年4月，承建中国佛学院教育学院土建工程的朱家尖围垦开发有限公司施工人员在朱家尖蜈蚣峙码头附近一座小山取土时，发现大量窖藏古铜币，这些钱币铸造年代跨越西汉文帝到东吴孙权不同朝代。这批钱币的发现地点近海，山脚前原本就是石牛港航道，直到1949年后修塘围垦才成为陆地。因此钱币专家认为这批钱币是从海上来，系古代商舶留下，与"海上丝绸之路"有关。

在朱家尖蜈蚣峙码头附近有"廉泉"古井，这是明朝海防的历史遗址。明朝定海（今宁波镇海）都司梁文《饮泉楼记》载："石牛港在定海之海外，去舟山尚有百余里，遏乌沙门巨冲。……旧为岛夷入犯必由之路，故特设防倭把总统舟师，汛时泊守于此。"梁文在万历年间奉命守此，由于浙东干旱，数月不雨，梁文在蜈蚣峙山麓寻找泉源，掘得一井，命之为"廉泉"，并镌之于石。明朝政府在朱家尖白山与顺母之间的石牛港设立水师基地，并在附近高山上遍设瞭望台、烽堠。清康熙年间的舟山水师左营也设在这里，遂使朱家尖成为当年浙东沿海抗倭防盗的前哨要地。

朱家尖岛历史悠久，但是受地理条件和水下考古条件限制，其他的沉船遗址、海港遗址等文化遗存尚不多，因此在舟山古代"海上丝绸之路"的研究中，要大力推进海洋考古工作，对包括朱家尖海域在内的舟山海域进行海洋考古，通过沉船考古、海港考古、海洋聚落考古等三大领域的舟山海洋考古工作，发掘更多的历史文化遗迹，同时在海涂围垦等人工活动中提前进行海洋考古的可能性评估与探测，提高相关单位、人员的文物保护意识，使海洋文物出水信息得以及时掌控，让舟山海洋考古文物成为再现"海上丝绸之路"的重要物证。

舟山海岛羊（杨）府宫庙的信仰渊源探究

孙　峰[1]　潘瀚涛[2]

羊府庙（或称羊府宫，杨府庙）是浙江舟山嵊泗、岱山、普陀各海岛上非常普遍的地方祠庙。其中，嵊泗、岱山羊府宫，以及沈家门的旧时羊府殿，供奉着羊府大帝，在广大渔民心目中，这是与天后（妈祖）齐名的当地特有的海神。关于羊府大帝的渊源，一直有多个版本，流传最广泛的当数羊祜信仰，认为羊府庙供奉的神灵就是西晋大将羊祜。民国《崇明县志》认为："大菜园有羊叔子庙，殊足异也。"[3]从传播的地域分布和时间进程看，我国各地羊祜信仰存在空间上的不均衡性和时间上的断层性，羊祜信仰缺乏明晰的传播路径。笔者认为，舟山渔区的羊府宫庙与羊祜信仰无关，舟山渔民的羊府信仰应该是以温州杨府信仰为基础而形成的舟山海岛地方民间信

---

[1] 孙峰，浙江省舟山市浙江国际海运职业技术学院，群岛海洋文化研究中心主任。
[2] 潘瀚涛，浙江省舟山市民间文艺家协会副主席。
[3] （民国）王清穆修，曹炳麟纂《崇明县志》，第44页，台湾：成文出版社有限公司，1975年。

仰。羊（杨）府信仰是渔业神信仰，是清初温州渔民在宁波、台州以及舟山嵊泗、岱山、普陀渔区开展渔业生产过程中传播了杨府信仰，并通过移民定居在嵊泗、东极等海岛建立的杨府宫，在渔民的口头传播中逐渐演绎成羊（杨）府宫、庙。

一、从民间信仰传播分布看舟山海岛"羊府庙供奉羊祜"一说存在的几个疑点

据《晋书·羊祜传》，羊祜（221~278年），为西晋大臣，字叔子，泰山南城（今山东费县西南）人。魏末任相国从事中郎，曾参与司马昭的机密。西晋时，历官秘书监，累官尚书右仆射。泰始五年（269年），以尚书左仆射于荆州都督边境军事。与吴将陆抗对峙时，互通使节，各保分界，务修德以怀吴人，故其卒时，吴守边将士为之泣下。在世时，有惠政于民，故襄阳百姓为其建碑立庙。

如果舟山海岛的羊府庙供奉的是羊祜，那么羊祜信仰应该是从山东或湖北襄阳传播而来。然而从舟山渔区羊府庙出现的时间和空间分布看，两地之间不能构成清晰的、合理的羊祜信仰传播路径，也就是说，舟山渔区的羊府宫庙与羊祜信仰无关。

（一）从地域分布看，湖北、山东羊祜祠庙和浙江舟山羊府宫庙缺乏关联性

山东泰安市文物研究人员田承军《羊祜庙考略》一文曾对

我国各地的羊祜祠庙分布情况进行调查，发现羊祜的祠庙"仅在其家乡山东新泰、他曾坐镇十年的湖北襄阳以及江浙零星地区（时属东吴）有些分布"[1]，范围极小。羊祜的出生地山东新泰市羊祜故里、其主要从军之处湖北襄阳的羊祜历史遗址数量较多，特别是山东泰山一带有不少羊祜故居、羊氏族墓等历史遗址的相关记载。羊祜活动的地点在长江的中游地带，离浙东地区有1300千米，路途遥远。假设我国东南沿海与这些地区的羊祜信仰文化接触主要通过陆路来完成，舟山的羊府庙是湖北、山东的羊祜祠庙从陆路传播过来的，那么沿途的江西、安徽、苏北、苏中地区应该都有羊府庙的分布，然而我们却发现这些地区很少有羊祜信仰的痕迹。而到浙东地区后，羊府庙的数量却又突然增加，特别是嵊泗、岱山地区，一下子就出现十多个羊府庙（宫）。可见，浙东和湖北或山东两地之间不能构成清晰的羊祜信仰传播路径，也就是从陆上传播的可能性很小。

从民间信仰的传播方式看，输出地和输入地之间，必须有一个关联性的传播中介。如在输出地做官，又到输入地为官的官员，可能成为民间信仰传播的推动者。例如浙江舟山市金塘岛上的张王行祠，建庙者为宋代烈港都巡检使李全，曾经担任广德（今安徽广德）都监，将源于广德的张王信仰传播至舟山海岛，也有可能是商人在各地经商过程中传播民间信仰，还有移民的传播等。在嵊泗、岱山的羊府信仰中，羊府大帝是

---

[1] 田承军《羊祜庙考略》载《泰山学院学报》，2004年第2期。

一位与妈祖齐名的海神,这是一种渔业信仰、渔民信仰,是渔民在渔业劳作过程中传播的,羊府信仰的传播应该主要是由渔民来完成的。如果舟山羊府信仰源于山东羊祜故里,是从舟山以北的山东、江苏沿海传播而来,也就是山东、江苏各地的渔民在来舟山渔场捕鱼时带来的,那么应该在山东、江苏沿海地区大量存在羊祜信仰,但是事实上在山东、江苏沿海却并不存在羊府宫、羊府庙,当地渔民也没有相似的信仰习俗。因此从山东、江苏沿海传播而来的可能性也很小,也就是从传播的路径看,舟山渔区的羊府信仰与山东的羊祜祠庙缺乏关联性。而且事实上,嵊泗、岱山的渔民主要来自宁波、台州、温州和福建,来自山东、江苏的渔民相对比较少。因此,岱山、嵊泗的羊府信仰来自于北方羊祜祠庙的可能性更小。

（二）从时间分布看,湖北、山东羊祜祠庙和浙江舟山羊府宫庙出现时间也存在非常长的断层期

湖北、山东等地的羊公庙（祠）多建于羊祜去世不久,自公元三四世纪起传承至今。宁波、舟山的羊府庙出现在17世纪的明末清初,从公元三四世纪到17世纪,在这其中的1000年间,浙东地区竟然很少有关于羊府庙的记载。宁波的地方史志最早记载羊府庙的是全祖望《鲒埼亭集外编》卷十三中的《羊府君庙碑铭》,然而在文中,全祖望也认定羊府庙祭祀的不是西晋大臣羊祜,应该是唐代明州地方官员羊僎。

舟山海岛各地的羊府宫庙多建于清朝时期,宋、元、明的地方史志文献都没有记载羊府庙,只有在光绪年间的《定海厅

志》中分别记载了岱山长涂和岱山东沙镇的羊府庙。如果说，明朝时期舟山长期处于海禁，或许不可能保留羊府庙，然而明代以前的羊府庙遗址也未见记载，这一对于舟山渔民而言颇为重要的民间信仰竟然没有在舟山宋元史志上留下任何痕迹，说明山东、湖北等地的羊祜祠庙和舟山羊府宫庙之间缺乏必然的关联性。

综上所述，舟山渔区的羊府宫庙与湖北、山东的羊祜祠庙缺乏必然联系。有一种可能，岱山、嵊泗的羊府大帝信仰是发源于舟山地区长期流传的地方性的原生态民间信仰，如洋山大帝、羊府大帝（羊船长）等，而与湖北、山东的羊公祠等无关。而之所以误认为是源于羊祜信仰，或与《崇明县志》等地方文献的推断论述有关，这也是文人学者引导民间宗教信仰的结果。而岱山一些羊府庙被认为可能起源于明州地方官员羊僎，则又与文人学者全祖望《鲒埼亭集外编》中的论述有关。作为嵊泗、岱山、普陀等海岛渔民社会群体，文化程度相对比较低，要渔民引经据典把与嵊泗、岱山海岛毫无历史关系的外来人物当作信仰膜拜的对象，并突然间发扬光大，这似乎不太可能。那么还有一种可能，就是羊府信仰的源头另有输入地，研究人员王武琼认为"从时间上推断，羊府大帝信仰是伴随着舟山展复移民而传入，羊府大帝必为外来神"[1]。在舟山，主要是岱山、嵊泗、普陀等地的渔民信仰羊府大帝，羊府信仰是一种海神信仰，其输入地就极有可能来自沿海地区。笔

---

[1] 王武琼《舟山群岛羊祜信仰研究》载《浙江海洋学院学报》（人文社科版），2012年第1期。

者认为，温州地区的杨府信仰极有可能是舟山渔民羊府信仰的来源。

二、温州地区杨府侯王信仰与沿海传播

（一）温州地区杨府侯王信仰也是一种海神信仰

温州杨府侯王是浙南地区历史最为悠久、信众最为广泛、影响最为深刻的地方俗神之一，是温州地方俗神崇拜的核心。

温州杨府侯王信仰的始祖"杨府爷"的身份也有多种说法。一说"杨府爷"是唐朝贞观时期的杨精义，相传杨精义是都督大元帅，生十子，又是修炼成仙的高人，曾经在海上拯救渔民击退海贼，后人建庙祭祀；进入两宋，"杨府爷"的身份掺入了杨家将的故事，温州地方政府官员主持祭祀的海坛山海神庙（杨府庙）主祀杨延昭，洞头渔港码头杨府庙悬额"天波府"，温州各地也流传杨文广收妖的民间故事。到了明代，在抗倭的历史背景下，流传着杨府爷"以阴兵翊赞王师"[1]的故事，杨府信仰由此引起军队高层的关注，杨府行宫遂成为军民合祀的庙宇。曾经担任舟山第一任参将的梅魁调任宁绍参将，专门为苍南金乡卫杨府行宫撰写了《小渔杨府行宫记》，官方的认可反映了明代温州杨府信仰的兴盛。至清代1867年温州杨府获得"福佑"封号，《清史稿》云："温州祀唐杨精

---

[1]（明）梅魁《小渔杨府行宫记》载吴哲明《温州历代碑刻二集》，第996~997页，上海：上海社会科学院出版社，2006年。

义"[1]。在苍南和瓯海的民间传说中，也有传说杨府爷的身份是白羊精。由于杨府爷的身份有多种说法，现在被称为杨府庙的温州海坛山海神庙供奉杨延昭，也供奉杨精义，且在庙前塑了两只白羊。

杨府侯王是旧时温州渔民和航海商人的保护神。第一次收录杨府庙的温州地方志《万历温州府志》说"临海神杨氏，失其名，相传兄弟七人，修炼入山不见，后每著灵异，今祀非一处"[2]。杨府侯王是"临海神"，杨府侯王信仰是一种海神信仰，杨府爷成为海上作业的渔民和商贩的保护神。"凡远行商贩者、泛海捕鱼，及婴疾濒危、卒病沉疴者，必祷诸神以藉庇佑"[3]。民间传说杨府爷从长江龙王那里获得了定海神珠，专门保护渔民作业。温州船民的船上都供有杨府爷，温州洞头列岛、北麂列岛、南麂列岛等温州各地渔村处处建有杨府庙。杨府侯王是海神，也是船神，因此各地杨府庙里都供奉有木质神器船。温州地区毗邻东海，其内陆地貌也呈"八山二水半分田"，因此无论杨府信仰兴于何因，都离不开温州人向大海向河湖讨生活的现实社会背景。因此温州杨府庙在地理分布上，"以濒海地区最为密集，体现其海神庙的特点"[4]。

---

[1] 赵尔巽《清史稿》（卷八十四志第五十九），第2549页，北京：中华书局，1976年。
[2] （明）汤日昭，（明）王光蕴纂修，万历《温州府志》卷四《祠祀》。
[3] （明）姜准《岐海琐谈》，蔡克娇点校，第204~205页，上海：上海社会科学院出版社，2002年。
[4] 林亦修《温州族群与区域文化研究》，第119~120页，上海：上海三联书店，2009年。

舟山渔区众多的羊府宫、羊府庙都出现在清代以后，时间上也正好同时契合明清时期温州杨府信仰的兴盛以及舟山渔场开发、移民增多的历史背景。

（二）温州杨府信仰的传播途径

从温州到浙北湖州、苏南地区，杨府信仰的陆上传播，是通过移民来完成的。清代外迁浙北、苏南各地的温州人，也将杨府庙建到了当地，并作为商会驻地使用。如温州籍移民来到浙北长兴，为祈祷平安建立了杨府庙，供奉杨府真君，留下了杨府庙的村名。在安吉县石龙村的温州平阳移民，也在村子的中南北三处建起了杨府庙。这也说明温州地区民众对杨府侯王的信仰非常深厚。

而温州渔民的海上渔业作业，则完成了杨府信仰的海上传播，其基本路径是：

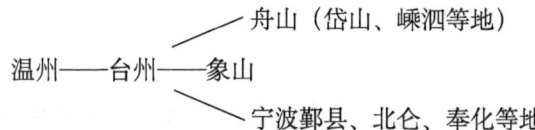

通过文献检索发现，台州地区至少存在十处以上的杨府庙，在台州的海门老街、黄岩路桥、玉环、温岭等地呈散状的有规律分布，多集中在沿海地区，天台山区则相对比较少。

在宁波鄞县、奉化等地，也存在杨府庙，但有时也被称为"羊府庙"或"洋夫庙"。在宁波市非物质文化遗产普查中，一些乡村的非遗材料记录多次出现"杨府"和"羊府"的不同写法。值得注意的是，在台州地区，杨府庙和羊府庙的名称也是同时并存的，而且还存在与杨府同音的"杨甫"信仰；温州洞头也有将杨府称之为"杨甫"的；在奉化渔村，还把"杨甫"写作"洋夫"，说"洋夫"是渔民的始祖；在舟山，也有杨甫老大的传说，说的是定海岑港白老龙，化为一渔翁帮福建寡妇捕鱼夺丰收的故事，他是船神亦是渔师公。杨甫神也有一个很大的信仰圈，几乎覆盖整个江浙沿海，包括闽南。不管杨府、羊府，还是杨甫、洋夫，都属于海神一类的渔民信仰，是民间文化在口头传播中的变异而已，其文化基因其实是一致的。普陀沈家门的羊府庙，则是由宁波渔民传入的，其源泉还是在温州。

杨府庙在舟山海岛也有现实分布，如在嵊泗县枸杞岛、嵊山岛，普陀区东极镇的黄兴岛、青浜岛等，至今还有杨府宫，有的则写成"洋府宫""羊府宫"。这些宫庙与杨府信仰也有着密切关系，这与温州渔民在嵊泗、岱山、普陀的渔业作业和移民定居有关。

三、舟山羊府庙（宫）、杨府庙的大量出现与温州、台州渔民有关

清朝时期大量的羊（杨）府庙、宫出现在嵊泗和岱山、普陀等地，而在今定海区境内则几乎没有，这与明清时嵊泗、岱山的渔业发展有密切关系。而嵊泗、岱山、普陀又是温州籍渔民在舟山地区渔业作业、移居生活的主要目的地，因此杨府信仰也随之在海岛各地传播。据《嵊泗县志》记载："嵊泗原

是荒僻的海岛，人们因渔捞，常季节性来嵊各岛临时居住，后陆续定居，繁衍生息。绝大部分是从宁波、温州、台州、岱山一带迁入。"[1]根据《嵊泗地名志》的记录发现，温州、台州渔民在嵊泗各岛的居住分布非常广泛，主要有：壁下，村民多为温州人；大盘山，村民多为宁波人、温州人；张其山，村民多为黄岩人；清道光年间，温州、台州渔民在大小黄龙岛进行渔业生产；嵊山的居民多为宁波、温州等地人；枸杞岛村民祖籍多为宁波、温州、福建等地；东洛华山有"黄岩帮"，与花鸟合为一气。大量积聚的温州、台州渔民，将杨府信仰传播过来，又融合原生态的嵊泗洋山大帝等地方民间信仰，形成嵊泗地方特色的羊府（杨府）渔业信仰。

舟山渔区的不少羊府庙都是温州渔民建造的。如光绪年间的《定海厅志》记载了岱山长涂岛上的羊府宫："羊府宫，在定海湾外，近东鹤嘴，瓯人所建，采访。以上长涂。"[2]温州渔民所建的羊府宫其实就是岱山本土化的"温州杨府庙"。

普陀东极镇的庙子湖、青浜、黄兴等海岛，居住着大量来自温州瑞安、平阳的渔民，因此各个岛上也都有杨府宫庙。

反过来，今定海区渔农村是以来自宁波一带的渔民迁徙为主，温州渔民比较少，就基本没有羊府大帝的民间信仰。

---

[1] 嵊泗县志编纂委员会编《嵊泗县志》，第563页，杭州：浙江人民出版社，1989年。
[2] （清）史致训，黄以周等编纂《定海厅志》，柳和勇、詹亚园校点，第769页，上海：上海古籍出版社，2011年。

四、温州杨府信仰与舟山羊府信仰的相似性和趋同性

温州杨府信仰与舟山羊府信仰,在名称、功能和信仰内容上都具有相似性和趋同性。因此,舟山渔民的羊府大帝信仰和温州地区的杨府信仰具有传播渊源关系。

从名称上看,羊府与杨府,具有语音上的相似性。这种相似不是偶然的,而是一种必然关系,这正是民间信仰口头传播的一个必然结果。由于古代渔民的文化素养相对比较低,很多渔民不识字,他们的信仰习俗大多是通过口头来传播的,在传播过程中必然会发生误记误写的情况。因此,温州杨府信仰在浙江东南沿海各地传播的过程中,会发生祭奉对象名称上的一些变化,"杨府"有的被写作"杨甫",有的被写成"洋夫"等。

其次,从羊府信仰的功能上看,与杨府信仰具有趋同性。杨府爷和羊府大帝都是海神、渔业神、船神。平安和丰收是海岛渔民维持生活生计的最基本需求,也是海神信仰的两大基础功能。渔民到杨府庙或羊府庙,一求平安,二求丰收,这种风俗留存至今。许愿和还愿是渔业和航海作业的民间祭祀活动,温州杨府庙的庙堂内都设置了神器船,信众也习惯将大量的纸船烧给杨府庙的神灵杨府爷,称为"还愿"。现舟山各海岛的羊府宫庙内也必有几艘"羊府巡船",每次出海之前,船老大们都要到这里来求"羊府大帝"保佑自己平平安安,满载而归。若遇风浪大作,家中有渔船未归,便有渔民家属抱子携女来羊府宫进香,祈求降福消灾。舟山渔民归航后也必将所捕获

的最大的鱼供奉在羊府神前。而温州人祭祀杨府爷的供品也主要以海产品为主。

五、温州杨府信仰与舟山洋山大帝信仰等地方民间信仰的融合流变

当然，由于舟山渔区岛屿众多，渔民来源多元，不同岛屿的民众有着不同的生活圈子和交往圈子，各地渔民在迁徙作业中形成了多元互动的民间信仰。在舟山渔民和温州渔民的民间信仰文化互动过程中，也实现了"杨府爷"信仰的流变。追溯舟山羊府信仰，其也可能与嵊泗县小洋山岛民所特有洋山大帝、羊府大帝（羊姓船老大）、仙羊神灵传说等地方信仰有关。

洋山大帝信仰，源出南北朝陈后主陈叔宝祯明二年（588年），运粮漕官李讳散粮救岛民而自尽的事迹。据民间传说，李漕官生于梁武帝萧衍大同十一年（545年），江南江阴人，进士出身，历仕梁、陈二朝，累官至运粮正使。隋末汉初，运河未开，南方漕米海运至陈都建康（今南京）。值北方五胡纷争，陈朝末年为帝的陈叔宝奢侈荒淫，政治黑暗，官吏"唯以刻削百姓为事"，又遭连年灾荒，民不聊生。小洋山岛民亦户户断粮，几作饿殍。适李讳解粮北上，至小洋山岛锚泊避风，见状后，即刻开舱散粮，赈救灾民。一时岛上渔户饥民纷至，因人多粮少，顷刻已尽。李讳无法返京复旨，是夜服毒自尽。岛民感其大德，在岛上立一小庙祀奉，春秋香火不断。至唐贞观年间，地方官与百姓联名表李公殉职救民功绩，唐太宗准

奏，命大将军尉迟恭督造洋山李讳庙，并敕封李讳忠武侯王。洋山大帝庙也有"愿船"的祭祀礼仪，岛上渔民精心雕制了各类渔船模型，供于洋山大帝庙正殿两侧，意作洋山大帝出海坐船。每年渔汛丰收后，岛上渔民总要前去拜祭洋山大帝"还愿"。

来自温州的渔民带着"杨府爷"信仰来到舟山嵊泗、岱山、普陀渔区，与属于舟山海岛本土的洋山大帝、羊府大帝（羊姓船老大）等民间信仰之间形成了一种互动和意义置换，从而导致了杨府爷信仰在不同区域渔民群体之间边界的流动。温州渔民为最终在嵊泗、岱山、普陀等渔区定居下来，需要接受当地渔民的洋山大帝等地方信仰，同时在这个过程中把温州地区杨府信仰的内容移植到洋山大帝身上，使得洋山大帝和杨府爷信仰的意义都发生了变化，最终形成了舟山渔区的羊府信仰，这也折射出舟山羊府信仰神灵本源的多元化，以及舟山渔民信仰心理、民间民俗的多元化。

双屿港——曾是中国向欧洲国家开放的窗口之一

刘胜勇[1]

明代初期,由于"倭寇"与中国海盗的劫掠,官府以防止国内的反乱与海外的侵扰为由,独占和把持了贡市贸易,特别是私人的对外贸易活动,在明初受到海禁政策的限制。根据明代的法律,私自下海通"番"者要处以充军或死罪,但沿海居民"尚犹结党成风,造船出海,私相贸易,恬无畏忌"(《明经世文编》卷二八〇,冯璋《通番舶议》)。在这种大背景下,双屿港被海盗走私商与"番人"选作了海上走私贸易集散地。

双屿港,大约在16世纪20年代由明朝海盗与葡萄牙人所建,鼎盛时期,还聚集了日本、马来、琉球、暹罗等国海商,欧洲的自鸣钟、火器,南洋群岛的胡椒、香料,江南的丝绸、

---

[1] 刘胜勇,浙江省舟山市民间文艺家协会副主席。

棉布、瓷器和数不清的白银于此汇聚交易，是16世纪远东与西方贸易的国际贸易集散地，也是明朝海盗集团的根据地。双屿港的准确位置至今尚有争论，史学界大多认同历史上的双屿港就在今舟山市普陀区六横岛附近，其地理位置与《筹海图编》卷一的《沿海山沙图·浙江十二》、明嘉靖《定海县志》里的记载是吻合的[1]。专家们确定双屿水道在六横、佛渡之间，也有说双屿港在今舟山市普陀区六横岛中间，古时六横岛分为上庄和下庄两大岛屿，双屿港就在其中，一说是佛渡岛，一说是六横岛西岸与佛渡岛东岸之间的水道。《六横志》中，也有两种说法：一是涨起港，二是六横西北的西浪嘴。舟山六横双屿港在《浙江通史·清代》记载："舟山定海是中国最早向欧洲国家开放的窗口之一，在东西方的文化交流中具有十分重要的地位。"[2]

据《明史·朱纨传》记载："初，明祖定制。片板不许入海。承平久，奸民阑出入，勾倭人及佛郎机诸国人互市。闽人李光头、歙人许栋踞宁波之双屿为之主，司其质契。势家护持之，漳泉为多，或与通婚姻。假济渡为名，造双桅大船，运载

---

[1]《筹海图编》共13卷，系明嘉靖三十五年（1556年）胡宗宪总督浙江军务时，为防御倭寇，聘请郑若曾等人收集海防有关资料编辑而成的一部沿海军事图籍，初刻于嘉靖四十一年（1562年）。《筹海图编》中的"沿海山沙图"，是迄今所能见到的最早、内容详备而又完整的海防军事地形图。

[2] 金普森，陈剩勇编《浙江通史·第七卷明代》，第463～467页，《浙江通史·第八卷清代》，第482页，杭州：浙江人民出版社，2005年。

违禁物,将吏不敢诸也!"[1]朱纨在他《双屿填港工完事疏》记载:"然访其形势,东西两山对峙,南北俱有水口相通,亦有小山如门障蔽,中间空阔二十余里,藏风聚气,巢穴颇宽。各水口贼人昼夜把守……"又称:"有力者自出货本,无力者转辗称贷;有谋者诓领官银,无谋者质当人口;有势者扬旗出入,无势者投托假借。双桅、三桅连檣往来,愚下之民,一叶之艇,送一瓜,运一樽,率得厚利。驯致三尺童子,亦知双屿之为衣食父母。远近同风,不复知华俗之变于夷矣。"

明嘉靖《定海县志·卢镗》记载:"嘉靖戊申,倭夷窃据双屿为市巢,浙海之祸日炽。上命都御史秋厓朱公(朱纨)持节巡视。朱公素知公才可大受橄,公督兵船由闽海过浙抵双屿,生擒倭酋林烂四……"双屿港走私海盗的贸易繁盛,完全替代了以前官方的"勘合贸易",令明朝廷丧失东亚海上贸易的主导权,这是无法容忍的。此时正逢余姚大族谢氏欲赖葡萄牙人和走私海盗的账,并威胁要报官。葡萄牙人和走私海盗在

---

[1] 朱纨(1494~1550),字子纯,号秋厓,苏州长洲(今江苏苏州)人。正德进士,历官至知州。嘉靖初,累迁至广东布政使。嘉靖二十五年(1546年)擢右副都御史,巡抚南安(今江西大余)、赣州(今江西赣州)。次年,改提督浙闽海防军务、巡抚浙江,防御倭寇。当时,倭寇大肆侵扰东南沿海,浙闽海防废坏不堪,战船、哨船十存一二。海盗商人、浙闽豪门势家多与倭寇勾结,假济渡为名,造双桅大船,运载违禁货物。将吏不敢诘。二十七年四月,他指派都司卢镗率福清兵由海门进兵,攻克倭寇巢穴双屿港,活捉日本人稽天和中国海盗许栋等,为加强海禁,并筑塞双屿,上疏揭发浙闽沿海势家通倭渔利。七月,吏部采御史、闽人周亮及给事中叶镗言,奏改纨为巡视,以弱其权。次年三月,俘获海盗李光头等96人,亦尽诛之。而御史陈九德却劾其擅杀,朝廷遂又革职按问,朱纨乃愤而自杀,朝野为之叹息。但自此明廷罢巡视大臣不设,中外不敢言海禁事,海防废弛,倭寇更加猖獗,荼毒东南沿海十余年。朱纨有后人所辑《甓余杂集》十二卷传世。

恶气难忍之下，洗劫了谢氏庄园并掠杀谢氏宗族，这桩血案也成了双屿港之战的导火线。嘉靖皇帝派遣军事经验丰富的朱纨前来平灭"倭寇"。他"革渡船，严保甲，搜捕奸民"。朱纨认为双屿港乃"正门庭之寇也，此贼不去，则宁波一带永无安枕之期"。四月，奉命进剿双屿的福建都司都指挥卢镗率福清兵追击一艘倭寇大船，杀死两人，生擒日本倭夷稽天新四郎，以及中国走私贩林烂四等53人。于是朱纨又命卢镗统各路兵直捣双屿港。颠覆双屿港后，因双屿孤悬于大洋之中，难以戍守，朱纨便下令以木石筑塞通往双屿港的南北各水口。这在朱纨《甓余集》中有记载："六月二十六日，与刘恩至（备倭指挥）同到双屿，看得北港已筑未完，南港尚未兴筑。"朱纨在港中住了三天，亲自指挥填港之事，最后"两港俱完"。

《舟山历史大事记》记载："明嘉靖十九年（1540年），李光头、许栋、王直、徐惟学、叶宗满、谢和等集结双屿港，与佛朗机（葡萄牙）人和倭（日本）人进行走私贸易和抢劫活动。嘉靖二十七年（1548年），都御史朱纨等率师进剿双屿港，以木石堵港口。王直等人从双屿港脱逃后，继续流窜海上。"

《筹海图编》卷五记载："聚木石筑寨双屿港，由是贼舟不得复入，而二十年盗贼渊薮之区，至是始空矣。"

明末清初史学家姜宸英《读史方舆纪要·浙江方舆纪要叙·卷九十二》记载："嘉靖十九年（1540年），倭党李光头巢于双屿港，二十七年，捣平之，因筑塞港口，以空渊薮。"

佛朗机（葡萄牙）人于明朝嘉靖十九年（1540年）进入舟

山双屿港，海上走私商兼海盗许氏兄弟（许栋、许松、许楠、许梓，徽州人）、李光头（闽人）、王直（也叫汪直，徽州人）、徐惟学（徽州人）等百余人联合倭寇，以盘踞双屿港为基地，与佛郎机（葡萄牙）、倭人（日本）开展以武力走私为主的所谓"互市"贸易，大肆走私货物，或者抢劫商、渔船。因与明朝政权海禁政策相悖，嘉靖二十七年（1548年）四月初七，浙江巡抚提督浙闽海防务朱纨遣都指挥卢镗、海道副使魏一恭和备倭指挥刘恩至、张四维等，率战船380艘、兵6000余，围攻双屿港。明军官兵在卢镗率领下，刘恩至等经过激烈的战斗，"破其巢穴，焚其舟舰，擒杀殆半"，卢镗率军进入双屿港，焚艇35艘、舰42艘，还烧毁倭贼所建的天妃宫及营房，尔后官兵以木石填塞双屿港，双屿港即废。贼巢荡平，余党逃往福建的浯屿等地。

中国史书说俘斩溺死者数百，与品笃（平托）在其《远游记》中说"杀死1.2万人，其中葡萄牙人800人"相差甚大[1]。

据《筹海图编》卷五《浙江倭变纪》的记载，此役"俘斩溺死者数百人。贼酋许六、姚大总与大窝主顾良玉、祝良贵、刘奇十四等皆就擒。镗入港，毁贼所建天妃宫及营房、战舰，贼巢自此荡平"。

双屿被朱纨指挥明军烧毁，港口被填塞后，没有泊在双屿被烧毁的中国海商与葡萄牙商船南撤，在福建诏安走马溪形成

---

[1] 品笃（平托，Fernao Mendes Pinto，约1510～1583年）是葡萄牙商人、冒险家和文学家，于明世宗嘉靖十六年（1537年）乘船出发赴远东冒险。经过21年后，才于明世宗嘉靖三十七年（1558年）返回葡萄牙。

新的贸易据点。二十八年（1549年）3月，朱纨指挥明军，围剿走马溪。后来，葡萄牙人往南撤往广东澳门，明朝广东官员默许葡萄牙人在澳门借地开埠经商。

葡萄牙商人、冒险家和文学家品笃（平托）的著述《远游记》中，描述的1540～1541年间的双屿港。文中记载了双屿常住居民有3000人，其中葡萄牙人1200人，还有数以万计的往来商旅，市面非常繁荣。建有两座教堂，一座市政厅，两家医院和超过1000幢私人住宅。葡人和其他族裔的海商，建立了一个自治的市政机构，该机构由司法行政官（警察）、审计官、法官、市议员等构成。

来自葡萄牙、中国、日本、冲绳、南洋的商船满载钱银、商品，在此交易，"佛朗机之来，皆以其地胡椒，苏木，象牙，苏油，沉（香）、束（香）、檀（香）、乳（香）诸香，与边民交易，其价甚平，其日用饮食之资于吾民者，如米、面、猪、鸡之数，其价皆倍于常，故边民乐与为市"。交易还有银锭、铜钱、丝绸、棉布等。

双屿经过20年经营，已是东亚的贸易中心，一个繁荣的商港，教堂、学堂、医院、货栈、民宅，一应俱全；各国商人，浙江沿海小贩、民伙、工匠，云集于此。

嘉靖二十年（1541年），品笃随葡印总督法利亚船队游历了双屿港。他在《远游记》一书写道："双屿，我在前有详述，它是距此向北二百多里远的一个葡萄牙人的村落，日本两年前也发现了此岛。凡是运到那里的货物都可以获得三、四倍的利钱。……这村落中，除来来往往的船上人员外，有城防司令、王室大法官、法官、市政议员及孤儿总管、度量衡及市场物价监视官、巡夜官、收税官及各种各样的手艺人。有两所医院，一所仁慈堂。一般通行的说法是，双屿比印度任何一个葡萄牙人的居留地都更加壮丽富裕。在整个亚洲，其规模也是最大的。"

据品笃记载，当时葡萄牙人每年在双屿岛的贸易额超过300万克鲁扎多，这在当时是个惊人的金额。此前发现印度洋新航线的葡萄牙人达·伽马的年薪不过1000克鲁扎多，已被称为国内最富有的人了。

双屿岛原本是舟山群岛中的一个荒岛，南北水陆相接，是天然的深水海港。葡萄牙海上探险家看中了这里天高皇帝远的独特地理条件，把第一间货物仓库盖在了岛上。此后，走私商兼海盗首领林碧川、许栋也把据点设在了双屿，16世纪的双屿港是当时亚洲最大的海上走私贸易基地，被日本学者藤田丰八[1]称为"十六世纪之上海"。当然，明廷认为是走私基地、倭寇巢穴。

正罗马天主教会在远东最大的教堂就是果阿的主教座堂，果阿在远东传教区及葡萄牙殖民地世界中的独特地位决定的。欧洲方面最详尽可靠的相关记述是果阿大主教随从的荷兰人林旭登（1563～1611年）根据葡人航海针路于1596年出版的《葡属印度水路志》。林旭登长期在印度联邦共和国面积最小的一个邦——果阿葡萄牙主教府工作，因果阿时为葡萄牙东方总部，林

---

[1] 藤田丰八（1869~1929年），日本德岛县人，日本东洋史学家、南海史西域史学家。清末至民国在中国工作长达17年。1895年东京大学文科汉语专业毕业后，他在早稻田大学、东洋大学执教。1896年与人合办东亚学院，同时创刊《江湖文学》。1897年《江湖文学》停刊，遂发行《支那文学史》《先秦文学》。后著有《支那文学大纲》。同年应清朝人罗振玉所办上海农学报馆之聘，赴上海于《回报》杂志执笔。

旭登在那里接触并搜集了大量葡人在中国沿海的航路资料。[1]

林旭登描写道："沿着海岸，在距乍浦18古里（lieues）处，你们可以来到Liampō诸岛（isles de Liampō）。葡萄牙人习惯在那里进行贸易。这些岛屿以前称双屿港（Syongicam）……"

"Liampō是附近一个地势高的海国的名字。一开始，你们碰到的岛屿不多。再往前走，会遇到一系列岛屿。最后一个面向大海的岛屿很大，上面有数座高山及数个海湾。主要海湾位于西海岸。其中间有一座高耸的小岛。在它与海岸之间有一锚地（rade）。这是躲避南风及西南风的避风处。入口处水深5噚（braffes），但十分狭窄，大船无法转动。这个岛屿周围的水底干净无礁。在该岛西西北2古里处有一个又大又高的岛屿，在其南东南海岸上有一个良港。在那里可以躲避东北风。其岸有淡水可汲取，其空气优于另外那个岛屿。两个岛屿之间的水道深35噚，锚地的水深足以泊船。从该岛北侧至陆地的距离约为3古里。在两者之间还有些小岛。……双屿（Syongicam）的上述两个岛屿位于29又2/3度处，延伸至31度。"

研究者通过研究史料和长期多次参加实地考察，论述证明了双屿港是中国东南沿海的重要海上通道，同时也曾经是中国向欧洲国家开放的窗口之一。从明世宗嘉靖三年（1524年）左右兴起，至明世宗嘉靖二十七年（1548年）被捣毁、填塞，一共持续了20余年的时间，被誉为"十六世纪之上海"和"海上自由贸易区"，对中国和世界贸易产生过深远的影响。

---

[1] 果阿历史上曾是葡萄牙殖民地，葡萄牙的商人于16世纪抵达果阿，不久即占据该地，该地多数人口归信天主教。

日本僧人与中国茶文化的传播

刘胜勇[1]

中国是世界茶树原产地,是利用茶叶最早的国家。《神农本草》说:"神农尝百草,日遇七十二毒,得茶而解之。"唐代陆羽《茶经》:"茶之为饮,发乎神农氏。"神农得茶而解之距今近5000年了。我国最早有茶叶的文字记载,首见约公元前1100年周公旦的《尔雅·释木篇》:"槚,苦荼。"东汉的经学家、文字学家许慎(约58~147年)的《说文解字·草部》:"茶,苦荼也。""槚"是茶叶的古名。晋代常璩(约291~361年)《华阳国志》:"周武王伐纣,实得巴蜀之师,……丹漆茶蜜……皆纳贡之",说明在公元前1066年时茶叶便作为"贡品"。南北朝(420~589年)以来,佛教逐渐盛行,佛教倡行坐禅,用茶破睡,群起仿效,引自为贵。至唐代,饮茶已普及到平民百姓,唐《封氏闻见记》说,开元(713~741年)中"自邹、齐、沧、棣,渐至京邑城市,多开店铺煮茶卖之,不问道俗,投钱取饮"。茶的流行,成为人们开门七件事"柴米油盐酱醋茶"

---

[1] 刘胜勇,浙江省舟山市民间文艺家协会副主席。

之一。陆、海"丝绸之路",也是茶叶传播之路。据有关资料统计,目前世界上50多个产茶国的茶种,饮茶风尚,都来自中国。

中国茶文化最早传入日本,约在汉代就开始了。汉武帝时曾派使者出使印度支那半岛,所带的物品中除黄金、锦帛外,还有茶叶。《汉书·地理志》所载海上丝绸之路东海起航线形成于汉朝时期。三国孙吴在上述诸方面都在汉代有较大进步,具有出海远航的主客观条件,因而发展了东海丝绸之路。根据季风的变化规律和海流的方向,在夏季(6~8月),从江浙沿海出发,借助风帆和海流移动的力量,以及天文、地文导航,在顺风顺水相送下,航渡出海近则台湾,远则日本等地。

唐代时,又新辟东海南线、北线航路。东海南线:日本大阪－平户岛－九州西岸－沥津－种子、屋久诸岛－冲绳,尔后横渡海峡经舟山群岛抵达明州。东海北线:江浙沿海诸港－定海－日本值嘉岛或平户岛－博多,日本称之南岛路。唐及唐以后中日交流之使经、遣唐使、留学僧以及贸易商船的往来,大多采用这条路线。

630~894年,日本派出大批遣唐使来中国学习政治、经济、语言文字、佛教文化、生产技术、建筑艺术等,日本遣唐使的行经路线,最初是沿遣隋使路线访唐。到唐代中期,开始改由从值嘉岛(今五岛)出发,到朝鲜半岛中部(百济)直接横渡黄海,沿山东半岛南下直达楚州(今江苏淮安)登陆,再循通济渠,经汴州(今河南开封)至洛阳、长安。任命遣唐使达19次(其中有四次未到中国),首任遣唐使是630年的犬上御田锹,632年归国。此后日本陆续都有使节派遣往唐朝,直到894年由第二十次遣唐使菅原道真建议废止,中间时间长达200多年。其中,包括大使、副使、留学生、求法僧以及随员。特别是唐代日本僧人大规模来华求学，诸多求法僧将中国的茶叶、茶籽和茶文化带回日本，进行传播。将中国茶文化传播到日本并发扬光大的，是清一色的日本僧人。其中阿倍仲麻吕、最澄、空海是杰出的代表。

据《旧唐书》（卷一九九上，东夷传·倭国·日本）记载，从唐武周长安二年、日大宝二年（702年）6月，日遣执节使粟田真人（？～719）、大使坂合部大分率第八次遣唐使开始，改由南岛启航，横渡东海到达舟山海域，然后进长江口附近的扬州、苏州或明州（今浙江宁波）登陆，即"海上丝绸之路"。明州当时是我国古代丝绸、陶瓷、茶叶三大宗外贸产品出口主要口岸。然后顺江南渠、通济渠经河州至洛阳、长安。特别是明州，成为中日航路中最便捷、最理想的港口。此即《新唐书·东夷传》中之谓："新罗梗海通，更由明、越州朝贡。"武则天对粟田真人颇有好感，遂同意日本将国号改"倭"为"日本"。《史记正义》："倭国，武皇后改曰日本国。"

唐开元四年（716年）7月，倭国元正天皇任命多治比县守为第九次遣唐押使，阿信仲麻吕（晁衡，698～770年）为大使，藤原马养为副使，全团557人访唐，翌年三月出发，直达东都洛阳，开元六年（718年）10月返回日本。

日本历史上吃茶开始于729年（唐开元十七年，日本天平九年），此时正值盛唐开元时代中日经济文化交流极盛，日本从中国传入了饮茶风尚。《奥仪抄》记载："四月八日，圣武天皇召五百僧人在皇宫讲《大般若经》四天，期间两度喝茶，以示慰问，被称为'行茶'。"

唐朝的舟山是日本遣唐使的中间站。天宝年间，自第三次遣唐使始，商舶皆由海道北路改驶海道南路，中途经过舟山再去明州。从天宝至天复的一百多年间，在翁山境内锚泊的日本遣唐使舶和民间贸易商船达40余艘次，并经翁山等候西南季风，横渡东中国海回日本。唐天宝十一年（752年），日本孝谦朝遣唐使舶三艘首次横渡东海经翁山（舟山）海域抵明州港登岸。

日本高僧空海禅师唐贞元八年（792年）到中国天台山国清寺留学，806年从绍兴通过水道来到明州经翁山（舟山）海域启程归国，开日本真言宗。空海回国时带回茶籽栽种于日本滋贺县，还把中国制茶工具"石臼"带回日本仿制，中国制茶的蒸、捣、焙、烘等技术也传入日本。815年的《空海奉献表》里有空海日常生活的写照："观练余暇，时学印度之文，茶汤坐来，乍阅振旦之书。"

日本高僧最澄禅师（766~822年）于唐贞元二十年（804年）随日本第十二次遣唐副使石川道益抵中国，从明州港入唐。贞元二十一年（永贞元年，805年）归国时由天台山到上虞丰三道场，然后乘船到明州府三江口入海回国，回国时带回茶籽种在日吉神社旁，成为日本最早的茶园，开日本天台宗。最澄之高足慧锷在唐会昌元年（841年），首次来到唐朝求法。会昌四年（一说五年）第二次来到唐朝求法。唐懿宗咸通四年（863年），第三次入唐求法的慧锷从五台山奉观世音菩萨像回国，船经普陀山洋面受阻，以为菩萨不愿东去，慧锷只好离船登岸，在普陀山的潮音洞旁搭了一个简易的茅庵，供奉观音像，才上船回日本去了，为普陀山开山祖。

日本饮茶史确切的记载是唐宪宗元和十年（815年），日本嵯峨天皇在梵释寺饮用永忠沏的茶。《日本后纪》弘仁六年4月的记载："（嵯峨天皇）幸近江国滋贺韩崎，便过崇福寺。大僧都永忠、护命法师等，率众僧奉迎于门外。皇帝降舆，升堂礼佛。更过梵释寺，停舆赋诗。皇太弟（后来的淳和天皇）及群臣奉和者众。大僧都永忠手自煎茶奉御，施御被。即御船泛潮。"永忠和尚（743～816）曾于公元775年乘第15次遣唐船来唐，在长安西明寺生活30年，于805年回到日本，并掌管了崇福寺和梵释寺。

唐文宗开成五年（840年）留学僧慈觉大师圆仁学习期满，从长安回日本，唐皇李昂向他馈赠的礼物中，即有"蒙顶茶二斤，团茶一串"。北宋以后，随着东南沿海地区经济的迅速发展，丝绸生产的数量和质量远远超过了北方地区；特别是随着造船技术的发达和航海技术的改进，海上丝绸之路蓬勃发展，大有取代陆上丝绸之路之势。北宋时中日天台宗僧人的相互交往，最著名的为寂昭、绍良、成寻三人。特别是京都岩仓大云寺寺主成寻（1011～1081年）是日本藤原时平的曾孙，自七岁时入岩仓大云寺学佛，后任该寺的主持。

宋神宗熙宁五年（1072年）3月，62岁的成寻率弟子七人搭乘宋朝商船浮海前往中国，家尚有老母在。3月15日，经明州到达杭州，成寻对宋代中国的饮茶发生了浓厚兴趣，他既至台州，先登天台山，即止于国清寺，愿留寺中。在其日记《参天台五台山记》记录了所见的茶事。如4月6日成寻在有关衙门申请去天台山参诣时，看见走廊上有点茶，这是他第一次看到与唐代煮茶法不同的宋代点茶法。5月13日成寻亲自到天台山国清寺，十多人来迎接他并一起喝茶。18日，成寻登天台山最高峰看见苦竹苍郁，茶树成林。此后连日都有诸寺院僧人与成寻一起点茶。当成寻去拜见智凯大师真身时，便想留在国清寺深究佛理，地方官将此事上报朝廷，神宗闻之，诏使赴阙。成寻等遂又巡礼五台山等地。"州以闻，诏使赴阙，……神宗以其远人而有戒业，处之开宝寺，尽赐同来僧紫方袍"（《宋史》卷四十九——《外国传·日本》）。神宗赐以紫袈裟与"惠善大师"法号。然后从运河航行来到宋都开封，10月15日，成寻在开封延和殿拜见宋神宗赵须，问其日本需要中国什么物品，成寻对答中有"茶碗"一项。成寻等从洛阳赴五台山时，神宗特命洛阳驻军沿途护送。此后成寻常来往于开封与天台，行止都有饮茶、送茶事记载。宋熙宁六年（1073年）元月十三日，神宗遣使赐物，"蒙中使赐到上元节茶果下汤，成寻茶二斤，果子十碟"，成寻拜谢之。是年，成寻在汴京太平兴国寺借版刊印《五百罗汉像》等，其弟子赖缘等归国，携回经书400余卷。成寻留止中国九年，著有《参天台五台山记》。元丰四年（1081年）圆寂于汴京开宝寺，神宗敕葬天台山国清寺，以偿还其夙愿焉。（参《宋史·日本传》、日本《本朝高僧传·成寻传》）未能生归日本，虽其弟子后来都归日本，但无一人声名卓著，所习宋代点茶法也因之寂寂无闻，否则宋代点茶法就会早于荣西一个世纪传到日本（《日本文化小史》，村井康彦1979年著）。

日本第一部茶书是日本高僧明庵荣西（1142～1215年）在1191年所著的《吃茶养生记》一书。明庵荣西一生研究佛经和茶叶，他于南宋乾道四年（1168年）和淳熙十四年（1187年）

两次来中国至天台山从万年寺学禅，终于心开得悟，得授临济宗心印。又带回茶籽，栽种于日本佐贺县。《吃茶养生记》分上、下两卷，这本书是日本最古的一部茶叶专著，比陆羽（728～804年）在唐上元初年（765年）写的《茶经》晚四百多年。《吃茶养生记》上卷开头写道："茶也，养生之仙药也，延龄之妙术也。山谷生之，其地神灵也。人伦采之，其人长命也。天竺唐土同贵重之，我朝日本曾嗜爱矣。古今奇仙药也，不可不采乎。"书中还说："其养生之术可安五脏。五脏中心脏为王乎。建立心脏之方，吃茶是妙术也。厥心脏弱，则五脏皆生病"。荣西在书中介绍了茶的功能、种类，茶具，以及采茶、制茶、点茶的方法，奠定了日本茶道的基础，因而《吃茶养生记》在全日本广泛流传"不论贵残，均欲一窥茶之究竟。""点茶"法由明庵荣西禅师传入日本，形成了日本的"抹茶道"。

在南宋末期（1259年）日本南浦昭明禅师来到浙江省余杭县的经山寺求学取经，学习了该寺院的茶宴仪程，首次将中国的茶道引进日本，成为中国茶道在日本的最早传播者。日本《类聚名物考》记载："茶道之起，在正元中筑前崇福寺开山南浦昭明由宋传入。"中国明朝的"泡茶"法则是由江户初期的隐元禅师传入日本，形成了日本的"煎茶道"。

从以上论述，我们可知中国的茶文化及品茶法在日本得到传播，并深受日本人的喜欢。中国的茶叶种子以及茶文化在日本生根、发芽并发展成为一种民风，这其间来中国学禅的几代日本僧人可谓功不可没，是他们为日本茶道文化奠定了坚实的基础，同时也为中日文化交流做出了贡献。

舟山群岛在"海上丝绸之路"的历史地位和作用

刘胜勇[1]

一、舟山群岛与"海上丝绸之路"

"海上丝绸之路"是古代中国与世界其他地区进行经济文化交流的海上大通道,是凸显舟山历史文化特点的重要战略资源。舟山这座海上历史文化名城数千年来一直处在海洋文明与大陆文明交融点的前沿城市,处于长江入海口的黄金水道东部黄金海岸线的交汇地带,扼中国沿海中部航路要冲。舟山群岛也是东南亚"朝贡"和西方海商来华贸易的重要通道,唐宋时成为日本、韩国"遣唐使""遣宋使"出入内地和东南沿海对外贸易的必经口岸。

---

[1] 刘胜勇,浙江省舟山市民间文艺家协会副主席。

(一)舟山的独特区位

普鲁士地理和地质学家李希霍芬(Fendinand Von Richehofen, 1833~1905)在1877~1912年相继出版的五卷本《中国——亲身旅行和据此所作研究的成果》(又名《中国亲程旅行记》)第三卷中,首次提出了"丝绸之路"这个名词,并肯定了"海上丝绸之路"上舟山的独特区位。

他在1860年和1868年先后两次来中国进行地理、地质考察。1868年11~12月间,主要考察地区是杭州、苏州、无锡、镇江、南京等地,尤以舟山群岛考察最详。他在当年11月21日的日记中写道:"作为一个自由港,在一个像普鲁士的国家手里,舟山可以得到一个使人推崇的地位……这个口岸是易于设防的,并且由一个舰队可以控制和华北及日本的交通。"[1]

作为丝绸之路的首提人,李希霍芬还认为,建立一个德国的香港,一个商业中心,最适当的地点是在长江口外,希望它"不久可以将上海一部分商业拉过来,并且随着中国商业利益的非常发展将渐渐超过上海。一个这样的地方,同时也只有这个地方才有可能,那就是舟山"。他还认为:"舟山,它不仅可以使上海的商业,而且也可以使附近的宁波的商业归到它那里。它的中心地位可以保证它作为一个非常发达的转口地点。"1895年,李希霍芬还坚持认为,"如果采用适当的措施,如设立自由商埠,该岛不难发展成为商业大都会,不但能吸取邻地宁波之商业,并能在该方面的交通上起而代替上海之

---

[1] 郭双林《晚清地理学研究》,北京师范大学博士学位论文,1993年。

地位"。[1]

（二）"海上丝绸之路"的文化遗存

舟山作为古代"海上丝绸之路"的重要交汇区域之一和中西方海上互市贸易港，"海上丝绸之路"的影响渗透到舟山群岛社会生活的方方面面，舟山群岛至今仍保留着丰富的与"海上丝绸之路"有关的文化遗存，足以见证舟山在古代"海上丝绸之路"中的特定历史地位。

从历史遗迹看，主要有普陀山"不肯去观音院"、普济禅寺、唐代"新罗礁"、宋代"高丽道头"、元多宝塔、明代白华庵（日本漂流民栖息处），普陀"东霍山（东福山）"、六横"双屿港"、涨起港村"洋人坟"、岱山"向蓬山"、岱山古泗洲堂，清定海衙头"海关""红毛馆"、岑港"六国港"等。2009年8月，在浙江省嵊泗县徐公岛发现宋代临港型古文化遗址和宋、元、明、清的瓷片和砖瓦等建筑构件出土。2010年，国家博物馆水下考古中心舟山工作站在普陀六横岛发现始于唐代的龙头跳沙埠，沙埠散布有大量唐、宋、元、明、清瓷片，这是迄今舟山发现的最早的海港埠头。

从文物来看，从1918年至今，相继出土的有普陀桃花岛茅山村村民胡松生在墓葬中挖掘出土两枚汉代五铢。1974年春，定海白泉出土宋代沉船。1984年，在定海岑港外钓山出土明代战船和铁炮、铁铳等文物数十件。2004年4月，在定海东海东路

---

[1] 郭双林《晚清地理学研究》，北京师范大学博士学位论文，1993年。

挖出古船残骸和宋代器具。2006年4月3日上午,在普陀朱家尖蜈蚣峙山出土大量窖藏汉代到唐武德四年（621年）等古钱币16公斤多计34种。2009年10月,在金塘段化成寺水库库底发现大批古陶瓷和砖瓦。根据国家博物馆水下考古研究中心、浙江省考古研究所、宁波水下考古基地的探测,舟山水下文物点达65处,估计沉船上百艘。

1985年5月,定海城区蓬莱新村出土春秋时期炭化稻谷。在定海区马岙镇唐家墩新石器时期遗址中,考古工作者从出土的陶片中发现已经炭化的稻谷。著名考古学专家、浙江大学教授毛昭晰曾亲临该地考察后,在日本召开的学术研讨会上提出"日本的水稻栽培技术是从中国江南地区舟山传入"的新观点。以日本京都大学教授福永光司为团长、天理大学教授金关恕为副团长的"中日文化交流研讨会"学者曾多次来考察舟山马岙、岱山岛大衢孙家山遗址,在遗址陶片中发现有稻壳印痕,认为日本的栽培稻有可能是经舟山群岛传入的。考察结果称："日本弥生时期的稻作文化和（舟山）马岙关系密切,是中国大陆经这里传入日本。"

英国人桑顿（Thornton）1703年绘制了舟山历史上第一幅用投影法测绘的《舟山图》。1861年英国海军局刊印了英国人金约翰编辑的《海道图说》等。普陀山文物馆有来自海外的珍贵文物,日本和东南亚各国赠送之纪念品,有日本佛像铜屏、缅甸玉佛、泰国佛像、菲律宾玳瑁塔、柬埔寨菩提树叶等。其中梵文贝叶经,字迹清秀。贝叶长约40厘米,宽约10厘米。僧清福1905年从印度请来。

二、舟山群岛在"海上丝绸之路"的历史地位

《浙江通史·清代》认为:"舟山定海是中国最早向欧洲国家开放的窗口之一,在东西方的文化交流中具有十分重要的地位。"[1]

(一)舟山是古代明州港的门户

宁波"海上丝绸之路"始于东汉晚期,发展于唐代,鼎盛于宋元,延续于明清。舟山因为特殊的地理条件,也是唐宋时期中国著名的三大对外贸易港口之一明州港的门户。作为明州港的必经通道舟山港,同样起着不可忽视的作用,从唐代开始,凡出入明州或经过浙江的商舶,都要在舟山的洋面停舶,接受官府的检查,并及时补充淡水和给养。元朝初期,官方在庆元路(即今宁波)昌国县设立马秦(今朱家尖)海船千户所,属庆元路"行泉府司"管理,这是保护海上运输、对外贸易的一个管理机构。[2]

古代舟山与明州港是一体化组合体,作为古代明州港之门户和与之唇齿相依的外港、辅港,与明州(宁波)港是不能分割的重要组成部分,一直以来与明州港一起扮演着中国对外政治、经济与文化交往的重要角色,明州港作为内港的每一次海上丝绸之路航海活动几乎都与舟山有关,必经舟山海域

---

[1] 金普森,陈剩勇主编《浙江通史·清代》,第482页,北京:中华书局,2005年。
[2] 孙峰《元朝昌国县的第一任知县王元善》载《舟山晚报》(千岛文史版),2014年11月16日。

出入。

（二）舟山是海洋文明与大陆文明的交融区域

舟山群岛背靠中国大陆广阔"丝绸茶瓷"经济腹地，处于中国沿海中部东西、南北交通要道之间，历来是中国古代"海上丝绸之路"上海洋文明与大陆文明的交融区域，也是中国海上丝绸之路中文化交流和对外贸易的重要场所。北宋熙宁六年（1073年），王安石奏请朝廷批准在旧翁山县地重置县治名昌国，"意其东控日本，北接登莱，南连瓯闽，西通吴会，实海中之巨障，足以昌壮国势焉"，可见其区位之重要。

（三）舟山是"海上丝绸之路"东海主航路的必经之海道

这从"唐代海上丝绸之路示意图""唐宋海上丝绸之路示意图""从明州（宁波）出发的海上丝绸之路线路图"中都可以得到印证。"海上丝绸之路"东海主航线上的海上大通道是从明州或扬州经舟山群岛候潮补给后向东到朝鲜半岛或直达日本列岛的。

这条"和平、包容"的海上丝绸之路通道对中国与东南亚和欧洲各国的发展史产生了重要的影响，是中国最早向世界开放的窗口之一，在东西方文化交流中具有十分重要的地位。

（四）舟山在"海上丝绸之路"中的重要历史地位

还可在历史上历次浮海东渡和东南亚"朝贡"及西方海商

来华的"海上丝绸之路"中得到印证。[1]

1.隋代

隋炀帝在大业六年（610年）派遣贲郎将陈棱与朝谏大夫、同安人张镇周，泛海击流球国。陈棱率隋庞大的水师五牙大战船顺东南沿海南下，舟师刚出海不久，遇到大雾，漂泊至岱山东北秦头（今上船跳一带），他在岛上屯兵操练和补给粮草，并杀白马祭海。后陈棱班师凯旋，老百姓闻其功，在岱中乡枫树墩、高亭镇大峧建陈将军祠和陈大王庙，即镇英庙和陈君庙。现在岱山北泥螺山尚存隋代遗迹刑马石览，旧志记载："岱山陈大王庙，在县北二百六十里。按王名棱姓陈氏，字长威，庐江襄安人，天资义勇，志在戡难，仕隋高祖大业中，尝奉辞提师航涉海道，击流球国，俘斩颇众，事见隋史，故其威赫誉震海上。今朐山有祠号陈将军，即王之别庙也。"[2]

2.唐代

《新唐书》载："新罗梗海道，更由明、越州朝贡。"承汉代南朝海航传统，黄海北线、南线并存，又新辟东海南线、北线航路。东海南线：日本大阪—平户岛—沿九州西岸南下—沕津—种子、屋久诸岛—冲绳，尔后横渡海峡，抵达中国。

《新唐书》载："新罗梗海道，更由明、越州朝贡。"东海北线：江浙沿海诸港—日本九州直航，日本称之南岛路。中日交

---

[1] 金普森、陈剩勇主编《浙江通史》（清代卷），第482页，杭州：浙江人民出版社，2005年。

[2] （宋）乾道《四明图经·昌国》。

流,使经、遣唐使、学问僧、商贾多取此线通航。[1]

唐咸通四年（863年），日僧慧锷从五台山得观音像,搭乘"唐通事"张友信等人驾驶的商舶归国，因遇风涛,"舟触新罗礁",而在潮音洞侧留观音像,后被山民张氏供奉于宅,此为普陀山"观音文化"之发端。"观音文化"成为海上丝绸之路的产物。

东海南线：明州—舟山—横渡海峡—冲绳—种子、屋久诸岛—沔津—九州岛—平户岛—转航北上抵达日本大阪；日本大阪—平户岛—九州岛—沔津—种子、屋久诸岛—冲绳,尔后横渡海峡经舟山群岛到达明州。

东海北线：江浙沿海诸港—定海—日本值嘉岛或平户岛—博德,日本称之南岛路。唐及唐以后中日交流之使经、遣唐使、留学僧以及贸易商船的往来,大多采用这条路线。据日本所存《唐船图》记载："从日本至唐土海上道法。普陀山280里,乍浦260里,宁波300里,上海222里。"

唐代中期,新罗国海上王张保皋庞大的船队经常途经舟山,在其必经航道朱家尖石牛港口留下了新罗礁名称。普陀六横岛遗有始于唐代的龙头跳简易码头——沙埠。

唐天宝年间（742~756年），自第三次遣唐使始,商舶皆由海道北路改驶海道南路,中途经过舟山再去明州。天宝十一年（752年），日本孝谦朝遣唐使舶三艘首次横渡东海经翁山（舟山）海域抵明州港登岸。

---

[1] 凌金祚《舟山与"舟"》载《中国水运》,2005年第2期。

3.宋代

舟山群岛特殊的地理区位,使得它在宋代成为重要的河上防御前线

两宋时期的"海上丝绸之路"东向日本、高丽。宋徐兢《宣和奉使高丽图经》和《宋史·高丽传》四十七卷中所描述的路线是从明州沿海出发[1],经梅岑(普陀山),过海驴礁、蓬莱山、大衢山,至东半洋礁(黄龙山之东),过白水洋、黄水洋、黑水洋,抵达夹界山后入高丽境,再到黑山岛,进礼成港,后至高丽王都开城。

北宋熙宁五年(1072年),日本天台宗高僧成寻等七僧乘中国商船从日本航行到明州(今宁波),途经舟山海域。商船从日本航行到明州路线的过程:自徐翁山(嵊泗徐公岛)南下,抵达东茹山(东岱山)。以后又从东茹山出海,"向西行,上帆,驰(驶)船,南见烈港山(沥港)金塘乡"。商船在舟山海域逗留九天,并登陆东茹山,拜泗州大师堂。[2]

熙宁七年(1074年)后,宋朝与高丽国间的航路,由北到南,主要是利用南方航线(明州—礼成江口)。据宋宝庆《昌国县志》记载,昌国"三姑山,系北洋冲要之地,凡海舟自山东放洋而南欲趋浙之东西,必自此分道。绍兴间置巡检寨,又于岑江、洌港置两指使子寨,以为犄角"。

---

[1] 徐兢《宣和奉使高丽图经》载《钦定四库全书·史部》第593册,上海:上海古籍出版社,1987年。

[2] [日]成寻《参天台五台山记》,王丽萍校点,上海:上海古籍出版社,2009年。本书是日本僧人成寻(1011~1081年)撰写的入宋旅行日记。

4.元代

元代时天然港口岑港船舶多来此停靠,被称为"六国港",同世界上许多国家都有贸易往来,各国商船云集,海上贸易兴旺。从该处出土的另一件佛教石头像来看,佛教文化在舟山的传播时间则更早。

元大德二年(1298年),元朝赐普陀寺住持一山一宁(1247~1317年)金襕袈裟及"妙慈弘济大师"称号,命充"江浙释教总统"为元朝正式的信使东渡。一山一宁携同弟子石梁仁恭和杭州径山寺禅僧西涧子昙等五僧人,于大德三年(1299年)3月,搭乘日本商船远涉重洋,抵达日本九州岛。

据元大德《昌国州图志》记载,舟山群岛设税使司,有"都监一员(省设),副使一员",征管进出舟山海道的国内外船舶。

5.明代

明代的航路第一条,从明州港始航,经舟山、普陀山,至双屿港,从韭山横渡东海至朝鲜或至日本的五岛、长崎、博多、兵库、难波或坊律等地;第二条,自明州港南下,经温州、泉州、广州,过南海,再经越南、泰国、马来西亚,横穿马六甲海峡,再经缅甸、印度、斯里兰卡、伊朗、阿拉伯,至非洲东海岸各国;第三条,自明州港南下经广州到菲律宾的马尼拉,然后横渡太平洋到北美洲墨西哥的阿卡普尔科港,再分别往南美州的秘鲁、智利、阿根廷,以及中美洲加勒比海地区各国。

明代,郑和下西洋曾将舟山作为始发站或中继站。双屿港成为中西方海上互市贸易港。

对照我国现存最早的,所绘包括亚、非两洲在内的航海图《郑和航海图》[1]的针路指南,均从太仓经吴淞江到金汇,再南下杭州湾,经舟山群岛海域大戢洋,入金塘洋面横水洋,出双屿港,抵达福建,再从福建五虎门一带等候季风出航。返航途中,船队又经舟山群岛返回长江口。

海禁导致整个中国民间海外贸易被迫转型为被动的走私性质的贸易,双屿港海上国际转口互市贸易的悄悄兴起。

海禁时,来华朝贡一般是不禁的。如日本高僧策彦周良于嘉靖十八年和二十六年(1501年和1547年)两次来华朝贡,都途经舟山,所需食品和日用品都与沿海岛屿居民进行海上交易。

6.清代

清康熙二十六年(1687年),经普陀山驶入日本长崎港的中国商船达200余艘。康熙四十二年(1703年)出版的英国航海地图,供英国东印度公司船只航海使用。其中一幅舟山地图描绘了舟山岛附近的地形标示出航道水深。图上的英文文字说明"各小岛都有,尤其特别注出航道水深、县城外有兵营、金塘是被贬官员所居……",从厦门到舟山一段说明"厦门出来,经过金门及围头中间该走什么方向,远方各地岛屿及陆地形状为何……一路进舟山港。",在甬江口注说:"图上定海港口已有一英国商社……"[2]

---

[1] 《郑和航海图》郑和航海图原名为《自宝船厂从龙江关出水直抵外国诸番国》。
[2] 李天纲《大清帝国城市印象——19世纪英国铜版画》,上海:上海古籍出版社,2002年。

乾隆二十四年（1759年），清廷颁布"防范夷商规条"[1]。舟山总长279.4千米的深水岸线、航道和船舶锚泊、装卸、避风等优良港域港口资源，是英国侵略者进入长江领域、控制中国南北海防的必据之地。乾隆五十八年（1793年）英国政府遣使来华。7月3日，马戛尔尼使团的"克拉伦斯号"使节船到达舟山，并登上了普陀山。

嘉庆二十一年（1816年），英国又派使臣阿美士德来华，提出了互设使馆、开放舟山和天津通商口岸的要求，目的还是想要求增加港口，扩大对华贸易。后阿美士德等英国使团被清廷下令限期驱逐出境。第一次鸦片战争期间，英军企图永久割占舟山，被清政府拒绝后退而占据香港。

三、舟山群岛在"海上丝绸之路"的作用

地处我国南北海上航线和长江航运入海交汇点的舟山群岛，拥有得天独厚的深水港域和深水航道资源优势。舟山群岛作为古代海上丝绸之路上的的重要港口和放洋、测风候潮地，有祈福和候潮补给、文化交流、商业贸易、外交接待等功能，一直在"海上丝绸之路"中扮演了政治接待和文化交流的角色。

（一）祈福和补给、测风候潮港作用

舟山群岛之所以能作为祈福和补给、测风候潮港，一是因

---

[1] 乾隆二十四年（1759年）两广总督李侍尧奏准皇帝颁布《防范外夷条规》，规定"防夷五事"。

为普陀山正处于放洋锚泊之地，自唐代以来，观音文化逐渐发展成为半个亚洲的文化，放洋之船必上普陀山寺院，祈祷航程平安。

北宋宣和五年（1123年）5月25日，宋徽宗应高丽人"愿得能书者至国中"的请求，以给事中路允迪为正使，以中书舍人傅墨卿为副使，以徐兢为国信所提辖人船礼物官，一行包括船夫200多人出使高丽，船至沈家门抛泊"祠沙"（祠妈祖），后妈祖显灵，受皇帝褒封后，妈祖在东南亚沿海成为海上保护神。

二是舟山群岛位于东海主航线放洋必经要冲和出海口，周边辐射东南沿海、长江沿线的港口分布密集地区。所以在对外交往中，鉴真东渡、一山一宁出使日本、郑和下西洋等，都以舟山作为靠泊和测风候潮。

据《唐大和上人东征传》[1]载："天宝七载（748年）六月廿七，（鉴真）发自崇佛寺，至扬州新河乘舟下。至常州界（狼）山，风急浪高，旋转三山。明日得风，至越州界三塔山（今嵊泗小洋山）。停住一月，得好风，发至暑风山（今定海晓峰岭），停住一月。"

元盛熙明《补陀洛迦山传》[2]载：自唐代以来，普陀山是"海东诸夷，如三韩、日本、扶桑、占城、渤海数百国雄商巨舶，皆由此取道放洋。凡遇风波寇盗，望山归命，即得消散"

---

[1] 《唐大和上东征传》，又名《过海大师东征传》《鉴真和尚东征传》《鉴真和尚传》《东征传》《法务赠大僧正唐鉴真过海大师东征传》等，真人元开（722～785）779年撰。

[2] （元）盛熙明《补陀洛迦山传》，此书著于元至正二十一年（1361年），是普陀山现存最早的山志。

之地，各国商船在此候潮，祈求航海平安。从唐天宝至天复的100多年间，在舟山境内锚泊的日本遣唐使舶和民间贸易商船达40余艘次，并经舟山等候西南季风，横渡东中国海回日本。

（二）商业贸易作用

日本的水稻种植由古代中国传入，日本考古学者先后在九州北部地区的菜畑、板付、曲田绳纹遗址发现了水稻遗迹。舟山群岛由于其独特的地理位置、洋流、气候与交通诸条件，对中国稻作文化东传日本起到了中继站与"跳板"的作用。毛昭晰教授在对舟山古文化遗址作了深入的调查后，在1986年提出了"日本的水稻栽培技术是从中国江南地区经舟山传入"的观点。[1]

自唐代开辟了由明州至日本的航线后，舟山就成了明州的外泊港，外来海船来此停泊候检入关，外出海船在此补给候潮启航。据宋乾道《四明图经》载："高丽、日本、新罗、渤海诸国，皆由此取道……"其时，有30多艘中日民间贸易商船，往来时在舟山海域锚泊，当地居民持食品和鱼盐、棉、茶、酒等物在海口与日商进行易货贸易，以物换物。

北宋，日本禁止本国商船到外国贸易，不禁止宋人到日本贸易。朝廷在杭州、明州设市舶司，管辖对外贸易事务。至南宋，昌国则成中外官方贸易和民间贸易集散地的必由通道，成了各国通贸船舶的避风港、待舶港和中继站。据宋宝庆《昌国县志》记载，昌国"三姑山，系北洋冲要之地，凡海舟自山东

---

[1] 陶和平《稻作东传之路与舟山群岛》载《浙江海洋学院学报》（人文科学版）第17卷，2000年第4期。

放洋而南欲趋浙之东西,必自此分道。绍兴间置巡检寨,又于岑江、洌港置两指使子寨,以为犄角"。时还设征管进出舟山海道渔船的"砂岸八所",有砂岸税"钱四千贯文"。

据《高丽史》统计,高丽使节在1071～1136年使宋26次,高丽使节团到宋朝"贡金器、银刀剑、鞍勒、马、香油、人参、细布、铜器、硫黄、青鼠皮等物。宋朝使节去高丽22次(其中由中央派出的15次,由明州等地派出的7次)"。[1]

元朝,中日贸易大多是官方贸易,舟山依然是候潮候风的锚泊地。据《元史》[2]记载,元大德年间(1297～1307年),高丽、日本、安南、占城、缅甸、爪哇等六国派使团来华表示感谢,并同元朝建立了互市贸易关系。元初,为征战日本、爪哇和占城(今越南南部)等国,岑港成为造海船、练海战的基地。元成宗(1265～1307年)时,定海岑港成为通航高丽、日本、安南、占城、缅甸、爪哇六国的"六国港"。据元大德《昌国州图志》记载,舟山群岛设税使司,有"都监一员(省设),副使一员",还设征管进出舟山海道渔船的"砂岸三所"。

明代,六横双屿港是自然形成的东西方国家进行海上互市贸易的中心。正德年间(1436～1521年),海外各国至中国沿海进行"私泊"贸易。据明《经世文编》[3]记载,航行于舟山群岛的商船达1290余艘。原产美洲的蕃薯也是在明代由海路

---

[1] 《中朝贸易中的海上明珠——论宋代明州与中国与朝鲜半岛海上贸易》,载北仑新闻网,2009年4月10日。
[2] 《元史》成书于明朝初年,由宋濂、王祎等人编纂。
[3] (明)陈子龙、徐孚远、宋徵璧等选编《经世文编》,原名《皇明经世文编》,成书于崇祯十一年(1638年)。

传入舟山，万历《普陀山志》[1]载："番苎（薯），种来自日本，味甚甘美。"

嘉靖年间，葡萄牙人占据舟山六横岛双屿港，进行国际转口走私贸易，成为亚、非、欧诸国商人云集的"自由港"。"佛朗机之来，皆以其地胡椒，苏木，象牙，苏油，沉、东、檀、乳诸香，与边民交易，其价甚平，其日用饮食之资于吾民者，如米、面、猪、鸡之数，其价皆倍于常，故边民乐与为市。"郑舜功《日本一鉴穷河话海》[2]载："浙海私商，始自福建邓獠，初以罪系按察司狱，嘉靖丙戌（1526年），越狱遁下海，诱引番夷私市浙海双屿港，投托合澳之人卢黄四私通交易。"舟山群岛双屿港、列港、岑港也就成了内外商货和商人的集散点，"为倭夷贡寇必由之路"（明天启《舟山志》卷二）

果阿葡萄牙大主教随从林旭登（1563～1611年）《葡属印度水路志》[3]载："沿着海岸，在距乍浦18古里（lieues）处，你们可以来到Liampō诸岛（islesde Liampō）。葡萄牙人习惯在那里进行贸易。这些岛屿以前称双屿港（Syongicam）……"

为对付海上走私互市集团，明世宗于嘉靖二十七年（1548年）四月令都御史朱纨遣都指挥卢镗、副使魏一恭等率师进剿双屿港，五月以木石堵港口，将历时二十二年（1526～1548年）之久的双屿港国际互市贸易基地彻底平毁。

---

[1] 《普陀山志》卷二。
[2] 郑舜功，广东新安人，曾作为"大明国客"的身份于明嘉靖三十四年（1555年）出使日本。后著有《日本一鉴穷河话海》一书，共九卷。
[3] 荷兰人林旭登根据葡人航海线路于1596年出版的《葡属印度水路志》。

清康熙年间解除海禁，设置浙海关，对外通商贸易，舟山重新开放为外贸口岸。三十七年（1698年），宁波海关驻定海监督张圣诒在衢头建西洋楼九楹，为外商水手食宿及定海海关办公之所，俗称"红毛馆"。据马士《东印度公司对华贸易编年史》[1]记载，1644～1704年的60年间，英船到舟山贸易有12次。"除了英国商船，还有荷兰等西欧商船，鹜趋定海。"[2]三十九年（1700年），东印度公司派喀恰浦为驻华商务监督在定海设立事务公署。光绪《定海厅志》记载："六月，到有红毛夹板船二只。船主一名末氏罗夫，一名末里氏。八月，到卢咖唎船一只。九月，到飞立氏船一只。一时称为盛事云。"清代中叶，浙江茶叶已大量销往欧洲。四十一年（1702年），英国人经清廷特许在舟山岛上设立贸易站，主要采购浙江圆茶（贡熙茶）。

（三）外交接待和文化交流作用

"朝贡"贸易是中国古代王朝特有的一种政治性外交体系。舟山是通航日本、朝鲜的主要港口、海外贸易的重要商埠，中国文化通过这一蓝色通道传播到世界。而普陀山、沈家门、岙山则是日本贡船待港的锚地。

据《旧唐书》[3]记载：从唐武周长安二年（702年）6月，

---

[1] ［美］马士《东印度公司对华贸易编年史》，区宗华译，广州：中山大学出版社，1991年。

[2] 夏燮《中西纪事》（卷三），《中西纪事》全书共二十四卷，记载鸦片战争前后至咸丰末年中外关系的史事。

[3] （宋）宋祁、欧阳修等编《旧唐书》（上），卷一九九《东夷传·倭国·日本》。

日遣执节使粟田真人（？～719）、大使坂合部大分率第八次遣唐使开始，改由南岛启航，横渡东海到达舟山海域，然后进长江口附近的扬州、苏州或明州登陆。然后顺江南渠、通济渠经河州至洛阳、长安。

唐贞元八年（792年）日本高僧空海禅师到天台山国清寺留学，806年从明州经翁山（舟山）海域启程归国，开日本真言宗。空海回国时带去中国制茶的蒸、捣、焙、烘等技术和茶籽，将茶籽栽种于日本滋贺县，并仿制中国制茶工具"石臼"。

北宋宣和五年（1123年），宋徽宗赵佶派路允迪等人出使高丽建立邦交友好关系和了解其国情。5月16日路允迪一行以二神舟、六客舟发自明州，5月25日船队到达沈家门锚泊，26日在梅岑山（今普陀山）祈福候风。28日张篷泛舶入洋。7月13日离高丽，按原舰航线回国。徐兢撰就《宣和奉使高丽图经》四十卷，详细记载高丽的国体、风俗、事物等。

元大德二年（1298年），赴日以"通二国之好"的一山一宁身为高僧，作为普陀寺住持，以元朝国家使节的身份访日，以中国传统佛教文化为纽带，阐明朝廷修复中日睦邻友好本意和立场，结束了当时中日之间的战争状态，开始友好往来。大德九年（1305年），日本互市贸易船进入庆元港。

明初郑和下西洋，是一种和平交往的航海模式，重要内容是官方贸易，同时也是中国与有关各国的文化交流和文明对话，象征着中国历史上与邻为善、世界大同、共享太平的社会意识，具有政治意义和历史意义。

洪武至隆庆元年（1368～1567年），朝廷实行了长达200年的"海禁",除官方的"勘合贸易"(也称朝贡贸易)外。进抵普陀山莲花洋面、沈家门和岙山岛停泊的朝贡船舶,一般由官府接待,赠送酒、水和粮食,并引进宁波港。

景泰四年(1453年),以日本高僧东洋允澎为正使的日明第二次"勘合贸易"遣明船9艘,载1000余人,停泊普陀山旁的莲花洋。当他们的贡船到达普陀山,在莲花洋停泊后,便有彩船100余艘,绕使船前来迎接,赠给酒、水、食粮等物。抵沈家门后,有画舫50余艘,吹角打鼓前来迎接。接着由巡检司官船作向导,经由定海进入宁波。[1]

清乾隆五十八年(1793年),英国马戛尔尼使团的"克拉伦斯号"使节船到达舟山。英国看中的是舟山定海和普陀山的港口和贸易功能,是实现对华贸易的主要口岸之一。借朝贡和祝寿的名头,主要任务是研究中国的国情,了解地理、人口、物产和政治、文化、风俗等。所以斯当东在《英使谒见乾隆纪实》[2]的报告第九章中:"经过万山群岛,接近澳门,开往舟山;在这些地方所进行的交涉和观察。……这块地方的岛屿多,安全的停泊港也多,可以容纳任何大船。除了这点之外,这里还处于中国东海岸朝鲜、日本、琉球、台湾的中心地带,对于宁波的繁荣起着很大的作用。宁波是浙江一个商埠,舟山群岛全属于浙江范围内,从浙江一个港口开到日本去采购铜的船,每年就有十二条。"

清道光二十一年(1841年),法国传教士顾芳济来舟山传

---

[1] 木宫泰彦《日中文化交流史》,胡锡年译,北京:商务印书馆,1980年。
[2] 斯当东《英使谒见乾隆纪实》,叶笃义译,上海:上海书店出版社,2005年。

播天主教。二十七年，浙江首任主教法籍人石伯铎在定海紫微和城关北门建教堂，时有教徒数百人。咸丰二年（1852年），教堂及祈祷所增至七所。光绪十六年（1890年）前后，美国牧师高雪山等来定海传播基督教。

四、海上丝绸之路对舟山群岛新区建设的借鉴

习近平总书记于2013年10月访问东盟国家时提出建设"21世纪海上丝绸之路"构想。2014年3月5日，李克强总理在政府工作报告中指出，将抓紧规划建设丝绸之路经济带和21世纪海上丝绸之路。

舟山作为古代"海上丝绸之路"的海陆交汇区域，舟山群岛新区的发展离不开海洋这一最大的载体。古代"海上丝绸之路"是一个凸现舟山历史文化主要特点的重要战略资源，"21世纪海上丝绸之路"也离不开舟山群岛这个海上大通道和重要节点。舟山对接和推进"21世纪海上丝绸之路"战略具有良好的发展条件，将会发挥其积极的作用。

设立"自由贸易港"有其独特的历史前提，作为丝绸之路的首提人李希霍芬早在1868年访问舟山时提出的观点，至今仍有历史价值和借鉴作用。

舟山群岛新区如何通过研究宣传和综合利用开发海上丝绸之路的历史文化资源，为设立"21世纪海上丝绸之路先行区"和"自由贸易港"增加文化内涵和软实力，提升舟山群岛新区港口城市的国际知名度和综合竞争力，对打响舟山海上丝绸之

路重要港口节点品牌的重要战略机遇，全面推介舟山群岛新区港口城市的投资环境，进一步树立舟山群岛新区全方位开放的良好国际形象都有着重要的意义。

舟山积极探索建设自由贸易园区、自由港区，推进舟山—宁波一体化建设，将舟山—宁波作为中国与中东欧国家交流合作重要平台来打造，依托宁波—舟山港内引外延，发展强化海洋新经济贸易带，势在必行。舟山群岛新区有望成为"21世纪海上丝绸之路"的重要区域和港口节点，也是大势所趋。海上丝绸之路将是舟山群岛新区今后可以亮出的又一张国家层面的金名片。

听海观潮

论秀州在宋元时期海上丝绸之路中的作用与地位

崔泉森[1]

海上丝绸之路在宋元时期达到鼎盛，成为东西方文化经济交流的重要载体。现在研究宋元丝绸之路的专家往往认为宋元时期中国丝绸之路的主港是泉州、广州、宁波三个城市，其他港口只是支线港补给港。这一论点大体上不错，只是遗漏了一个重要的地区，这就是秀州。在宋元时期，特别是南宋与元代，秀州港口群是海上丝绸之路最重要的出发港和目的港，对秀州在宋元时代海上丝绸之路中的地位，应该给予足够的认识并进行深入的研究。

秀州，五代吴越国于后晋天福五年（940年）割苏州地建立，管辖嘉兴、华亭、海盐、崇德四县，州治设于嘉兴，其地域相当于今天嘉兴市（不包括海宁）和上海市吴淞江以南地区。进入元代，改秀州为嘉兴路，路城仍在嘉兴，管辖范围仍

---

[1] 崔泉森，浙江省嘉兴市政协文教卫体委副主任。

为嘉兴、华亭、海盐、崇德四县，华亭县在至元十四年（1277年）升为松江府，但仍为嘉兴路管辖，至元二十八年（1291年）分华亭县东北地设上海县，这样元代嘉兴路管辖嘉兴、华亭、海盐、崇德、上海五县，但管辖的地区与五代、南北宋的秀州范围相一致，因此本文"秀州"这一概念的范畴也包括元代的嘉兴路。

秀州位于太湖东南，左苏右杭，东对东海与长江口，南临杭州湾，大运河自北向西南贯穿州境，吴淞江从太湖流出，沿着州境北部由西向东汇入长江口，境内平原沃野，以大运河为骨干的水网体系密如蛛网，只是在杭州湾畔的乍浦、澉浦一线分布着不多的山丘。秀州的自然地理环境为它成为海上丝绸之路重要节点提供了优越的条件。

一、宋元时期秀州境内的主要港口

宋元时期秀州境内外贸港口主要分布在州南部的杭州湾北岸和州东北部的吴淞江沿岸。

（一）杭州湾北岸的主要港口澉浦与乍浦

澉浦，唐开元五年（717年）苏州刺使张廷珪奏置，会昌四年（844年）置镇遏使，到南宋时期成为秀州最主要的对外贸易港口。《澉水新志》说澉浦"迨南渡后，以澉地近京师，商舶聚集甲于诸方，镇极繁盛"，可见澉浦在南宋时才成为重要的港口，其原因明代海盐人胡震亨在《海盐县图经》中有精到的解释。胡震亨说:"今考海盐市舶之设,惟宋南渡后最盛,缘宋都临安,系万货所凑,澉浦近畿地,海舶由鳖赭入钱塘阻于江湍,以收舶澉堰为便,香货因而聚集。"南宋建都临安,也就是今天的杭州,经过一百多年的经营,杭州成为南宋政治经济的中心,也是当时世界上最繁盛的大都市和消费的大市场,国内外货物都汇聚于杭州。杭州虽然位于钱塘江口,临近杭州湾,但是却缺少建设成为港口的基本条件,其原因主要是海潮的影响和钱塘江河口的水道受制于鳖山赭山,变化无常。这就为离杭州不远的澉浦提供了一个历史性的机遇。澉浦位于杭州湾海滨,距离杭州不过百里,当时也就一天的路程,又有内河水路连通杭州,是杭州最理想的海上货物集散替代港,澉浦因此当时被称为"小杭州"。

澉浦自身的港口条件算不上优越,镇东南海边是长墙山和葫芦山,两山基本上沿海平行,没有形成最适合建设港口的海湾。澉浦在长墙山和葫芦山之间开挖了一条人工的运塘通往澉浦镇,运塘的海口设招宝闸,海上船舶到了澉浦先停泊在长墙山龙眼潭下,由招宝闸入运河进入澉浦市中的塘湾码头,因此澉浦港是半天然半人工的海港。运塘的水源来自澉浦镇西的山地,山上的水源汇聚于山下,又在澉浦镇西六里设堰阻挡山水流入下塘,形成永安湖,就是今天的南北湖,湖水向东通运塘,一直到塘口的招宝闸,因此运塘的水位是基本稳定的,从而减小了潮汐变化和海上风浪对船只的影响,为海船停泊塘湾码头进行交易和搬运提供了优良的条件。澉浦巧妙合理利用自然环境条件建设港口,充分体现了规划者的大智慧,是中国古代港口建设的奇葩。

南宋常棠《澉水志》说"市舶场，在镇东海岸，淳祐六年（1246年）创市舶官，十年（1250年）置场"，澉浦在南宋正式设立市泊场，管理澉浦海上贸易事务，其地址位于澉浦东海岸的舣风亭。《澉水新志》引用《海盐县图经》的有关内容叙述了南宋时期澉浦的海上贸易情况。"凡大食、吉逻、阇安、占城、勃泥麻逸、三佛齐、诸香并通贸易，以金银镥钱，杂色帛、瓷器市香药、犀象、珊瑚、琥珀、珠翡、镔铁、玳瑁、玛瑙、车渠、水晶、番布、乌㮋、苏木等物。香船至，聚长樯山龙眼潭下，由招宝闸入运河。穿镇，西出栅桥，发引收税，抵六里堰搬度下河，流通内郡。其税十分抽一，犀角象齿十分抽二。"澉浦出口的商品主要是"杂色帛"，也就是各种丝绸，以及瓷器，进口的商品主要是香料、珠宝和名贵的木材。交易的地区是东南亚的越南、马来西亚、印度尼西亚一直到伊朗和阿拉伯。南宋《澉水志》说澉浦"东达泉潮，西通交广，南对会稽、北接江阴许浦、中有苏州洋，远彻化外"。"人烟极盛、专通番舶。"而澉浦人"不事田产，惟招接海南诸货贩运浙西诸邦，网罗海中诸物以养生"。《澉水新志》称"澉浦黄道关税务宋元最盛"，可见宋代澉浦的海上交易的繁盛。海上贸易的兴盛也推动了澉浦镇的繁盛，《澉水志》记载澉浦在南宋初的绍兴年间还是"人民稀少"，而到南宋后期已经是"烟火阜繁，生齿日众"，宋绍定年撰写的《德政碑》中说澉浦镇的规模已有居民5000户"不啻汉一大县"。

澉浦在元代继续为中国与东南亚、西亚海上贸易的重要港口，这与杨氏家族有密切的关系。杨发，南宋时曾经任殿前司选锋军统制官、枢密院副都统。元兵南下，杨发降元，被任"明威将军、福建安抚使、领浙东西市舶总司事"。杨发家住澉浦，经营海运。"至元十四年立澉浦市舶司，令安抚使杨发督之，时设庆元、上海及澉浦三市舶司，并发领其事"，三市舶司中澉浦与上海市舶司都在嘉兴路管辖范围内。杨发除了管理庆元、上海及澉浦三市舶司外，"每岁招集舶商于番邦博易珠翠香货等物，次年回帆。其税十分取一，粗者十五取一，然后听其货卖"。由市舶官直接招集商船到东南亚与西亚进行贸易，开创了海上贸易的新形式。杨发有自己的船队，也参与海上贸易，这种"既当裁判员，又当运动员"肯定不符合市场规则，其直接的结果是造就了杨氏家族的巨富。《海盐县图经》说："总领舶务杨发者，土著澉川，其家复筑室招商，世揽利权，富至僮奴千指尽善音乐，饭僧、写藏、建刹遍两浙三吴间。"

杨发的儿子杨梓与孙子杨枢继承杨发的事业，从事航海贸易。杨梓官至杭州路总管、海道都漕运万户，在澉浦"以己资广构屋宇，招集海商，番舶皆萃于浦"。杨枢于大德五年（1301年）和大德八年（1304年）出使西洋，并进行海上贸易，是中国历史上著名的大航海家。

除了杨氏以外，澉浦还有许多从事海上贸易的家族，元代嘉兴著名画家吴镇的祖父吴泽就在澉浦经商，并有自己的船队。《义门吴氏谱》记载吴镇的父亲吴禾"家巨富，人号大船吴"。

澉浦在元代港口地位相比于南宋其实呈逐步下降趋势，其主要原因是元代的杭州虽然还是东南一大都会，但相较于南宋的临安还是有很大的差距，临安是南宋的都城，皇室、官僚、巨富豪商云集，商贸繁盛，是全国的商业中心，元代的杭州只是区域和地方的商贸中心。杭州商贸地位的下降当然影响主要为其服务的港口澉浦。元代支撑澉浦海运还能维持兴盛局面主要因素有两条，第一是前面提到的澉浦杨氏的因素，第二是元代海上漕运，澉浦是元代海上漕运的主要港口。到了元后期，杨氏衰落，漕运规模减小，澉浦的海上商贸活动大受影响，"大德二年始并澉浦入庆元提举司"是澉浦海上贸易地位下降的必然结果。

在澉浦地位下降的同时，澉浦东面杭州湾畔的乍浦却兴盛起来。

乍浦《乍浦志》卷一《新开水门记》中写道"乍悬海上，为浙西形胜，大海以南则为岛衣披法不毛之地也。宋元时并村落、通互市"。《乍浦志》又说"乍浦故海盐东偏，自钱氏王吴越，置镇遏使，宋季设水军统制，名稍稍著。元通海道，番舶骈集"。说明乍浦虽然成镇于五代，宋代已经"通互市"，但成为重要对外贸易的海港却是在元代。乍浦在港口条件方面非常优越，它地处杭州湾中部，海面广阔，不受钱塘江潮的影响，背靠九龙山，有优良的港湾，离海湾不远有几座海岛，形成天然的防波屏障，乍浦是杭州湾中最好的天然良港。乍浦在南宋主要是军事港口，是拱卫京师的军事重镇，到了元代才成为贸易港口。

元代乍浦能取代澉浦成为杭州湾的主要外贸港口的原因大致分析有以下几方面的因素：南宋临安商贸兴盛时，澉浦有距离临安路途近的优势，随着元代杭州商贸地位的下降，澉浦的重要性也随之降低；元代海外贸易规模较宋代更为扩大，对外贸易主要依赖海路交通，元代京杭大运河开通，澉浦与乍浦港都与嘉兴运河水网连接，通过运河与全国内河水运网络有机联系，这一优势使得杭州湾北岸嘉兴的港口成为重要的对外贸易目的港，广东、福建的港口的货物大多还需中转到这些港口再输往内地，港口业务的扩展对港口条件有了新的要求，澉浦作为半自然半人工的港口，港口逼仄的劣势就显现出来，已经不适应海上贸易的需求，而乍浦港口条件的优势就得到充分的显现；元代疆土幅员广阔，是世界第一强国，在军事上没有势均力敌的对手，乍浦所以能由军港转型为商港。综合这几方面的因素，乍浦最终取代澉浦成为杭州湾北部最重要的港口。

（二）吴淞江沿岸的主要港口青龙镇与上海镇

青龙镇，查阅《青浦县志》的有关记载："青龙镇，一称龙江，孙权造青龙战舰于此，故名。唐时控江连海置镇防御。宋景祐间改曰通惠，后复故称，设监镇理财。镇有学、有仓、水陆巡司、茶场、酒务，为海舶辐辏之地，人号'小杭州'。青浦，唐宋时为青龙镇，控江连海，风帆浪舶商贾辐辏，华夷杂居，寰阓繁填，诚东南一明区也。"可见青龙镇的港口历史悠久。

青龙镇位于吴淞江岸，北宋宝元、嘉祐（1038～1063年）

年间，由于对镇北吴淞江支流采取裁弯，形成了以青龙镇命名的青龙江，在此基础上形成贸易港口名镇。元丰五年（1082年）陈林《隆平寺藏经记》载："青龙镇瞰松江上，据沪渎之口，岛夷、闽、粤、交广之途所自出，风樯浪舶，朝夕上下。富商巨贾，豪宗右姓之所会"，时商业发达，贸易兴盛。熙宁十年（1077年）青龙镇税收占到华亭县的一半还多，是当时秀州九个税场中商业最繁荣的一个市镇。

青龙镇的繁荣在一定程度上得益于宋朝廷和秀州地方的重视。《松江府志》说："宋政和间（1111～1116年）置务设官于华亭青龙江，后江浦湮塞，番舶鲜至。"但不久以后就对此采取措施，"宣和元年（1119年）秀州开修青龙江浦，舶船辐辏，遂置监官"。

南宋时青龙镇海上贸易进一步发达，《青浦县志》说："青龙镇在吴淞之滨，南宋时海船所集，有三亭七塔十三寺，烟火万家，谓之小杭州。"（杂记下·遗事）

2010～2013年，上海博物馆考古部对青龙镇进行了多次调查与发掘，取得了许多新发现。初步调查发现唐代青龙镇的范围约6平方千米，至宋代扩大至20余平方千米，这与古代地方文献记载相印证。

但是吴淞江极易淤积，对青龙镇造成极大的影响，南宋"人乐斯土，地无空闲"的繁华青龙镇到了后来已是另一番景象。《至元嘉禾志》书中提到的青龙镇已经是"今镇治延袤，有学有狱，无复海商之往来矣"，可见南宋末年或元初，由于江流又一次淤塞，青龙镇丧失了港口的功能，但市镇的规模短时间内还没有大的变化,而到了明代青龙镇已经是"胜概十不存一",清代的青龙镇更是"遂鞠为茂草潮淤水涸,民业渐衰,今仅存旧青浦市集而已"。

伴随着青龙镇的衰落,吴淞江畔的另一个港口上海镇开始崛起。

上海镇位于秀州华亭县的东部,当时所在地区被统称为华亭海。北宋熙宁七年(1074年),因"海艘辐辏,即于华亭海设市舶提举司及榷货场,为上海镇","上海"这一国际大都市的名称最早就出现在这时,可见早在北宋时期,上海就已经是海上贸易港口。为什么把这里称为"上海",《康熙上海县志》说有两种可能,一是"谓松江南有大浦十八,中有上海、下海二浦,今县治之左有大川曰黄浦,亦曰上海浦,县之得名以此",这里认为上海得名与黄浦江有关大概靠不住,在北宋时期,黄浦是吴淞江一条不太知名的小支流,它成为大江还在三百多年后的明代永乐年间;第二种说法是"宋初诸番市舶直达青龙江镇,后江流渐隘,市舶在今县治初登岸,故称上海",这种说法还比较有道理,既然这一带被称作华亭海,在这里登岸当然是"上海"。总之,上海的得名当与过去的"华亭海"有密切的关系,前面一种说法中的"上海、下海二浦"的名称也应该与其在华亭海的位置有关。

元至元十四年(1277年)设庆元、上海及澉浦三市舶司,标志上海已经取代过去的青龙镇成为吴淞江上的第一大贸易港。上海市舶司成立后不久,时任市舶司提控的王楠"见客船自泉福贩土产之物者,其所征亦与番货等,遂上言,于是定双抽单抽之制。双抽者，番货也；单抽者，土货也"。

南宋秀州的海关税收实行"其税十分抽一，犀角象齿十分抽二"，其征税的原则是根据货物的价值，而元代王楠建议的税收原则是根据货物的来源地而确定，两者虽原则不同，但结果的差距并不大，番货大都是香料、珠宝等，货物价值大，税收采用双抽，与宋代"犀角象齿十分抽二"的税收规则大体一致，王楠新税则的意义主要是降低了福建土货的税率，既有利于当地的经济发展，也促使中国南方货物通过海上更多输入江南与北方，对上海港口发展有积极意义。

至元十四年后上海快速发展，至元二十八年升上海镇为上海县，"析华亭东北境之长人、高昌、北亭、新江、海隅五乡"归其管辖，上海由此进入一个新的历史发展阶段。

秀州境内宋元时期除以上几个主要港口外，还有其他的一些港口。乍浦以东的广陈镇在北宋天圣元年（1023年）就设广陈榷场，元至正间（1341~1368年）置广陈务（务为市舶司的分支机构），"番舶列肆于此"；吴淞江青龙镇以东上海县以西的黄渡在明洪武初（1368年）设立市舶司，可见黄渡至少在元末已经是有相当规模的外贸口岸。

二、秀州在宋元时期海上丝绸之路港口群中的三大优势

宋代的秀州与元代的嘉兴路兴盛的海上贸易不仅由于众多的港口，还在于它与泉州、广州和宁波相比较在内河航运、贸

易市场、丝绸生产三个方面具有明显的优势。

（一）内河航运

内河航运的优势主要体现在隋炀帝开通的江南运河贯穿秀州，唐、五代又形成以嘉兴城为中心、以江南运河为骨干的运河水网体系，这一水网与海港紧密联系，又通过大运河连接全国水上交通大网络，因此秀州港口群都具有海河联运和江河联运的特点。例如澉浦，其内河航运的中心就在镇西的六里堰。内地运往澉浦的货物都停泊于六里堰下河，《澉水志》与《澉水新志》记载，六里堰下的金家桥"在镇西北六里，客船巨舟重贩者多于此泊，入镇贸易复归解缆"，而海上来的货物则通过运塘"穿镇，西出栅桥，发引收税，抵六里堰搬度下河，流通内郡"。六里堰下河连接运河水网，《澉水志》中有"张公桥在六里堰下，本镇运河水脉至此始分为二，由桥侧上西南王家庄到茶园通港，由桥下入西北火烧港通玄通港"。茶园通港连接海盐塘，海盐塘向北通往嘉兴与大运河汇合，玄通港又称"元通港"，连通汉塘（又称平湖塘），由汉塘向西到嘉兴通大运河，向东过当湖连接秀州塘到达华亭。乍浦在镇北有水道通汉塘与秀州塘。澉浦与乍浦都可通过水路到达嘉兴连接大运河，再由此融入全国水上交通网络。

青龙镇、上海都位于吴淞江岸边，吴淞江东通长江入海口，西通太湖，由港口向西在苏州城南的吴江县城松陵镇附近与大运河交汇，海舶所载货物从长江口到青龙镇、上海换装内河船只，通过运河输往各地。

秀州港口在内河航运方面的优越条件在以人力与风力为动力的水运时代可以说是无与伦比。广州位于珠江边，有很好的内河航运条件，但珠江流域通过内河与北方的联系却大费周折，主要水上通道有两条。一条是溯西江而上，由支流漓江通过灵渠入湘江再进入长江；另一条是由北江向北到南雄，登岸翻过梅岭入赣江，而后由鄱阳湖口进入长江。无论哪一条都是路途遥远，第二条还有一段要陆行。福建港口的货物假如由内河北运要先入闽江，再溯闽江西上到崇安上岸，陆行经江西到浙江衢州入钱塘江支流兰江，再由梅城经富春江到杭州后入大运河，路途不仅复杂而且有几百里陆路，大宗货物运输不仅费时费力，而且运输成本也极高。所以广州、泉州北运的货物最后大多还得通过海路到秀州港口再输往内地，秀州等地的地方文献在叙述秀州各港时都强调其"东达泉潮，西通交广""闽、粤、交广之途所自出"的原因就缘于此。可以说广东、福建的港口在一定程度上是中转港，而秀州却是目的港，至少在南宋与元代这一历史时期秀州在海上丝绸之路中绝对不是支线港补给港而是重要的主港。宁波港经甬江通浙东运河，内河航运条件比泉州、广州要好，但相比秀州水路还是远了几百里，浙东运河的航运条件也不如江南运河。这样一比较，货物经过秀州诸港进出口运输最方便快捷，成本也最低，这是宋元时期秀州海上贸易兴盛的重要条件。但秀州各港也有其劣势，主要是澉浦港口逼仄，青龙镇易淤积，宁波在港口条件方面就具有优势，所以宁波与秀州各港历史上就存在互为补充的关系。

（二）贸易市场

秀州在市场方面的优势是显而易见的。这里紧邻南宋都城临安，又靠近江南太湖流域的中心城市苏州，"上有天堂、下有苏杭"，秀州就在苏杭的中央，南宋与元代的江南已经成为中国最富饶的地区，除苏杭外无锡、常州、镇江、湖州、嘉兴都是富庶之区，临近的金陵、扬州也是金粉之地，这里是当时中国奢侈品消费最集中的区域，对海外的香料、珠宝异珍、贵重木材有大量的需求，这也是刺激秀州港口贸易发展的市场动力。

（三）丝绸生产

今天把中国通往东南亚、阿拉伯的海上航线称之为"海上丝绸之路"，其原因在于中国通过这一航线出口的最重要商品是丝绸，而秀州恰恰就是丝绸重要的产地。

秀州的蚕桑生产与境内的圩田系统有密切的关联。秀州大规模的圩田开发始于中唐的朱自勉，圩田开发的又一个高潮是五代的吴越国，以大运河为中心"七里一横塘，十里一纵浦"的开挖新河，开河挖出的土筑起高堤，高堤又称作"圩"。圩田不仅遇涝能排，遇旱能灌，旱涝保收，而且河岸高堤上最适宜种植桑树，河道经常需要疏浚，疏浚的河泥又是桑树最好的肥料，桑树多养蚕业自然兴盛，这就为丝织业的发展提供了充足的原料。蚕桑的生产刺激丝织业的兴起，早在唐、五代时出产于崇德附近的一种丝织物就很有名，称之为"语儿巾"。秀州丝织业在南宋发展到一个新的高度,其中起关键推动作用的是濮凤。北宋末年濮凤扈从高宗到杭州建立南宋政权,濮凤后来就居住在今天的濮院,濮院由此而得名。濮凤把北方的纺织技术带到嘉兴,"爱兴机杼之利,而濮绸一名遂闻于天下"。濮凤经营濮绸是对当时市场需求的敏感反映。南宋迁都杭州,大批皇室贵族和官僚集中到南方,对绸类织物的需求出现爆发性增长,濮凤抓住这一商机从事丝绸产业大获成功,"绸机一动,实擅大利""淳熙以后轻纨素锦日工月盛",由此推动秀州丝绸产业的发展。元代实行奖励农桑政策,嘉兴路的丝绸产业保持发展的势头,崇德县与嘉兴县丝绸产业尤其突出。宋元秀州、嘉兴路丝绸大量生产与丝绸出口紧密联系,元大德年间(1297~1307年),濮鉴在濮院永乐市开设四大牙行,收购丝绸。牙行的出现与海上贸易有关,番舶进港后其装载的货物需要中介帮助销售,牙行就是中介。牙行从贸易中介逐步发展为商行,同时也代理外来商户办理海关进出关手续,《澉水新志》在记载贸易程序时说"海船进口,各投牙行,牙行为具报单,次日领出赴关登簿,将部牌并红单赴海关税口报验",《乍浦志》也记载"凡内地货出口于税口纳税,领部牌红单讫牙行仍具报单"。牙行在进出口贸易中发挥中介作用,濮鉴把这一港口服务模式引申到丝绸生产中心濮院。

秀州邻近的苏州、湖州都是重要的丝绸产地,秀州的港口也是这些地区的最方便的出口港,秀州海外贸易的兴盛得益于丝绸产业的优势。

秀州在宋元时期的港口直接与最大的消费市场和最主要的

丝绸生产中心相联系，又通过大运河与长江、淮河、黄河流域相连接，具有无可比拟的综合优势，从而奠定了它在宋元海上丝绸之路中的重要而独特的地位。

宋元时期风光无限的海外贸易重镇秀州，在以后却似乎无声无息，直到今天其在中国丝绸之路发展历史中曾经发挥的重要作用也经常被忽视。分析其原因是元代后期松江府与其管辖的华亭、上海两县脱离嘉兴路的管辖，秀州分解成嘉兴与松江两个相同级别的行政单位，太湖东南从五代至元代历时400年的行政单元秀州（元为嘉兴路）已经不复存在，这一变化影响了后期把这一地区作为整体进行研究。此外，当年从秀州华亭县中孕育的上海后来发展成为中国最大的城市和国际大都市，在上海耀眼的光芒下，当年秀州的中心嘉兴则显得暗淡许多，人们研究的对象更多地趋向上海，嘉兴则往往被忽视。但是秀州在宋元时期对海上丝绸之路发展中曾经发挥的举足轻重的重大作用是不可否认的客观存在，而且它的历史延续性其实并没有中断，今天的上海港以及从乍浦港发展过来的嘉兴港都割不断与当年秀州诸港的历史联系。

海上丝绸之路是人类历史文化遗产，古秀州对海上丝绸之路发展所起的历史作用应该得到应有的重视，澉浦等古代港口与海上丝绸之路有关的历史遗产在今天的嘉兴仍有遗迹可寻。澉浦在宋元时期港口泊锚海域的龙眼潭（现长墙山南）清晰可见，六里堰与南北湖都在原地完整地保存，从招宝闸穿过澉浦镇再西通南北湖六里堰的运塘因为当年长山河的开挖，运塘澉浦镇河段、镇区的塘湾码头及招宝闸的遗址都受到破坏，但澉浦镇至六里堰的运塘河段仍完好地保留。澉浦宋元港口遗址在一定程度上还存在，这在宋元沿海古港口中是十分罕见的。嘉兴应该充分利用这一优势，积极参与海上丝绸之路申遗工作，展现嘉兴在海上丝绸之路中应有的历史地位。

中国海运世家研究之澉浦港与澉浦杨氏海运

周乐训[1]

在现今中国版图上,已经找不到"澉浦港"的标注。但是,在宋元时期,这里却是中国四大对外贸易口岸中的一员。"人烟极盛、专通番泊"(明·《续澉水志》);"远涉诸番、近通福广……商贾云集"(清·《光绪县志》)。得益于澉浦港,澉浦发展成浙北通海巨镇,"商旅阜通,镇市繁荣"(《澉浦镇志》)。也正是澉浦港,孵育出了中国历史上一个海运世家——澉浦杨氏,作为一个家族绵延数代参与海运,横跨外海、近海及内河航运,其人力、物力、财力之众,堪称中国海运史上的第一世家。

一、澉浦港的兴起

澉浦港的兴起,可以追溯到晋代。《续澉水志》援引《北

---

[1] 周乐训,浙江省嘉兴市海盐县澉浦镇文化站文化干部。

魏·水经注》:"按旧志,晋光熙初,有毛人,三集洲上,盖泛于风也。居民贸易,遂成聚落。"[1]这段文字告诉告诉我们,从晋光熙年间开始,外国商人就多次来到这里(交易),逐渐成了一种习惯。于是,这里的人就"唯招接海南诸货,贩运浙西诸邦"[2]。周边的人也到这里来交易,使这里成为一个贸易场所,形成了澉浦港的雏形。

北宋时期,这里正式建立港口。目前能找到有关北宋时期澉浦港对外贸易的文字并不多。但从澉浦的方志中,我们透过间接的内容还是能窥探到早期澉浦港的一些踪影。

宋《澉水志》中描述,仰天坞西有"望夫石……昔日有海商失期不返,其妻登盘望夫,泣殒化而为石"。[3]"海商"是一种行业或者经营模式,说明出海经商当时在澉浦已经成为一个行当。书中还记载:"医灵祠在镇之东青山西南……曰:'吾闽中吴真君,当食此方,福佑斯民'……闽商绘像传塑俱其疗病者甚验,四方咸集,遂成丛林。"[4]描述了闽商在海边建庙绘佛像祈求平安。

"显应侯庙在长墙山后……庙中有神,曰杨太尉,尤为灵异。凡客舟渡海祈祷感应如响,意其亦是。石帆村聪明正直之人遵海而南无不尊敬。"[5]则描述本地商人去南海经商都会拜谒显应侯(按:当地俗呼"黄道大王"),祈祷平安。

---

[1] (明)《续澉水志》卷一,《沿革》。
[2] (宋)《澉水志》卷一,《风俗》。
[3] (宋)《澉水志》卷四,《古迹门》。
[4] (宋)《澉水志》卷四,《寺庙门》。
[5] (宋)《澉水志》卷四,《寺庙门》。

从文化人类学角度来看,这样的民间传说、民间信仰在当地的形成至少需要上百年,甚至数百年的时间,显然离《澉水志》的成书年代相去甚远。

如果上述记载仅仅是通过民间传说、民间信仰来推测澉浦港历史的话,那《黄道山水池记》则直接有所记述:"澉浦之阳,有山曰黄道。山之腰,腰之麓,旷而平,绕而曲,潮汐所不及,维天降泽,掘地以积一勺之多,可饮可汲。负山而居,航海而来,咸所仰给。"[1]黄道山即长墙山,面海,为番船停泊之处。这里记述了负山而居者与航海而来者仰仗同一个水池供水的情况。其时黄道山上只有"黄道大王庙"(按:即显应侯庙)住有出家人,没有当地居民。故"航海而来"者需要依赖黄道山水池供水的,必定是番舶或外来船舶。

从上述这些记载中,我们可以推断,至少在北宋甚至更早的时候,澉浦港(或许还没有正式"建港"),客商往返福广或者开展海外贸易活动已经十分频繁。

从当时一些职能部门的演变中,我们也能看出澉浦港、澉浦镇治规模和经济社会的发展变化。

"澉水,斗大一隅,厥土斥卤"[2]。澉浦负山面海,少耕地。煮海为盐成为当地主要产业,以澉浦为中心的鲍郎盐场是当时江南一个重要的产盐区,也是这一方税负的主要来源。《澉水志·坊场门》有这样一段描述:"澉浦税场系镇官兼职。嘉定十四年朱府修盐场,得旧额,有骑都尉监澉浦镇税兼

---

[1] (宋)《澉水志》卷七,《碑记之黄道山水池记》。
[2] (宋)《〈澉水志〉序》。

鲍郎盐场。大观二年重修朱府，以前却以鲍郎盐场兼镇税烟火公事系御，至是始分专员。"从这一段描述中，我们可以了解到，北宋大观二年（1108年）以前，澉浦镇税由鲍郎盐场兼职、支配。大观二年以后镇的官员统一管理镇税和鲍郎盐场，再后来镇税设了专员。

在这阶段，澉浦的盐业、农商经营以及人口总量均无大的变化。镇税征管角色之所以从"盐场兼镇税"到"澉浦镇税兼鲍郎盐场"再到"（镇税）设专员"，说明当时港口"抽分"（关税）已超过了原来的鲍郎盐场税负，镇的财政依赖鲍郎盐场税收的格局得以改变。从中可以看出，到了北宋后期，澉浦港对外贸易有了很大发展。

二、澉浦港的兴盛

澉浦港的兴盛，应该在南宋时期。宋室南渡以后，澉浦港是京城主要的对外贸易口岸。马可·波罗在他的行记中有这样一段记述："海洋距此（按：'此'指杭州）25哩，在一名澉浦（Ganfu）城之附近。其地有船舶甚众，运载种种商货往来印度及其他外国，因此此城愈增价值。有一大川自此行在城（按：'行在城'即杭州城）流至此海港而入海，由是船舶往来，随意载货，此川流所过地有城市不少。……"[1]

这位中世纪的意大利人为什么反复把杭州与澉浦、澉浦港

---

[1]《马可波罗行纪》冯承钧译，上海：商务印书馆，1936年。

联系在一起?

杭州,早在北宋立国初期就设立了市舶司,专门负责对外商贸事务和往来船舶的管理。宋室南渡,杭州港成为全国对外贸易、对外交往的中心港口。

澉浦,位于杭州往钱塘江下游约25千米的北岸。地理上,澉浦是杭州湾与钱塘江的分界处。以此往上游是钱塘江,往下游则是杭州湾。从高空俯瞰,澉浦突兀在钱塘江中,江面北岸线在这里打了个折,江面急骤缩小,水流变急。江中多移动不定的浅滩,不熟悉航路的外地船舶很难再向上游航行。明天启《海盐县图经》载:"(澉浦)缘宋都临安,四方百货所凑,澉浦为近畿之地,海泊由鼋鼊入钱塘者,阻于江淟,以收泊澉壖为便,番货因而毕集"。澉浦港成为杭州港对接海洋航线的中转枢纽。

由此可见,杭州港在北宋时,它是基于直通汴京的大运河与海相通的南大门,更大程度上是以中转港的面目出现的,其作用主要是办理舶务以及使节、贡物由外海转内河并向京城汴梁中转。宋室建都杭州后,杭州港更多是扮演了友好交往港的角色,以接待来访的各国使臣和舶商为主。在外海航运上,杭州港实际上需要依赖澉浦港的转运。

到了宋绍熙初(1190年),鉴于澉浦港离杭州太近,出于对京都杭城安全考虑,光宗皇帝下令关闭澉浦港,结果却导致了杭州港的衰败。成书于宋绍定元年(1228年)的《宝庆四明志》记载:"光宗皇帝嗣服之初,禁贾舶至澉浦,则杭务废。"可见,澉浦的门户开闭直接关系到杭州港的兴盛。所以,"澉浦之禁"事实上并未持久。成书于宋绍定三年(1230年)的《澉水志》记载:"(澉浦)惟招接海南诸货,贩运浙西诸邦。"明《续澉水志》载:"宋立镇官监之,人烟极盛,专通番舶。"从当地的史志中可以看出,虽然光宗皇帝"禁贾舶至澉浦",但澉浦港一直没有停止"招接海南诸货"和"通番舶"活动。宋淳祐六年(1246年),朝廷在澉浦派设市舶提举官,负责对外贸易事务。淳祐十年(1250年),澉浦设市舶场[1]。

市舶场,既是一个专门管理对外贸易的机构,同时又是一个内外货互易的场所。番舶交税后可以在市舶场内销售自己的货物,也可以在这里采购他所需要的回货。

市舶场的设立,极大地促进了澉浦港的繁荣和发展,也使当地"商贾云集""四方百货所凑"。《澉水志》描述当时澉浦:"户口五千余,主户少而客户多",流动人口已经超过了常住人口。众多的人口往来带动了当地经济社会的发展,使澉浦发展成为"浙北通海巨镇"。《续澉水志》记载:"嘉兴路……华亭则有青龙镇,海盐则有澉浦镇,皆置镇遏。"澉浦成为嘉兴数一数二的大镇。

史料记载,澉浦港最盛时港内"舟舶昼夜往来不绝"。"番舶皆聚于龙眼潭,诸货皆由招宝闸入运河,抵六里堰,车盘过坝,流通吴浙。"[2]龙眼潭内灯火辉煌、四方渔笛遥相呼应。海船到达港内,停靠长山龙眼潭下货。货物有两个去处,一是换稍小的本地船继续循钱塘江运抵杭州;二是由招宝闸入

---

[1] (宋)《澉水志》卷四,《坊场门》。
[2] (明)《续澉水志》卷一,《地理》。

招宝河，由内河运往浙西浙北。招宝河上设有栅桥，是收缴关税所在。番货由抽分场的官员验货缴纳关税后，栅栏开启放行[1]。内河出运有两条水路，一是向西运抵用里堰后翻堰坝搬入下河，运往各地；二是向北经鲁塘河翻金水堰或长川坝后入下河出运。[2]

《澉水志》在其附"澉浦疆域图"上，详细标注了澉浦港及相关机构的位置：停泊番舶的龙眼潭、番货入关的招宝闸（河）、管理港务的市舶场、征收关税的抽分场、验收关税并通关的栅桥。[3]可见，最迟在南宋中叶，澉浦港办理外海船舶进出口的机构已经十分完备。

1978年开挖太湖流域南排工程长山河时，曾在澉浦古招宝河遗址中挖出过南宋龙泉窑鬲炉等精美瓷器及大量的瓷器碎片，据考证，这些破碎瓷器是宋元时期在搬运途中受损坏而倾倒在河中的，分属浙江龙泉窑、江西景德镇窑、福建建窑、湖南长沙窑等，可见当时澉浦港业务之广。

到了元代，杭州不再是京城。但澉浦港地位不降反升。朝廷将澉浦市舶场升格为市舶司。《元史·食货》记曰："至元十四年（1277年）立市舶司于泉州，令孟古岱领之，立市舶司三于庆元、上海、澉浦，令福建安抚使杨发督之。"[4]澉浦港到了全盛时期。也催生了中国海运史上的第一世家——澉浦杨氏。

---

[1] （宋）《澉水志》卷四，《桥梁门》。
[2] （明）《续澉水志》卷一，《地理》之"市河"条。
[3] （宋）《澉水志·澉浦所全图》。
[4] 《元史·食货·市舶》。

三、澉浦港之于澉浦杨氏

杨发督领庆元、上海、澉浦三市舶司后，举家迁入澉浦。澉浦港成为培育杨氏海运世家的基地。

当时的元政权对海外贸易持开放政策，鼓励民间商人参与其事。对海外商人"其往来互市，各从所欲"。[1]以"损中国之无用之货，易远方难致之物为说"[2]的精神，发展海外贸易。无论是贸易额还是交易广度，都超过唐宋。朝廷把进出船舶的检查、缉私、办理船舶往返手续、抽分征税、收购出售进口货物，甚至接待来华商客、政府间使者等全部交由市舶司管理。"其发舶，其回帆，必着其所至之地，验其所博之物，给以公文，为之期日。而所入之货，尝以万计，其法甚详密矣。"[3]这中间市舶官拥有很大的权力，"与远夷蕃民往复互易舶货，因宋制细物十分而取一，粗物十五分而取一，以市舶官主之"。[4]实际上，市舶司是一个既管理进出口贸易，又经营进出口商品的官商合一机构，这段时间产生了一批因海外贸易致富的豪商。杨发便是得益于宽松的政策和掌握的权力，"每岁招集舶商于番邦博易珠翠香货等物，及次年回航，依例抽解，然后听其货卖"，使澉浦杨氏迅速崛起，"代居金穴、富甲浙右"。

---

[1] 《元史·本纪·世祖七》。
[2] 《元文类·杂著·市舶》。
[3] 《元文类·杂著·市舶》。
[4] 《元文类·杂著·市舶》。

杨发管理三市舶司不到十年，元朝政府实施了海禁，严格禁止私人与海外通商，"凡权势之家，皆不得用己钱入蕃为贾，犯者罪之，仍籍其家产之半。"[1]并推出了"官本船"制度，"官自具船、给本，选人入蕃，贸易诸货。其所获之息，以十分为率，官取其七，所易人得其三"。[2]也就是官家出本钱，提供船只，招聘熟悉航海的人出海贸易，所得之利官民三七分。

官本船制度说到底是朝廷为了垄断海外贸易而推出的一项制度。但当时用自己的钱去海外经商的，恰恰都是有权有势的人家，皇亲国戚，甚至王子驸马都参与其中。官本船制度触犯了权贵的利益，必定会遭到这些人的反对。"官本船"制度推出没几个月，提出和推行官本船制度的中书右丞卢世荣就被罢官下狱处死。在以后的将近四十年间，官本船制度虽然继续维持，但是权贵豪商仍多违法经商，甚至连一般的海商也私自出海贸易。朝廷睁一只眼，闭一只眼，实际上形成了官本船与私人航海贸易并存的局面。对于掌管市舶大权的杨发而言，官本船制度更可以使他利用职务之便培育家族海运势力。其儿子杨梓的成功，正是杨发利用澉浦港作为基地培育家族人才的结果。

杨梓，杨发之子，自幼在澉浦长大。得益于家庭环境及父亲的培养，从小身受航海的熏陶，熟悉东洋、南洋的航路，并且与这些地区拥有贸易往来关系和丰富的人脉关系。出于这层关系，被朝廷选为招谕爪哇的宣慰司官。此时澉浦杨氏航海重

---

[1] 《元史·食货·市舶》。
[2] 《元史·食货·市舶》。

心也已经到了杨梓这一代。

至元三十年（1293年）正月，朝廷兵征爪哇，"亦黑迷失、孙参政先领本省幕官并招谕爪哇等处宣慰司官曲出海牙、杨梓、全忠祖，万户张塔剌赤等五百余人，船十艘，先往诏谕之"。[1]

杨梓先行招谕果然"不负圣望"，获得了成功，杨梓以功封安抚总使，官至嘉议大夫、杭州路总管，也算得上是杨氏家族中居官最高的一位。

史料显示，杨梓出海贸易比较多的是高丽（今属朝鲜半岛）、日本、占城（今属越南）、爪哇（今属印度尼西亚群岛）等地。在澉浦当地，有关杨梓泛海贸易的记载也有不少。《神钟记》载："海盐禅悦寺神钟，胜国时宣慰杨梓以海外铜铸，建六丈楼悬之，声闻数十里。"[2]澉浦当地口耳相传：杨梓出洋到日本，回航时空船，就购买了大量的铜锭作为压舱用。据说澉浦"山高地广，土胜于水，水被土克"，风水不佳。杨梓准备造一口巨钟"以为镇压"。"盖钟本金也，金能生水，可助太阴，以敌旺土。"[3]当地群众热烈响应，纷纷把自己的银镯、银钗、银耳环投入铸铜的炉中。终于铸就了一口2740公斤的大钟，杨梓又造了一座高达六丈的楼，把钟挂在上面，"改善"了澉浦的风水。

杨梓时代是澉浦港对外贸易最为兴旺的时期，澉浦港帆樯林立，码头上人头攒动，商贾往来不绝。据记载，招宝河"面

---

[1] 《元史·外夷·爪哇》。
[2] （明）《续澉水志》卷九，《艺文》。
[3] （明）《续澉水志》卷九，《艺文》之《澉川钟楼图跋》。

阔三丈,底阔二丈一尺,深五丈,市镇只有此一运渠"。[1]招接诸货的内河船只只能鱼贯而入,熙熙攘攘的客商使澉浦大街小巷拥挤不堪,超出了接待能力。客旅巨舟重贩者只能停泊在镇西北六里的金家桥、孙老桥等村寨,以至于这里成了"六里堰市"。

杨梓秉承父亲的愿望,继续利用澉浦港作为基地培育杨氏海运世家,其中最为成功的当属他的次子杨枢。

元大德二年(1298年),朝廷设立致用院。那是为推行官本船设立的官方海运机构。选人入番,由私人承包经营。贸易风险虽大,却利润丰厚,承包者的竞争非常激烈。据《松江嘉定等处海运千户杨君墓志铭》记载,杨枢年仅十九岁便被致用院选中"具船给本",让他出海贸易。显然,单凭他出生航海世家是不行的,他必定早就跟随父辈出海,积累了丰富的航海经验,具有独立组织、指挥航海的能力,而且这种能力已经超越了同时期的同行才能。这从政府和外国使臣对他的信任中也能得到证明。

《松江嘉定等处海运千户杨君墓志铭》记载,元大德五年(1301年),杨枢带领致用院官本船出使西洋,遇到了伊利汗亲王合赞派遣的使臣那怀一行到京师来,就把他们载了回来。

大德八年,那怀使臣朝贡完毕后准备返回伊利汗。那怀要求仍然让杨枢护送回去。丞相哈刺哈孙答刺军把他的请求向皇帝奏请,得到了同意。朝廷授予杨枢忠显校尉、海运副千户并

---

[1] (宋)《澉水志》卷三,《水门》。

佩金符，以政府官员的身份护送使臣回国。这一年，刚好官本船制度撤销，杨枢用自家的船只，自己承担一切费用，送使臣回国。"凡舟楫、糗粮、物器之须一出于君不以烦有司。"[1] 经过四年海上航行，才在忽鲁模思（今"霍尔木兹"）离船登陆，完成了使命。在回航时，杨枢"既又用私钱市其土物，白马、黑犬、琥珀、葡萄酒、蕃盐之属以进"。朝廷官员乃至皇上对他非常赏识，封他为昭信校尉常熟江阴等处海运副千户。后又升松江嘉定等处海运千户，可惜任命下达时，杨枢已逝世。

外国使臣点名杨枢护送回国说明了两点：一、虽然杨枢年轻，但他的航海组织水平和技术力量十分成熟，甚至已经超越了官方的航海实力，被外国使臣所认可。二、杨氏家族的财力雄厚。一个远航船队，数百上千人，七八年的海上消耗，不要政府一分补贴，还要用自己的钱购买当地的奇珍异宝、土特产打点朝廷方方面面。这样的财力，不是一般的海运集团所能承担得了的。可以说，澉浦杨氏到了杨枢这一代，外海航行已名列全国前茅。

杨枢以后，澉浦杨氏从事航海的记载比较少见，其中一个重要的原因是元代后期动荡的政局严重干扰了澉浦港的正常运行，使澉浦杨氏的海运难以为继。

元朝后期，各地起义风起云涌。嘉兴一带虽然还是元政权统治，但江淮大片土地已被朱元璋、方国珍、张士诚所占据。张士诚经常派兵骚扰嘉兴一带。《乐郊私语》有载："十六年

---

[1]（元）黄溍《文献集·松江嘉定等处海运千户杨君墓志铭》。

五月,声言张兵南下。商旅不行,川途严肃。""丁酉八月,张氏以水师数万来攻嘉兴。羽檄星驰,川陆戒严。"描述了张士诚兵要进犯嘉兴一带,水陆戒严,客商不敢前来。而且元朝杨完者的军队"凶肆,掠人货钱"。[1]老百姓甚至编了民谣:"死不怨奉州张,生不谢宝庆杨。"[2]在这样的动荡年代,澉浦港难以正常运行,杨氏的海运必然受到了严重摧残。不过,依托澉浦港,杨氏在内河漕运和近海运输上还是继续存在,这从一些史志记载中可以得到证实。

元至正十七年(1357年),张士诚向朝廷投降,朝廷封他为太尉,管理江浙一带。元顺帝向张士诚要粮食,要方国珍提供船只。张士诚把粮食从平江运抵澉浦装船运往京师。[3]据《澉浦镇志》记载:"至正十九年至二十二年(1359~1362年),张士诚平江之粟每年十一万石(二十二年为十三万石),经澉浦海运抵京师。"[4]

其时,澉浦港还是杨氏的大本营,从澉浦海运粮食到京师,必然要依赖澉浦杨氏的海运实力。这从朱元璋对待澉浦杨氏的态度中也可看出一点端倪。

元至正二十六年(1366年),朱元璋刚刚控制澉浦,还在与张士诚交战中,就迫不及待地把杨氏发配北方。清《澉水新志·职官》记载:"吴元年(杨氏)籍没远徙。"这与澉浦杨

---

[1] (元)姚桐寿《乐郊私语》。
[2] (元)姚桐寿《乐郊私语》。
[3] 事记《元史·食货·海运》。
[4] 《澉浦镇志·交通·海道》,北京:中华书局,2001年。

氏在元朝末期伙同张士诚向京师运送粮食不无关系。这也是杨氏海运萎缩的另一个原因——政治因素。

澉浦杨氏远徙后，文选、史料中再也没有了澉浦杨氏海运方面的信息。近年来，有学者怀韵考证，郑和下西洋团队中有一个重要人物——少监杨敏，他是澉浦杨氏的后代，因为出生于航海世家，精通航海技术而得以被任为航海使者，但是时运不济，他像大多数元朝遗臣家眷一样，从小被明军奴役，又遭阉割为太监。[1]

对于怀韵《"澳洲大陆发现者"杨敏揭谜》一文中关于杨敏系澉浦杨氏之后的考证，作者认为尚嫌草率，中间的人物链还需要完整。

不管怎么说，即便目前还没有找到杨枢之后澉浦杨氏的海运继承人。但从杨发、杨梓、杨枢三代人，一个大家族从事航海事业，并取得了辉煌的成就，从这一点来说，澉浦杨氏——"中国海运第一世家"是当之无愧的。而这一海运世家的成功，与澉浦港是休戚相关的。

---

[1] 怀韵《"澳洲大陆发现者"杨敏揭谜》载《郑和研究》，2009年第2期。

乍浦对外文化交流研究

平湖市政协文教卫体与文史委员会　平湖市乍浦镇

乍浦，历史上一直被称为东南门户。南宋建都临安（今杭州市）后，急需发展对外贸易，便在宋理宗淳祐六年（1246年）下令乍浦开港。宋代海上丝绸之路的持续发展，促进了经济繁荣，也为中外文化交流提供了便利条件。海上丝绸之路为乍浦带来了前所未有的机遇，乍浦对外文化交流就此拉开序幕。

一、海上丝绸之路为乍浦搭建了对外文化交流的平台

（一）《红楼梦》最早从乍浦走向世界

乾隆年间，从乍浦出口的20多类货物中，有书籍一项。而在出口的大批书籍中，最值得关注的是，内有我国最伟大的古典长篇小说《红楼梦》。乍浦对外贸易的主要去向，是日本的

长崎。日本江户时代，长期在长崎与乍浦间从事日清贸易的日本商人村上家，写有记录其对外贸易情况的《村上文书》。据该书记载，乾隆五十八年十月二十（1793年11月23日，日本宽政六年），有南京王开泰属下的"寅贰号船"，从乍浦启航，于十一月初六（12月9日）抵达长崎。在其所载67种图书中，有《红楼梦》九部18套。日本长崎图书馆渡边文库藏《宽政六年寅贰番南京船书籍名目》表也有相关记录。1985年，日本红学家伊藤漱平来到中国北京，拜会了中国红楼梦学会会长冯其庸教授，提出《红楼梦》是在宽政六年（1793），即乾隆五十八年冬，由"南京船"带到长崎来的。1990年由著名红学家李希凡、冯其庸主编的《红楼梦大辞典》，采用了王开泰"寅贰号船"于1793年将《红楼梦》从乍浦运往日本长崎的说法。

一部《红楼梦》，从乍浦起航到日本，乍浦也因此成了《红楼梦》走向世界的起点。1993年10月，为了纪念《红楼梦》走向世界200周年，有关部门在当年的乍浦港码头修建的"海红亭"正式落成。蒋和森、王利器、孙逊、魏绍昌、蔡义江等红学名流和众多红迷，纷纷从各地前往乍浦，观看"海红亭"，踏访"寅贰号船"承载《红楼梦》出海的码头。日本著名红学家伊藤漱平因故未能与会，但他寄来了贺信及日本长崎村上家文书所记1793年11月23日南京王开泰寅贰号船载往日本67种图书目录，其中有九部18套《红楼梦》的复印件。这比通常所说的1832年由俄国人从北京带往彼得堡的那套并不完整的80回手抄本《石头记》要早40年。

(二) 平湖"舞龙"在日本九州岛发扬光大

"舞龙",在平湖民间叫"调青龙",也叫"舞青龙""调龙灯"。康熙二十四年(1685年),乍浦被清廷列为"浙海关"对外通商口岸,后经康熙皇帝特准,乍浦与日本长崎被指定为两国进出口的主要贸易港口。在日本江户时代(1603~1867年),日本长崎与中国乍浦之间,从事贸易和文化交流非常频繁,"舞青龙"从乍浦传到了日本长崎。2006年,多哈亚运会开幕式的文艺表演中,当"亚洲奇迹"这一幕出现时,舞龙这一艺术形式作为日本文化的代表出现在舞台上。日方介绍说,在日本的九州岛,自古有舞龙的习惯,尤其在长崎市。在江户时代,中国的舞龙风俗流传至日本,并被当地的人们保留下来。现在,长崎每年依然定期举办舞龙和赛龙舟表演。

(三) "漂民救助"是中日友好交往的历史见证

作为清代对日贸易的主要港口,乍浦港还承载着护送日本漂流民回国职责。清代,从日本漂流到中国各地的难民,甚至从南洋各国发现的漂流难民,几乎都要被送到乍浦集中,然后搭乘船只回国。据《乍浦镇志》、日本《异国漂流奇谈集》和《通航一览》等记述,自乾隆七年至咸丰八年(1742~1858年)的49批次遇险漂流到吉林、广东、福建、台湾、海南岛、浙江、江苏等地的难民中,辗转送到乍浦的日本漂流民共42批次,492人,占漂流难民总人数的85.7%。清政府对海难中的日本漂流民采取优抚政策，乾隆二年（1737年）就有"定外国披风船只抚恤例"。乾隆皇帝在《命恩恤难夷谕》中说："朕思沿海地方，常有外国船只遭风漂至境内者，朕胞与为怀，内外并无歧视，外邦民人既到中华，岂可令一夫之失所。嗣后如有似此被风漂泊之人船，着该督抚，督率有司加以抚恤，动用存公银两，赏给衣粮，修理舟楫，并将货物查还，遣归本国，以示朕怀柔远人之至意，将此永着为例。"嘉庆皇帝即位后，即下谕旨："抚恤日本国遭风难夷如例。"

在乍浦候船期间，由官民两局和谢永泰、谢永和、谢顺兴牙行等接待安置，一有赴日商船，即安排搭乘送归日本。有时候漂流民在乍浦等船一等就是几个月，就有了很多机会接触中国人，久而久之就能听懂并会说几句中国话，接待和照顾他们的中国人也掌握一些日常日语。于是，在不断地接触中也就与乍浦百姓结下了深厚友谊。据史料记载，平湖地方流传的一些民间小调一度也在漂民中流行。近代，平湖地区从事对日翻译职业的人很多，日本企业也往往多选择在平湖地区落户，其实是存在一定的历史渊源和现实逻辑的。

二、海上丝绸之路为乍浦文化注入了包容和多元的基因

（一）乍浦民间信仰多元且活跃

历史上的乍浦作为海口重镇和明清时期重要的通商口岸，

在海上丝绸之路发展的漫长历史中，宗教活动特别活跃，佛教、道教、基督教、天主教、妈祖信仰陆续进入乍浦。

乍浦当地民间主要的信仰是佛教。佛教传入乍浦较早，记载见于唐代，当推坐落在陈山北麓的唐代龙祠，还有位于汤山的千年古刹瑞祥寺，比较有影响力的还有明崇祯年间（1635年前后）为纪念唐代鉴真和尚东渡而修建的"六度庵"。宋元时期修建寺庙成为持续不断的盛事。历史上乍浦镇区有大小寺庙40余处，因年代久远，历经沧桑，或圮废，或拆除。但目前尚有多处重修后的寺庙和早期的寺庙遗迹。乍浦的佛教活动还有个特点就是地缘性很强，本地人往往更信仰像"施王菩萨"等具有本土背景的神灵，甚至不同的自然村落之间往往供奉的菩萨也不同。

道教活动记载始见于元代，至正十二年（1352年），邑人冯秀一在乍浦城内竹行弄东建崇真道院，俗称道观庙。基督教于清光绪间设礼拜堂。光绪三十二年（1906年），上海基督教牧师包克和、李福江来乍浦传教，后由本镇牧师厉申甫、沙子修发起在总管弄设立礼拜堂，即乍浦福音堂。1946年，先后有英国教会传教士英籍史慕尔（汉名郎希谷）长期驻沪，具体由中国人毕成恩主持。天主教于民国初始传入，乍浦人徐二先生设教堂于半爿街南口，教徒寥寥。后有意大利人马类思购总管弄陈氏大宅两进四楹作天主堂；1931年，中国籍传教士方受海，注册于上海总领事署。乍浦天主教堂至今仍在使用。

在乍浦这片土地上，民间信仰百花齐放，但是彼此又能包容和谐发展，海洋文化文明的包容性、乍浦人民的大气可窥见一斑。

(二)依港而生的乍浦会馆和妈祖文化

乍浦的会馆文化和妈祖文化也是因航运发展形成的独特文化现象,彼此发展息息相关。据史料载,随着乍浦港商业日益繁华,乍浦一度成为我国东南滨海的大都会。与乍浦通商贸易的有广东、福建、台湾和温、台、宁、绍等地,也有日本、琉球、安南、暹罗、爪哇、吕宋、文郎马神等国家和地区。当时,来自全国各地的商业、手工业者,为了适应商业竞争和对外贸易的需要,按照各自的行业和籍贯,在乍浦成立同行会、同乡会。这种民间结社的特殊形式,一般有两种:一是按行业带专业性的行会(公所),二是按籍贯成立的同乡会。一般统称"会馆"或"公所"。这种会馆或"公所",堪称中国特有的乡土文化载体,为乍浦积淀了一种颇为有趣的商业文化。乍浦会馆在清朝康熙时期开始兴建,到乾隆嘉庆时更发展到了顶峰。当时乍浦镇的28处会馆中,比较有名的是闽汀会馆、鄞江会馆、潮州会馆、三山会馆、靖漳会馆、绍兴会馆、赤城会馆、莆阳会馆等。与这些会馆关系密切的商人大都经营糖、铜、靛、木、炭、布、药材和鱼等产品,而且颇具规模。这些会馆的数量和规模足可以证明当时乍浦商业经济繁荣的程度。据史书记载,当时乍浦港市场舶来品有50余种,海关税收也猛增。浙海关初设时,所定的每年税额为白银3.2万两,而乍浦就独占了1.3万两,约占浙海关所属口岸收入总和的五分之二。至康熙六十年(1721年),乍浦港每年的关税收入达到白银

2.3万两，乾隆初年又激增到白银3.9万余两。乍浦的这些会馆除了在商业上相互依靠和支持外，在生活上也相互照顾。各大会馆均成立"恤类社"，作为同业、同乡的福利互济组织。凡是某会馆属下的伙计、学徒都可申请加入，经费由某馆集资，会费则实行随缘乐助。在清朝早期，乍浦一些经营获利较丰厚的商人，往往会给归属的会馆捐钱、捐产、捐物，做一些公益事业。特别在济贫、助丧方面，凡生活遇到特殊困难、年老无靠或客籍人遇难流落异乡的，均可得到济助。对病死后无人或无力收殓者，就由会馆或同乡会布施棺材，寄存义园。当年乍浦可停柩的义园有宁波籍的"四明义园"、温州籍的"东瓯义园"、台州籍的"赤城义园"和本地帮的"同昌义园"等。这些会馆的公益善举，为维护当时乍浦的安定做出了贡献。

乍浦历史上由商业繁荣而衍生的除会馆、公所以外，还曾经有过九座"天妃宫"，奉着妈祖神灵。乍浦古镇作为海商汇集之地，对海神妈祖尤为崇敬。每年三月廿三这天，这些会馆都要举办隆重的祭祀仪式，以祈求天妃娘娘给予他们在海上航运时的庇护，同时也把传统文化的忠、孝、节、义等观念灌输到乍浦当地的百姓之中，妈祖文化成了乍浦会馆的普遍文化。咸丰间平湖人山凤辉在《芦浦竹枝词》中反映乍浦会馆妈祖庙会庆典盛况时写道："暮春天气转晴和，士女如云此日多。最是灵妃安泽国，海滨何处不讴歌。"这首竹枝词写的就是当暮春三月妈祖诞辰时，海滨的广大士女信众，隆重举行祭祀妈祖。"最是灵妃安泽国，海滨何处不讴歌"两句赞颂妈祖灵应，也反映了信仰的广泛和庙会的热闹。

在进入改革开放的今天，特别是习近平总书记提出的"一带一路"的战略构想迸发出前所未有的活力和潜力。随着"一带一路"壮美画卷徐徐展开，曾经在历史上的海上丝绸之路中发挥过一定作用的乍浦，已今非昔比。乍浦作为嘉兴港区滨海新城，变化日新月异。我们有理由也有信心，利用和发挥好乍浦各方面优势，为"一带一路"建设贡献乍浦力量。

论澉浦港在海上丝绸之路中的重要地位与作用

李　林[1]

澉浦位于海盐县境南端，东、南濒临杭州湾，西与海宁市黄湾接壤。澉浦素以古镇著称，宋常棠《澉水志》引《水经》云："东南有秦望山，旁有谷水流出为澉浦。"《水经注》卷二十九《沔水》记曰："谷水于县（海盐）出为澉浦，以通巨海。"据古籍记载："晋光熙初（306年）有毛人三集洲上，盖泛于风也，居民贸易，遂成聚落。"[2]

澉浦处在钱塘江河道与杭州湾水域的交界线上，是杭州湾西端最具规模的一处港口，澉浦港的兴起与发展具有多方面的原因。

第一，自然环境与地理优势。杭州湾北部沿岸由于长期受到海洋潮汐的冲击剥蚀，岸线比较平直，缺乏自然地理意义上的优良港湾。澉浦港位于澉浦镇的南端，东侧有长墙山作为天

---

[1] 李林，浙江省嘉兴市海盐县博物馆文博研究馆员。
[2] （明）《续澉水志》卷一，《地理纪·沿革》。

然屏障，西有葫芦山，两山之间形成了一个优良的海湾有利于船舶的停泊。又澉浦以西的钱塘江航道有所谓的"拦门沙"，且多游荡性浅滩，涨落潮水流速度快，不熟悉航路的外埠船舶很难循江道西抵杭州城下，因此，澉浦就成为杭州、湖州等浙西内陆交通线路对接海洋航线的枢纽[1]。

第二，地方产业与经济贸易。海盐历史上向以产盐著称，海盐于秦王政二十五年（前222年）置县，因"海滨广斥，盐田相望"而名之，由此可见，海盐的盐业生产在秦以前就已相当著名，产盐历史源远流长。海盐东临大海，南有秦驻山，又有长墙山；西南有凤凰山；东北有汤山（现平湖乍浦），又有独山（现平湖乍浦），沿海一带均旧置盐场。汉初在民间产盐的基础上，始设官府煮盐，吴王濞在马嗥城置司盐校尉，煮海擅盐利。武帝谴盐铁丞作官府鬻盐，会稽郡唯海盐设盐官，为设官置场之始，两浙榷盐也由此始。宋代起，设芦沥、海沙，盐业生产持续二千余年之久，在当时海盐与江苏盐城同为东南两大产盐中心。现在海盐沿海的许多地方都保留有"场""团"等地名，均与历史上的产盐单位有关。产盐业的发展促进了交通运输业的发展，特别是盐场附近沿海港口的兴起，如鲍郎盐场与澉浦港、芦沥盐场与乍浦港，港口的兴起也带动了地方产业的对外贸易。唐长庆年间（821～824年），诗人元稹作《送友人游岭南诗》寄示白居易，记述广州风情，其中提到"语儿巾"在广州销售，诗注说："南方海路稍通，其中商肆多榜云，此有语

---

[1] 刘恒武《15～16世纪环杭州湾地区的港口与航线》。

儿巾子。"[1]语儿，古地名，即语儿乡，今桐乡市崇福镇。语儿巾，即是产自语儿的丝织巾帕。它能大批运抵广州，商店张贴广告兜销，说明唐时杭嘉湖平原的商路已开拓至边远。

第三，海上丝路与文化交流。据考古发现，早在新石器时代晚期杭嘉湖平原就已经出现了丝、麻织品。两汉时，印度的佛教便是沿丝绸之路而传入中国。三国吴时，江南尚无佛寺。赤乌年间（238~251年），康居国（古国名，东汉时期，康居国是西域三十六国之一）高僧康僧会为吴大帝孙权祈获释迦文佛真身舍利，始创江南三大古寺，即海盐金粟寺、金陵（今南京）保宁寺、太平（今安徽）万寿寺，于是江南佛法始兴。至元《嘉禾志》载，北宋元祐八年（1093年）于芦沥浦（今平湖广陈以东）地下出土古尼寺碑。此摩尼教古碑当是唐宋时外国人在海盐沿海立寺的遗存。元末明初，是中、日、高丽三国文化交流的第二次高潮后期。时海盐天宁寺高僧梵琦楚石禅师尽得余杭径山寺"天下老和尚"元叟行端"妙喜大法"，与前来参叩求法的日本、高丽僧侣交往甚密。梵琦擅长诗偈，常以文字做佛事，其偈语被誉为"脱略近时窠臼，严持古宿风规，电坼霜开，金声玉振"。宋濂评曰："君子谓师：纵横自如，应物无迹；山川出云，雷蟠电掣；神功收敛，寂寞无声。由是内而燕、齐、秦、楚，外而日本、高丽，咸咨决心要，奔走座下，得师片言，装潢袭藏，不翅拱璧，师可谓无愧妙喜诸孙者矣。"[2]日本、高丽僧侣入元，《元史》多有记载，这与杨发

---

[1] 嘉兴市档案史志网《唐代中后期嘉兴渐形发达》。
[2] 鲍翔麟《梵琦楚石与日本、高丽僧人的交往》载《东方博物》，2005年第17辑。

督理上海、澉浦、宁波三处港口的贸易、杨梓从事对日本和高丽等国的海上贸易有很大的关系。这些例证充分说明了澉浦港在对外文化交流上的重要作用。

第四，造船业与海上航行。早在新石器时代晚期的良渚文化遗址中就出土有木桨等独木舟的附属器具。先秦时期我国沿海地区已经利用舟楫交通，故孔子有"道不行，乘桴浮于海"之语。吴越争霸时已经出现了水师，有专供水战用的戈船和楼船。造船业的发展促进了海上航行，春秋战国时代我国东部沿海齐、吴、越等国都有在海上航行的记载。两汉时代更是发展为国际交往的重要路线，南部海上航路在西汉时已远至孟加拉国湾西岸。据《汉书·地理志》记载，自日南障塞（今越南顺化）或徐闻、合浦出海，经马六甲海峡，沿途停泊各港口，最终到达黄支国。黄支国一说今苏门答腊西北部，一说今印度马德拉斯西南。东汉时中印海上交通畅通不衰，罗马帝国东部也有商人远洋来华通商。三国时魏、吴二国东临大海，都注意发展海上交通，曹魏时曾二次遣使渡海前往日本。孙吴政权也曾遣使航海往林邑（今越南南部）和扶南（今柬埔寨）以及南洋群岛中若干岛屿，这条航路在两晋南北朝时是中、印高僧往来的必由之路。

第五，军事重镇与畿辅之地。澉浦在唐开元五年（717年）由张廷珪奏经朝廷批准置镇[1]，当时镇是军事建置。北宋时期设有陆军建制，宋室南渡迁都临安后，澉浦成为畿辅之地，光宗皇帝基于金兵的威胁，采取了禁贾舶至澉浦的消极措施，但

---

[1] （南宋）常棠《澉水志》卷一，《地理门·镇名》。

宋都临安的繁华，无法阻止海舶源源不断地进驻杭州湾进行贸易。迫于这种形势，淳祐六年（1246年）南宋政府不得不在设港条件较好离临安又近的澉浦设市舶场，把澉浦作为杭州的外港以接纳前来临安贸易的海外商船，同时在澉浦镇东海岸置水军寨。"县海之设防，当始于此时（绍兴二年）。至开禧，乃成军于澉。尔后淳祐间，复调许浦卒，岁百人，更番守澉。许浦水军总寨在今常熟境，其称殿前澉浦水军。"[1]《宋史·兵志》载："（殿前澉浦水军）开禧元年，一千五百人。""殿前司"是宋朝中央统率军队的机构之一，和侍卫马军司、侍卫步军司分领禁军。1978年冬在长山河出海排涝工程澉浦段工地上，同时出土有九方宋朝铜军印，分别是北宋元祐五年（1090年）6月少府监铸的"雄节第一指挥第三都朱记"，南宋开禧元年（1205年）文思院铸的"殿前司平江府许浦驻扎水军第一将印"，嘉定十六年（1223年）文思院铸的"嘉兴府澉浦驻扎殿前司水军第一将印"，淳祐七年1247年）文思院铸的"金山防海水军第二将印"，开庆元年（1259年）文思院铸的"嘉兴府澉浦驻扎殿前司水军第四将印"，景定元年（1260年）文思院铸的"沿海制置司定海水军第一将之印"，景定元年（1260年）文思院铸的"嘉兴府金山防海水军统领印"，德祐元年（1275年）文思院铸的"嘉兴府驻扎殿前司金山水军第二将印"，德祐元年（1275年）文思院铸的"嘉兴府驻扎殿前司金山水军统制印"。"将"，宋朝军队中一级组织名，禁军每将

---

[1]（明）《海盐县图经卷七·戍海篇第三》。

大约3千人。由此可见,当时在澉浦所驻水军的规模。明洪武初,倭寇骚扰东南沿海。洪武十九年(1386年)10月澉浦设守御千户所,与乍浦所同属海宁卫。《筹海图编》卷五《浙江事宜》曰:"黄湾寨,东与澉浦接界,南对大洋,北通腹里碛石地方,昔年倭寇屯据为巢,实为险要。"[1]今尚有澉浦西门及部分残存城墙。

澉浦作为一个港口的兴起时期则是宋代,北宋朝廷曾于端拱二年(989年)在杭州设市舶司办理舶务,而杭州市舶司实际上需要依赖澉浦运转。《宝庆四明志》曰:"光宗皇帝嗣服之初,禁贾舶至澉浦,则杭务废。"[2]由此可见,澉浦港口的开闭直接关系到杭州市舶司的存废。澉浦在宋理宗淳祐六年(1246年)设市舶官,十年又设市舶场[3]。以上说明,澉浦在两宋时期一直是一个重要港口,扮演着杭州湾北岸的海运及海上贸易中心的角色。历史上,澉浦是海上交通与海外贸易的港口型市镇,因天然滨海的优越地理位置,处于海外交通线上,易于发展海外贸易,从而间接地推动了商品经济的发展。在唐开埠以前,澉地甚为贫瘠。"此方不事田产无仓廪储蓄"[4],皆因澉地状如天井,处于群山环抱之中,系一高地,可供灌溉的永安湖又不接下德,无开源之水,每逢大旱之年,颗粒无收,民不聊生。南宋时期,澉浦为一外贸通商口岸,澉浦港已

---

[1] (明)胡宗宪《筹海图编》卷五,《浙江事宜》。
[2] (南宋)罗濬《宝庆四明志》卷六,《叙赋下市舶》。
[3] (南宋)常棠《澉水志》卷四,《廨舍坊享坊场市舶场》。
[4] (南宋)常棠《澉水志》卷一,《地理门·风俗》。

初具规模,海内外的商品交换,使澉浦日渐繁荣。居民数量与结构是反映市镇社会状况的一个重要方面,南宋时期的江南市镇,就其总体人口规模而言,大致可分为四个等级:一是部分"巨镇""雄镇",居民有上千乃至数千户,达到了县级城市的水平,有的甚至与部分州级城市相当。澉浦镇"户口五千余,主户少而客户多,往来不定,口尤难记。"[1]位于澉浦凤凰山东麓有南宋摩崖石刻,文曰"南国子华营父坟于山南,淳熙六年春"。南国子泛指南方福建广东,这一石刻是当时澉浦海上交通发达、经济贸易繁荣、客商云集、商船"近通福广。远涉诸番"的一个佐证。社区布局及其管理是反映市镇社会形态的又一个重要内容。在南宋江南市镇中,镇级中心地一般都有着较为明确的地域范围和相对完整的社区布局。特别是那些工商业繁荣的巨镇和大型草市,已初步形成像州城市那样的市区与郊区。在市区内,人口密集,街市纵横,坊巷棋布;在郊区,则有附属市场和村落。南宋时的澉浦镇:东西6千米,南北2.5千米。镇中心横亘一条大街,分布着镇市、东市和西市三个市场和阜民坊、广福坊、张家弄、张搭弄、塘门弄、海盐弄、马官人弄、义井巷等居民区,由此构成镇的市区。在市区周围,分布着石帆、秦山、惠商等村落和金家桥、孙老桥、龙眼潭、白塔潭等通商港湾,以及东浦、鲍郎等盐场。镇西南有永安湖,景色宜人,号"小西湖",是市民休闲、游览之处。镇东沿海有水军寨,统兵卒百人,负责海防。镇上有学校,有监镇

---

[1] (南宋)常棠《澉水志》卷一,《地理门·户口》。

官廨、盐场官廨、巡检廨等官署和税场、酒库、市舶场、竹木抽解场、铁布军需场等场务。其中一些官廨规制恢宏，如绍定三年（1230年）重修的监镇官廨，有厅、有廊、有阁、有舍、有亭、有园，"堂宇峻耸，房室得宜"。全镇还有禅悦教院、悟空寺、广惠禅院、东岳行祠、张帝庙等10多处寺庙观祠。正如时人所说："澉浦为镇，人物繁阜，不啻汉一大县。"[1]

元朝灭南宋之前，与国外的贸易主要通过陆路，有波斯道和新开辟的钦察道。但由于陆路要道时常被北方、西北方诸王叛乱所阻断，而海道贸易便捷、运量大、地域广。所以，灭南宋之后，海道贸易逐渐在元朝对外贸易中占据主要地位。与宋朝有海外贸易关系的国家和地区仅五十六个，元朝增加到一百四十多个。《元史·食货》记曰："至元十四年立市舶司一于泉州，令孟古岱领之，立市舶司三于庆元、上海、澉浦，令福建安抚使杨发督之。"又曰："（大德）二年并澉浦、上海入庆元市舶提举司，直隶中书省。"[2]由此可知，澉浦港到了元代地位一度上升，设有独立的市舶司衙署，与庆元、上海同为江浙沿海的贸易口岸。《武原志》云："绍兴间人民稀少今烟火繁生齿日众。"澉浦镇也因港口的兴建，居民辐辏、街衢纵横、商贾云集，促进了经济文化的交流与发展，成为浙北名镇。意大利旅行家马可·波罗在其游记中说："海洋距此有二十五哩，在一名澉浦（Ganfu）城之附近。其地有船舶甚，运载种种商货往来印度及其他国，因是此城愈增价值。"从中我

---

[1] （南宋）常棠《澉水志》。
[2] （明）宋濂《元史》卷九十四，《食货二·市舶》。

们不难看出澉浦港在与印度贸易中的地位。每年的6～10月是澉浦港海外贸易最繁盛的季节，以至钱塘江澉浦段的海舶"望之不见其首尾""涨海声中万国商"，各国海商大都大船数百，小船无数；各国商人云集一起，"往来互市，各从所欲"，各种商品琳琅满目。

澉浦"凡大食、古逻、阇婆、占城、勃泥、麻逸、三佛齐诸番并通货易，以金银、缗钱、铅锡、杂色帛、瓷器市香药、犀象、珊瑚、琥珀、珠琲、镔铁、鼉皮、玳瑁、玛瑙、车渠、水精、番布、乌构、苏木等物"。[1]在海盐县博物馆的馆藏珍贵文物中，澉浦出土的文物占有较大的比重，有宋代铜军印，宋元时期龙泉窑的鬲炉、双鱼碗等，这些珍贵文物多数是在1978年长山河出海排涝工程开挖中于澉浦镇附近出土的，无不与澉浦港有直接的关系。现在在澉浦镇南门外小地名叫"码头廊"的地方还经常出土宋至明代的龙泉窑瓷片，其中偶尔也会有高丽瓷片发现，说明当时与朝鲜（高丽）也有贸易往来。

元代澉浦港发展的另一重要原因是杨氏家族。杨发祖居福建，在宋时就从事海上贸易，先受到南宋招安，后又投靠元朝。因其熟悉海事，元朝政府任命杨发督理上海、澉浦、宁波三处港口的贸易，官职为浙东浙西市舶总司事，也称市舶司令，使杨发成为元朝对外贸易的重要一员，三处市舶司都是杨发的眷属在经营。杨发领浙东西市舶总司事，举家迁居当时的通商口岸澉浦，自此与航海事业结缘，也使澉浦成了东南亚的

---

[1] （明）《海盐县图经》卷六，《食货篇·课程附市舶》。

重要商品集散地。杨发之子杨梓,早年主要从事对日本和高丽等国的海上贸易,澉浦、宁波、上海都是日本船舶报关、贸易和人员居住的集散地。当时海上贸易出口货物除瓷器、茶叶和工艺品等外,主要是丝绸制品。澉浦港有内河直通苏州、杭州、湖州、常州等地,通过海河联运把苏杭等地的丝绸制品远销海外。杨梓还在澉浦建立市场、街道、店房,供商人使用,促进了澉浦港口贸易的发展。又用日本铜铸造了2740千克重的大钟,挂在惮悦寺的大楼上,敲钟为开市信号。后因杨梓随元兵南征爪哇(今属印度尼西亚),前往诏谕,获得成功,以功受封为安抚总司,后又任杭州路总管,官至浙东宣慰副使佥都元帅府事后为浙西宣慰使。

澉浦的发展轨迹可以归纳为:唐起、宋兴、元盛、明禁、清复又衰湮。在这个发展链上,因一禁一复的波折,再加上邻近的乍浦港的竞争,使一个地处东海之滨、具有良好港湾港口消失殆尽,澉浦镇也随之由盛变衰。宋时"好侈靡、喜楼阁,惟招接海南诸货,贩运浙西诸邦"。[1]至明代"人情事变与前代大异""盖自禁海筑城官兵守御,利源既绝、往迹俱非、不见异物也无外慕,男惟力稽渔樵,女则辟纑井臼而已。"[2]

现今,澉浦海港码头早已被尘土所封存,昔日的盐场也因海水水质的变化而改为农田,但澉浦海港在海上丝路中的地位与作用应载入史册,激励我们去开创一个顺应时代的新纪元。

---

[1] (南宋)常棠《澉水志》卷一,《地理门·风俗》。
[2] (明)《续澉水志》卷一,《地理纪·风俗》。

清代中日民间文化交流中的平湖人

蒋苍苍[1]

清代,平湖县的乍浦港是中外贸易,特别是与日本长崎港间对口贸易的重要港口,以生丝、丝绸以及书籍、文房四宝等为主要出口物,并以采办日本洋铜铸钱为最著名,在中日贸易与文化交流中具有重要地位。本文介绍这个时期中日文化交流中的三位平湖民间人士。

一、沈筠——闻名日本的忧国忧民诗人

沈筠,生于清嘉庆七年(1802年),字实甫,又字昆游,号浪仙,自署蜻蛉洲外史、六一翁。出身于平湖市林埭镇的清溪沈氏,生于乍浦,父沈汝晋,母朱兰,都是诗人。沈筠自幼受家庭熏陶,嗜学如命,广泛涉猎。清光绪《平湖县志》说他:"自六经三传庄屈马班而下,莫不渔猎菁英以发抒其文

---

[1] 蒋苍苍,浙江省平湖市史志办原主任。

藻。"他一生勤于著述，著作等身。由于见证了鸦片战争中英军入侵乍浦后的暴行，经历了太平天国起义军攻占江浙后的颠沛流离，所以他的诗作大都感时伤世，忧国忧民。

据《乍浦镇志》（2011年7月，中国文史出版社）记载：道光二十六年（1846年）4月，沈筠刊印了一部地方诗作汇集，名《乍浦集咏》，共16卷，收录平湖和外地作者565人的诗歌数千首。诗集中有多篇诗记述和控诉了鸦片战争中乍浦之战的惨烈和英军攻入乍浦城内后的罪行。该书出版当年，就有24部被从乍浦出港航行长崎的午四号船带到日本。其中10部先后转入御文库、昌平坂学问所，或成为阿部伊势守、牧野备前守、本庄安艺守、本多越中守、酒井右京亮等江户幕府中直属将军的私人收藏。余下14部则销售民间，很快售罄后又争相抄阅。日本文化界人士伊藤圭介把《乍浦集咏》中涉及英军侵占乍浦的诗和另外的一些诗合编为《乍川纪事咏》，于1848年10月出版。文化界名人小野湖山也选录《乍浦集咏》为《乍浦集咏抄》，于1848年出版。这两种对《乍浦集咏》的选编本，各选入涉及英军暴行的诗80余首，伊藤圭介总称为"海寇记事诗"。那时，日本正面临着西方列强的威胁，国势也很危急。选编这两种诗集出版的主要目的，据选编者自言，是作为"警世之书"，用英帝国侵略中国罪行的记述，唤醒日本人奋起自强。此后的日本学术界也认为，《乍浦集咏》在当时的日本"起到显着的启蒙作用"。1991年，日本著名学者，曾任日本关西大学教授、皇学馆大学教授、校长的大庭修先生访问中国，并专程到平湖，高度评价了《乍浦集咏》的历史作用，并带来当年传入日本的《乍浦集咏》原书的复印件，赠给平湖市政府。

平湖文人马承昭是沈筠的好友，他在所著的《续当湖外志》第五卷中记载："在太平军将要攻占平湖前，就有日本友人来信请沈筠赴日，但他留滞奉贤（今为上海市奉贤区）乡间不能去。咸丰十一年（1861年），太平军至奉贤，他将尚未刊印的书稿挂在房梁间，自己藏在田间禾黍茂密处。等到太平军离去后，他回家看到屋舍皆成灰烬，书稿无只字留，由此得病而亡。"

在《乍浦集咏》中我们可以看到，当时平湖有较多人从事海外贸易，主要是对日贸易，他们在往返之间带去中国书，带回日本书。如清代平湖诗人林大椿的《为杨西亭写东海归帆图系之以诗》曰："海外长留五载余，帆回雪浪慰离居。相逢漫问归装物，可有新来日本书。"杨西亭，名嗣雄，号西亭，常驻长崎经商，本人亦擅长吟诗作画。乍浦商人杨懋功，知书达理，能诗擅文，《乍浦集咏》中收录了他的《癸卯仲冬将之琼花岛月夕乘潮东渡回望观山感而赋此》，其中有句："曾闻海外琼花岛，重洋远隔卅六更。赤铜药物互通市，百余年来货殖腾。楼船万斛驾沧海，聊复破浪乘风行。冯夸潜伏独龙卧，冰轮皎洁悬天庭。此时瞬息家山远，烟际隐约灯光明。涛声猛涌百愁动，帆影遥悬双涕零。上念高堂疏视问，下累深闺忘寝兴。少小未尝远离别，匆忽分袂若为情。寻思此行殊自惜，十年书剑劳长征。"这里的"琼花岛"，就是日本的长崎。

二、朱柳桥——江南民俗文化的传播者

在机动船出现之前，海上航行常有不测，许多在海上运货和捕鱼的船只经常遭难漂流海上。这些遭难的船夫或船客在日本江户时代的史料中被称作"漂流民"，在中国的档案文献中被称作"难番""难夷"，那时中日两国对这些人员都是友好相待的。在平湖的《续当湖外志》第三卷中就有此类善待遇海难漂到乍浦的日本人的记载。同样，日本对于中国的"漂流民"也是善待的，并保留了一些书面资料，其中《得泰船笔语》写到了平湖商人朱柳桥。

1825年11月24日，一艘从平湖乍浦港出发，赴日本长崎的中国商船"得泰号"，在海上遇到风暴，12月30日漂流到日本本州岛岛远州榛原郡下吉田村（现静冈县榛原郡吉田村）海岸。日本政府派人护送，经过修船和等待，"得泰号"的中国漂流民直到1827年4月25日才离开长崎回国。日方护送人员中有一位27岁的野田笛浦，负责路上的联络和文字工作，在近两个月的护送过程中，野田笛浦和"得泰号"上的中国人朝夕相处，结下友谊，经常笔谈交流。他的笔谈对象主要是"得泰号"的船长杨启堂（浙江杭州人，28岁），以及财副（即大副）朱柳桥（平湖人，49岁）与刘圣孚（浙江杭州人，32岁）。野田把他与杨、朱、刘等人的笔谈记录编为《得泰船笔语》。

根据《得泰船笔语》记载，朱柳桥，名栩平，字柳桥。自称为朱熹后人，其父朱潜发，号慕亭，曾任山西、福建邑令，升州牧。朱柳桥弃官行贾，往来于乍浦与长崎之间。他能诗擅

画，知道中国士人的情况，经常贩运文献典籍，沟通两国知识界的交流。笔者在马承昭所著的《当湖外志》第五卷中，也找到了关于柳桥父子的记载，有400多字。朱潜发，字在渠，性格豪放，乐于助人，在福建省平和县任知县时，曾大力资助一位满族低级军官。这位军官从征远赴大金川，他的家属留在平和县，两年内他们的生活费用由朱潜发全额资助。两年后，朱潜发因事罢官回家。那位满族军官因军功升任知府，他要厚谢，但朱潜发坚决拒绝，既不受财物，也不愿做官。但几年后，朱潜发已十分贫困，此时才接受那位满族朋友的邀请，去他那里生活了几年。后来，那位满族朋友通过捐纳的途径为潜发的儿子柳桥谋得"县丞"之职。

野田与朱柳桥的笔谈记录，内容很丰富。他俩交流了各自对清人诗集《国朝别裁诗》的评价。通过交流诗文汉学，野田把朱柳桥视为"海外知己"。双方还谈到中国书籍流传日本的盛况，野田说："贵邦载籍之多，使人有望洋之叹。"还讨论了中日贫富变化的原因等。得泰号船员漂流到日本后，在日本滞留了约16个月才由日方派人护送回国。这段时期，他们就生活在日本民众间，朱柳桥说，他会演戏唱曲，曾为日本民众演唱《九连环》《彩云开》《烧香曲》等曲目。

九连环是中国传统的有代表性的智力玩具，富有趣味性。它由九个金属环通过九根杆相连，有一个手柄穿过，解九连环就是要将手柄从环中取出，过程中既能练脑又能练手。笔者在读初中时，同学中还有玩九连环的。朱柳桥他们常年奔波在外，远离故土和亲人，生活非常寂寞。因此不免在船上，或在异国他乡，一面手中玩弄着九连环，一面哼上几口民谣小曲，略解思念妻儿的愁绪。同样，留守在家的妻子，思夫寂寞时也常常玩弄九连环。《乍浦竹枝词》第59首就生动地反映了这种情况："笑解连环慰妾心，恰教夜夜宿孤衾。南河塘水为郎意，何处从人问浅深。"《九连环》曲，则是流传于中国，特别是江南民间的一种小调，是一组男女思念、欢聚的情歌，如其中之一为："蝴蝶夜来是夜夜游，情人还送我九连环。九吓九连环，拿把刀儿割不断。几时夜夜游，夜夜游。"清代官方把《九连环》列入"淫词艳曲"类，禁止公开演唱。

《彩云开》的曲词为："彩云开，月明如水浸楼台。原来是风弄竹声，只道是金佩响。月移花影，疑是主人来。意孜孜双属眼，急急嚷嚷那情怀，倚定门儿待，只索欲因孩到，嗨青鸾黄犬信音乖。"《烧香曲》的曲词为："荒郊树下一座庙，苦命的女子把香烧。上了香，何言何语何嘱告。磕了头，泪珠儿滴在埃尘地，叫一声神道，你可知苦命的女子把香烧，你可知苦命的女子谁知道；纱窗儿外吓月影儿高吓，出路的人吓好不心焦吓。一思乡父母年高，二思乡妻儿年少，三思乡手足同胞。"

这些民谣、俗曲很接地气，又浅显易懂，朗朗上口，流传很广，所以很受市井民众的喜爱，传入日本也同样大受欢迎。

三、沈彩——诗书传日本的才女

沈彩，字虹屏，别号扫花女史、青要山人，生于乾隆十年

（1745年），卒于乾隆五十七年后。她13岁时，嫁给平湖藏书家、书画家陆烜为妾。彭贞隐是陆烜的妻子，字玉嵌，娘家是海盐著名的书香门第。彭贞隐是沈彩诗文、书法的启蒙老师。陆烜为沈彩所编书《春雨楼集》作序，说沈彩："清华端重，智慧聪俊。荆妻玉嵌即授以唐诗，教以女诫，稍知文义，流览书史，过目不忘。学右军书，终日凝坐，常至夜分，故书兴、诗兴皆能入格，小文亦有佳致。盖女人心思专一不分，加以勤敏，事半功倍矣……业已诗传日下，书达海陬。"这里的"诗传日下，书达海陬"，是说她的诗文与书法作品传到了京城和海岛。平湖地方文献《续当湖外志》第四卷有很长的一段文字介绍陆烜及其家庭，其中说道："虹屏书法胜于玉嵌。贾人携至日本，不啻当年白乐天诗也。"可见，沈彩的书法后来超过了她的老师，她的诗文书法作品被商人带到日本后，受欢迎的程度可与唐代著名诗人白居易相仿。

在《春雨楼集》有一段题为"跋书赠日本人湛如"的记载，说乍浦来了个叫湛如的日本人，颇能草书，还善于围棋，听闻沈彩之名，拿着许多"和纸"登门求书。沈彩就在他送来的"和纸"上为他书写了几幅书法作品，并赋诗云："簪花妙格几曾悭，万里鲸波到海山。不似唐宫御沟上，只将一叶落人间。"沈彩说那纸，有浪纹针眼，揭开隐隐有香，作玫瑰气。湛如说那纸是用海苔制造的，所以沈彩猜想这就是"古蜜香苔纸也"。沈彩很喜欢，在剩下的"和纸"上写了几阕词，并以花木瓜做供品，风和日美，意兴道上，飘飘欲仙。

晚明清初时期，西方的显微镜开始传入中国，并在极少数文人士大夫中传观，但都是好奇而已，没有人想到它的实用价值。但沈彩想到了，通过乍浦的海上贸易，一些西方物品进入平湖，沈彩得到了一架显微镜。她曾用显微镜仔细观察仇英的《汉宫秋晓图卷》，"其尘垢密点阶砌间，以显微镜照之，皆荔枝、龙眼、榛榧、菱芡等壳也。其精如此。"沈彩很可能是将显微镜用作鉴定书画作品的中国第一人。

乍浦的会馆

陈 宰[1]

乍浦，雄踞于杭州湾北岸，历来为东南海疆要地，是人口密集、物产丰富、财赋集中的杭嘉湖平原的出海口。它东濒大海，具有"肩挑沪杭，背负太湖"的地理优势，又有四季不冻，不受钱塘江潮汐影响的优良港湾，是我国东南沿海对外贸易的天然良港。

乍浦古称两浙重镇。秦汉时称乍川，唐贞元五年（789年）因位踞横浦入海之口，易名乍浦，已设有乍浦下场榷盐官，会昌四年（844年）置乍浦镇遏使。宋、元时蕃舶辏集，居民成市，设有乍浦市舶司。明洪武十九年（1386年）明太祖朱元璋命信国公汤和巡视海上，相度地势筑乍浦城，此为东南沿海七十二座卫城之一。清顺治初，为加强海上防御，设重兵驻守（乍浦满洲大营）。康熙二十三年（1684年）海禁重开，乍浦辟为我国东南沿海十五个通商口岸之一，设"洋务牙门"

---

[1] 陈宰，浙江省平湖市民间文艺家协会顾问。

（俗呼洋牙门，承揽进出口贸易的牙行，又称"洋行"的管理机构），其北侧尚有"洋货场"遗迹。至乾隆年间，在南门外萧山街设"乍浦海关"。随着乍浦港商业日益繁华，与乍浦通商贸易的近有广东、福建、台湾和温、台、宁、绍等地，远及日本、琉球、安南、暹罗、爪哇、吕宋、文郎马神等国家和地区。到清乾（隆）嘉（庆）时期，乍浦"万商云集、番舶辐辏""绾海而栖者数千家"，全镇人口达五万多人。

来自全国各地的商业、手工业者，为了适应商业竞争和对外贸易的需要，按照各自的行业和籍贯，成立行会、同乡会。这种民间结社的特殊形式，一般有两种：一是按行业成立带专业性的行会，二为按籍贯成立同乡会，两者常常相互混杂。旧时习俗，一种行业的从业人员，往往同出一地，所以，地方性的同业会馆或同乡会，往往是合二为一，不容易分清楚，一般统称"会馆"或"公所"。他们都建有固定的活动场所和严格的规章制度，以及祀奉各自行业的祖师或地方保护神祇，每年定期举行祭祀仪式。有了这种结社，可以相互关照，进行社会互济。这种结社一般由有一定社会地位的人出来牵头，凡本帮同业、同乡的老板、伙计、学徒和商贩均可申请入会。当年作为我国东南沿海重要口岸的乍浦（其时，上海口岸尚未兴起），商业繁荣，会馆、公所林立，各呈风貌。

布会馆，又名"三山会馆"（福州的别称），是建立最早的会馆之一。位于乍浦城内，明末举人李确"蜃园"故址（乍浦半爿街李箭弄），清康熙四十八年（1709年）由福州布商江聚公等创建，咸丰时遭兵燹，同治十一年（1872年）复建，历时八年，直到光绪五年（1879年）竣工。会馆占地面积甚广，画栋雕梁，朱栏曲槛，飞檐翘角，造型精致，屋顶置有一锡葫芦，重达300余公斤，是一座豪华的宫殿式建筑，祀奉"天妃圣母"（妈祖）为保护神，是福州籍经营嘉兴、松江一带土布出口贸易的同业、同乡会馆，每年三月二十三天妃圣诞，举行盛大的集会，祭祀仪式十分隆重，并延请徽班公演三天。

靛青会馆，又名"鄞江会馆"，位于乍浦南门外总管弄，创建于清雍正四年（1726年）。闽商购基建屋，初具规模，供祀护洋女神天妃圣母。乾隆十四年（1749年）汀州商人何元瑞等扩建，有戏台，为专营靛青染料的闽籍同乡会馆。咸丰十一年（1861年）毁，同治四年（1865年）重建，改名闽汀会馆。后由温州帮同乡继承。每年天妃圣诞，有京戏公演。

木会馆，在城外北河滩迎龙桥北塊，又名"神圣宫"，俗称"大王庙"。乾隆十九年（1754年）创建，正殿祀天妃圣母，为木商号帮公所；后殿祀汉博陆侯霍光，为木行业公所。光绪间增建戏台一座及前后厢房。每年三月二十三和四月十八，分别延请名戏班各公演三天。

糖会馆，有三处：一为"潮州会馆"，在城外出海闸口北"潮圣庙"，祀唐韩文公（愈）为保护神，为广东帮糖商所建，毁于咸丰十一年（1861年）；二为"泉漳会馆"，又名晋江会馆，在西门外吊桥北，为福建省泉州、漳州和永春州糖商于光绪十七年（1891年）建造，祀奉天妃为保护神，建有雕刻精致，造型精美的戏台，每年三月二十三公演京戏三天；三为"糖公所"，是闽籍靖城、金门和台湾糖商的公会集议之地，在南门外跑马弄底汤山下，祀宋龙图阁大学士包拯为保护神，俗称"包爷庙"，建有戏台，每年七月二十公演福建高甲戏或京戏。

炭屑会馆，又名"赤城会馆"，别名"咸宁公所"（取"保合太和，万国咸宁"之意），乾隆五十年炭商陈正祥等建造，在海塘街中踏坨（埠头）。为专营炭屑的台州帮会馆，祀三国汉寿亭侯关羽圣帝和天妃圣母。咸丰十一年（1861年）兵毁。

米业会馆，在北门内河下埭、会济桥南堍，是主要经营粮食的稞陈行同业会馆，奉祀西汉秺侯金日石单为保护神（俗称"总管庙"）。每年重阳日，临时搭台公演京戏。

桂圆会馆，又名"莆阳会馆"，在南门外萧山街，乾隆十三年（1748年）福建兴化商人陈文芹、林大岳等兴建，乾隆十八年（1753年）扩建，祀天妃圣母，为兴化帮经营桂圆、檀香商的同乡会馆。1941年4月，毁于抗日战争。

青果会馆，在海塘街天妃宫左，是闽籍专营橄榄、福橘等水果商同乡会馆，咸丰十一年（1861年）毁。同治十一年（1872年）重建，奉祀灵水夫人为保护神，每年正月十五元宵节，临时搭台公演开盘戏三天。

带鱼会馆，位于南门外下新街赵家弄，是宁波帮经营冰鲜带鱼的同乡会馆。

黄鱼会馆，在汤山西麓五都元帅庙，又名冰鲜栈业公所，咸丰十一年（1861年）兵毁，同治三年（1864年），冰鲜鱼商吴兆麟、蔡锦文、王启文、张锦柏、吴炳升等集资重建，前殿奉祀五都神（供有白、淡青、黑、金、枣红等五种脸肤色的五位帅。福建莆田有"五帝庙"，塑像造型相同）；后殿祀奉地藏王。为冰鲜带鱼业保护神，是宁波、舟山帮经营冰鲜业的会馆。

海蛰会馆，又名"明州公所"，在乍浦锁钥北（西巷中段），奉祀关圣帝为保护神，是经营海蛰、鳓鱼等腌鲜的宁波帮集议之所。每年夏至前后汛期，临时搭台公演京戏三天。

牛骨头会馆，在南门万安桥东周家堰，为骨栈业聚议之所。经营的牛羊猪杂骨来自苏（州）、常（州）、无锡等地。牛骨为制作木梳、篦箕、鞋拔子、牙刷、印章等骨制品原料。猪牛羊杂骨，闽广台购去做农家壅田肥料；温州、绍兴、台州购去煅烧后肥田用。兵燹前，亦是一宗重要副产品商业，每年销售额达五六万。

绍兴会馆，在南门外顺泰弄口，为绍兴籍旅乍同乡会馆。

笋纸公帮，又名"沙永公所"，在南门外萧山街跑马弄，为福建沙县、永安县籍专营笋干、土纸的同乡、同业公会。奉祀天妃为保护神，每年三月二十三，临时搭台公演京戏三天。

镇川公帮，又名"板业公所"，在南门外海塘街中踏坨（埠头），是镇海籍和乍浦本地帮经营板业的公所，每年五月十三，在公所前临时搭台公演京戏。

蛟门公所，在海塘街天妃宫北，是浙江象山帮经营山薯商的集会议事之所。

染坊公所，在城内城隍弄"药王庙"，奉祀葛洪为祖师，是染纺业的同业公所。咸丰十一年（1861年）兵毁，光绪十一年（1885年）重建。

药材公所，在城内城隍弄"药王庙"，光绪十一年（1885年）重建。奉祀神农氏为祖师，是药材业的同业公所。

衣工公所，在城内参将署东，奉祀轩辕氏为祖师，是成衣业的同业公会。

鞋靴公所，在南门外顺泰弄万安桥北塊，奉祀战国时军事家孙膑为祖师，每年十月十三，鞋匠子弟都要到公所来集会祭祀，是江苏泰州帮鞋靴匠的同业公所。

理发公所，在城内城隍弄"齐景公庙"，奉祀唐代罗祖为祖师，是理发业的集议之所。

泥石竹木公所，在城内城隍弄"公输子（鲁班）庙"，奉鲁班为祖师，是泥、木、石、竹匠的集议之所，也省称为泥木公所。

烟纸公所，在城隍弄凤凰桥"齐景公庙"，为烟纸业集议之所。

钱业公所，在城内城隍弄"温元帅庙"，奉祀温元帅和财神范蠡，是钱庄业的集议之所。

台州夫役公所，在南门外萧山街"海关"前的"水陆财神庙"内，奉祀陈国大仙为保护神，为台州帮夫役集会议事之所，每年正月二十三、二十四，有京奏或羊皮戏公演。

福建夫役公所，在南门外萧山街跑马弄"包公庙"（也称"包爷庙"），是福建帮夫役集议之所。

温州夫役公所，在南门外总管弄"靛青会馆"内，是温州帮夫役集议之所。

乍浦镇上当时有会馆、公所达28家，据有关专家考证，成立之早、之多可称得上居全国之冠。以上会馆、公所，除了商业上互相依靠和支持外，在生活上也相互照顾，还成立了"恤类社"，作为同业、同乡的福利互济组织，意为"体恤同类"。凡是本会馆、公所属下的伙计、学徒都可申请加入。经费来源，集资和自愿乐助。如有人生活遇到特殊困难或年老无依靠者，可以得到本社的济助。

当年，乍浦万商云集，"绾海而居者数千家"，人口达五万余人，其中不少是客籍人。他们长年在乍浦经商，或在店铺当店员、雇工，其中不免有人因经营失败或失业，流落异乡，生活无着落时，可以找到自己的同乡会馆或公所，便可受到热忱接待，吃饭、留宿并资助还乡盘缠。如病死后无人或无力收殓者，就由同乡会布施棺材，寄存义园。当年可停柩的义园有宁波籍的"四明义园"、温州籍的"东瓯义园"、台州籍的"赤城义园"和本地帮的"同昌义园"等，园址均在城南陆家桥附近。如无力扶柩还乡者，可安葬在本帮购置的坟地上，称"义冢"。每年到了"中元节"（农历七月十五），俗称"鬼节"，各会馆都要到寺庙里延请僧道，举办"水陆道场"，普济孤魂，俗称"盂兰盆会"，也叫"兰盆胜会"。

"盂兰盆会"，一般都在会馆举行。如木会馆：是日，会馆（大王庙）前的旗杆上，高悬"九联灯"，这是"超度孤魂"的标志，并延请本坊寺院的和尚做佛事，为期七天。七天道场做满，接着就"普济孤魂"，由各木行、木号推派代表参加，组成一支队伍，前面是穿着袈裟的八位和尚吹打、诵经开道，紧接着由六名伙计扛抬"元宝""纸锭"，这叫"押解饷银"，队伍中还有一批人，个个手执火炬和八盏明角灯，这支队伍总共五十余人，一路上吹吹打打，串街走巷，称"行街"，沿途焚化纸锭，算是散发给无家供食烟火的孤魂野鬼。

次日晚上，再由会馆雇用两艘"赵舨船"，载着和尚和伙计们沿着环城河游弋，和尚在船舱内"放焰口"；伙计把准备好的"水灯"（莲花形）沿河渐次放入水里，同时焚化元宝、纸锭，这是为失足落水或意外丧生的水上冤魂超度，不致成为孤魂饿鬼。

以上习俗，始于清朝雍正初年，盛于乾（隆）嘉（庆）年间，经过道光和咸丰两次战争的洗劫后，乍浦镇几成废墟，镇上不少会馆、公所大都毁于战火。后来，虽有几家实力雄厚的会馆进行修葺或重建，但其规模已远非昔比。再者，近在咫尺的上海商埠正在崛起，大批巨商富贾纷纷从乍浦迁往上海，乍浦港埠便从此一落千丈，众多的会馆、公所终因失去靠山、经济无着而逐渐萧条冷落。至1949年下半年，乍浦镇上的会馆、公所大多数已虚有其名，终因无人管理而被冷落了。

寻踪嘉兴古海港

陆 梦[1]

嘉兴自古海运繁华,青龙港、华亭港、澉浦港、乍浦港……一个个古港均是我国海上丝绸之路的始发港之一,但因地理变迁、河口淤塞等诸多原因,这些古港大多已湮没在历史的长河之中,唯一仅存且发挥着港口作用的乍浦港已于2003年4月更名为嘉兴港乍浦港区。

一、上海港肇始于嘉兴的青龙港和华亭港

古海盐曾四徙县治,六析其境,分出了后来的海宁、平湖和上海的部分地区,也就是说现今嘉兴境内的一大部分和现今上海市的一部分,追溯源头,都来自古海盐。唐天宝十年(751年),朝廷割海盐北境、嘉兴东境、昆山南境置华亭县。故,那时的青龙港和华亭港仍属于嘉兴境内,而如今的上海港则肇

---

[1] 陆梦,浙江省嘉兴市嘉兴船文化博物馆副馆长。

始于嘉兴的青龙港和华亭港。

青龙港和华亭港，当始于隋唐。尽管在此之前，上海地区的吴淞江畔、沪渎要塞，曾经是水军征战之地，渔民聚居之所，然而，这只能证明港口萌芽状态的存在。隋唐时期华亭、青龙相继设镇，标示着上海地区贸易港口正式形成。宋代，上海地区港口已跻身于我国重要外贸港口的行列，南宋绍兴年间，主管两浙路地区外贸的提举两浙市舶司移住华亭达30余年，初次显示了它的重要地位。元代年初，位于上海浦畔（今黄浦江）的上海镇港脱颖而出，成为我国较大外贸港口之一。及至清代，康熙年间开放海禁，并在上海设立江海关以后，上海港发展迅速。

（一）青龙港的形成与兴盛

青龙港原为古海盐北部的一个海港，唐朝天宝五年（746年）设立青龙镇（现青浦区北部的白鹤镇），古称沪渎镇，在唐朝天宝十年，华亭由镇升县，同时，该地区出现了第二个贸易港，唐时期，嘉兴青龙港名贯一方，被誉为"江南第一大港"。青龙江"在宋以前，浩瀚无比"，贡使商船无不溯沪渎而会集于青龙镇，北宋中期开始，青龙港不仅已成为苏州的海上门户，也是我国东南地区对外贸易口岸之一。

唐长庆元年（821年）青龙镇报德寺建塔以后，海上交通展开，国内航线相继开辟，北宋时文人应熙称青龙镇已是"控江而淮辐辏，连海而闽楚交通"。当时青龙港的国内埠际航路主要有内河和南洋两条。内河航线是通过吴淞江上溯至太湖或运河,与杭州、苏州、湖州、常州等地相连。其中苏州在国内贸易上有极重要的地位,青龙港事实上主要就是充当苏州地区的中转港。南洋航线即指经吴淞出海后向南方沿海的航线,当时已与福州、漳州、泉州、明州(宁波)、越州(绍兴)、台州(临海)、交州(今越南河内)、广州等港通航,南洋航线运来的货物大部分转运至苏州消散,所以史称:"闽粤之贾,乘风航海,不以为险,故珍货远物,毕集于吴之市。"

上海青浦青龙镇遗址是2016年全国十大考古发现之一,在该遗址中考古发掘出土了来自福建、浙江、江西等窑口可复原瓷器6000余件及数十万片碎瓷片,考古发现与文献记载相印证,证明了青龙镇是海上丝绸之路重要港口之一,为海上丝绸之路研究增添了新的证据。

北宋真宗祥符年间(1008~1016年),青龙镇也是"海舶辐辏,岛夷为市"。宋代人杨潜《绍熙云间志》也说青龙镇是"海商辐辏之所"。北宋熙宁年间(1068~1077年),在秀州(治在今嘉兴)辖区内有州城、华亭、海盐、崇德、青龙、魏塘、金山、广陈、澉浦等九个税场。熙宁十年(1077年)一年的商税总额为65426贯934文,其中州城税场为27542贯640文,华亭县城税场为10618贯671文,而青龙镇税场则达15879贯403文,仅次于州城,超过县城,居第二位。

(二)华亭港的形成与兴盛

隋唐初年,华亭建镇并形成上海地区第一个贸易港——华亭港,唐朝天宝十年(751年),华亭由镇升县(今属松江区），唐朝中期，曾是上海地区的航运中心，航运活动以内河为主，海上航运交通较冷落，原因是沪渎浩瀚，"西临大江，与海相接，茫然无辨……大舟迅风直过海口，百无一二而能入者，因此失势飘入深波石礁，没舟陷人，屡有之矣"。北宋置市舶司作专门机构，负责管理今苏南和浙江所有出海口的船只与贸易。

在唐宋时期，主要是为附近地区的物资提供流通服务。在通过港口的物资中，数量最多的是粮食。太湖流域大批漕粮北运，也有富商大贾贱买粮稻，转运京师，坐邀厚利，当时上海地区的漕粮在该港与青龙港集中后，从吴淞江到苏州再沿运河至扬州，然后继续北上。也间有海运，即从吴淞江出海北上。另一类转运物资是盐，据嘉庆朝《松江府志》引《通鉴地理通释》记："唐天下有盐之国一百五，江南十二。"唐宋时期，上海滨海一带相继开设盐场，到宋代，盐已成为上海地区重要出产之一。宋建炎年间（1127~1130年）两浙盐运司署设于华亭县南的新场（今南汇新场镇），县城内设有盐监、盐税和支盐官。县内有下砂、浦东、袁部、青村四大盐场，另有因太远委昆山县江湾买纳场代管的南跄盐场。这五大盐场在沿海各有分场，所产之盐通过水路运往县城，然后经华亭港运往内地。这两种物资的流向决定了内河航线相对繁忙，同时经港口的物资还有少量的丝、纸和其他手工艺品。

北宋庆历二年（1042年），章岘在《重开顾会浦记》里称，华亭港连接青龙港的顾会浦中，"舟艎去来，实为冲要"。到了南宋孙觌《鸿庆居士集》则说，华亭港是"富室大家，蛮商舶贾，交错于水陆之道"，可见航运之繁忙。

（三）青龙港与华亭港的衰败

随着海岸线的东移，上海地区的港口自南宋中期以后，逐步向海口方向位移，华亭、青龙两港逐渐衰落。主要原因是航道淤浅、日益远离海口和航运工具的变化所致。

1.航道淤塞

吴淞江和青龙江都是潮汐河流，泥沙沉积在所难免，作为干流的吴淞江河道多弯曲，宋人形容其"有五汇四十二弯"，弯曲一多，流速减缓，航道淤浅日益严重；北宋庆历二年（1042年），松江守臣以江上风涛，漕运多败官舟为由，筑松江长堤，阻滞了太湖清水径流下驶，水势大减；北宋庆历八年（1048年），吴淞江上游兴建了一座长桥挽路，更加减弱了江流的势头，这两项工程造成太湖湖水常溢而不泄，200余年间，吴淞江入海口的宽度竟减少了4/5，虽常有疏浚、凿河等整治工程，但始终未有根治。

2.海岸东移

港口丧失了优越的地理位置条件。原来青龙镇的位置正处于吴淞江的入海口，这个地理优势是青龙镇兴旺发达的重要条件。然而随着自唐以来历代修筑海塘，陆地不断向东延伸，华亭县城和青龙镇与海口已相距甚远。

3.航道日浅

南宋时进出青龙港的商船日渐增多，其中也有部分外贸船，由于这些海船的船型较大，吃水深，在航道日浅的情况下,不仅华亭港难以容纳吃水深的大海船,就连青龙港也逐渐不能适应大型海船进港和靠泊了。

4.战争破坏

元末农民大起义,张士诚率起义军渡江攻占有平江(今属苏州)后,驻守华亭的元朝元帅王以敬,通于张士诚,据城哗变,纵火焚掠,携带抢劫的财物经顾会浦北奔青龙镇,在青龙镇更是恣意破坏。元军追至,劫掠更甚。经过这次洗劫,华亭损失严重,而青龙镇更是"胜况十不存一,市舶之区潮淤水涸,闹市民舍鞠为茂草,民业渐衰"。从此,华亭、青龙一蹶不振。

二、孙中山规划的"东方大港"是乍浦港和澉浦港

"计划港当位于乍浦岬与澉浦岬之间,此两点相距约十五英里。应自此岬至彼岬建一海堤,而于乍浦一端离山数百尺之处,开一缺口,以为港之正门。"民国初年,孙中山先生于《建国方略》之《实业计划》篇中,提出建设东方大港的设想,计划在乍浦与澉浦间建设东方大港,并修筑霍山经芜湖至苏州抵嘉兴的铁路。民国十八年(1929年),当时的中央委员会派水利专家吴南凯率东方大港测量队到乍浦定点测量,留下了测量柱,至今还在原址。

乍浦与澉浦如唇齿相依,均唐设镇,宋开港,明筑城。唐宋时期我国古代经济重心南移,尤其是南宋迁都临安(今杭州西部),王朝持续151年,这一时期,澉浦与乍浦一带成了临安

的海舶门户。

(一)乍浦港的形成与兴盛

乍浦的海外交通历史悠久,早在南宋时期就是杭州对外贸易海口,设有市舶场管理来杭海外贸易,元中后期至清中叶,乍浦港成了中国东南的通商大港,对外贸易之繁荣更加盛极一时。被赞誉为"东南雄镇"。清代开海禁后,由于乍浦具有"肩挑"沪杭、"背负"太湖的地理优势,又有四季不冻,不受钱塘江潮影响的优良港湾等条件,所以它继杭州港衰落之后迅速兴起。《乍浦志》载:"今国家既弛海禁,珠香象犀瑇瑁之属,贾胡囊载而至南关外,灯火喧阗,几虞人满""台湾既入版图,大弛洋禁,自是五方辐辏,千骑云屯,积今七十余年,极炽而丰俨然东南一雄镇焉。"这是乍浦在康熙二十三年(1684年)收复台湾后对外实行开放政策后出现的空前盛况。据项士元《浙江历代之海外交通》载:"浙海关口址十五,乍浦其一也,自康熙弛海禁以后,生齿日多,闽粤瓯越诸商贾云集,海物填委,犀象香珠之属,自远而至,与明州沪渎并为东南重镇。"

清代的乍浦港,主要是中日两国贸易的对口港,当然还有琉球、暹罗、安南、吕宋、文郎、爪哇、马神、广口诸国也常来乍浦进行贸易活动,但因该港离日本最近,中、日之间又各自互有依赖性,故乍浦港的日、清贸易独占鳌头,"大舶驾风通日本",就是中日贸易基地乍浦的生动写照。作为主要对日贸易口岸,乍浦港主要向日本进口金、银、漆器、硫黄、海参、鲍鱼、鱼翅等物,以铜为大宗;出口货物有丝、绸、缎、茶叶、药材、糖、棉布、染料、书籍和文房四宝等物,如此贸易也带动了商品经济的日渐发达,特别是闻名海外的杭嘉湖丝织业,如嘉兴王江泾镇居民"……多织绸收丝缟之利……不务耕",夏辛铭《濮院志》载:"万家烟火,民多丝作绸绢为生""机杼之利,日生万金""人以机为田,以梭为耕"。

在双方贸易物品中,书籍和文房四宝也占了相当的比重。日本江户时代,长期在长崎与乍浦间从事贸易的日本商人"村上"家,写有记录其对外贸易情况的《村上文书》。据该书记载,乾隆五十八年十月二十日(1793年11月23日,日本宽政六年),有南京47王开泰属下的"寅贰号",从乍浦起航,于十一月初六日(12月9日)抵达长崎。在其所载67种图书中,有《红楼梦》九部18套。1993年10月,乍浦镇为了纪念《红楼梦》走向世界200周年,在当年乍浦港码头牛角尖建立了"海红亭"。

(二)澉浦港的形成与兴盛

始建于唐代,港口贸易始于西晋,宋时为"杭州外港",美称"小杭州",它是我国东南沿海最古老的港口之一。在封建商品经济空前繁荣、海洋科技文化巨大发展的宋元时期,澉浦港进入了它的鼎盛与辉煌时期。至元十四年(1277年),设市舶机构,成为"远涉诸蕃,近通福广,商贾往来"的"冲要之地"。澉浦位于钱塘江口的杭州湾北岸,是进入杭州的门户。意大利旅行家马可·波罗在他的游记中说:"离该城(指杭州)四十二公里远的地方,沿东北方向,就是大海,这里有一个优良的港湾。所有从印度来的货船,经常在这里停泊。"这个优良的港口指的就是澉浦港。杭州港的进出口贸易也可在这里办理。澉浦人杨发、杨梓一家几代作为官本船代理人,远航波斯湾,后来成了著名的航海富商。

澉浦港位于今海盐县澉浦镇南端,岸线漫长,水深滩阔,吞吐便利,交通捷达。近5000米长的海岸上遍布多处舟船寄碇地。《嘉兴市志》载:"内河船泊于白塔潭,海商船近靠泊橹山,货运船驻停鸦雀墓,番船皆聚龙眼潭,客旅舟常在金家桥,转运货船须往三里堰。从高处鸟瞰,桅林帆樯蔽日,轴拥舻堵相衔,千舸泊港,万商云集,彩旗飘舞,货积如山,好一幅'天下第一码头'的织锦画图。"据《澉水志》载述:"此方不事田产……惟招接海南诸货,贩运浙西诸邦,网罗海中诸物以养生。"可见其地一直是外货的转运地。澉浦港不但是国际贸易港、粮盐中转港,还是对外交往友好港。印度的佛僧、日本的遣使、南洋西洋诸国的臣官、商人和留学生纷至沓来。同时,澉浦又是一座海防要塞的军港,确保港口贸易和国家安全。1978年,澉浦长山河工地出土的九枚水军印,印证了当时的杭州湾沿岸的金山、全塘、乍浦、黄湾等港口都驻有水军,特别是澉浦港,地位显赫,重兵把守,是我国古代重要的海防前线。

(三)澉浦港与乍浦港的衰败

海岸与江口岸线的退缩、海侵加剧,澉浦港日益淤塞,加上"红巾军起义",澉浦港于元末渐次衰败。

随着杭州湾北岸线的退缩，流沙严重淤积，澉浦港口日趋阻塞，大吨位的海船难以驶入，码头贸易逐渐衰落。至清康熙年间，尚有少量船舶来往，后来，这个码头就废了。与之前相邻的乍浦港因港深条件优良，取而代之，成为元之后江南的重要贸易港口。元代至元《嘉禾志》述及海盐县时说："南抵澉浦三十六里，番舶萃焉，东北抵乍浦，商舶间至"，清顾祖禹《读史方舆纪要》述及乍浦时说："元至正间（1341～1368年）番舶皆萃于此。"

据明董毅《澉水志汇编·续澉水志》："澉镇当赵宋时为最盛，贸易海南诸货，贾胡番舶交归焉。……元末士官恣横，我圣祖奄有四海，恶其害民而殁灭之。因置城戍，绝贡道，禁私几双，海于是乎不通。"士官恣横指的是"红巾军起义"，明太祖朱元璋为了大明江山社稷的安全，防止张士诚的余部组成的海盗集团与地方船民勾结起事，便索性下了禁海令，禁止民间的海外贸易，澉浦海上贸易由此中断。

相对而言，乍浦港衰败的主要原因还是连绵的战争。道光二十年（1840年）以后，由于发生了鸦片战争，中国东南沿海遭到英国等殖民主义者侵略；不久在咸丰元年（1851年），又爆发了太平天国革命，中国国内政局不稳，战火连天，于是去日本的贸易商船就逐渐减少了，乍浦港由此衰落。

嘉兴人与航海

何建春[1]

嘉兴，东临大海，南连钱塘江，北负太湖，大运河贯穿境内，处于江、湖、河交汇之处，自古就以其江南富裕之腹地为倚，发展海运。尤其是海盐县澉浦港杨氏家族，历代从事海运业，虽无郑和下西洋浩浩荡荡，却以其敢为天下先的勇气，孤船帆影驰骋印度洋，在中国的航海史上写下了浓墨重彩的一笔。

一、下西洋，比郑和早111年

海盐县澉浦镇，据《水经》云："谷水于县出为澉浦，以通巨海。"据《元史》记载，元至元十四年（1277年），当元军取得浙、闽等地后，在澉浦和泉州、庆元（浙江宁波）和上海四地，设立市舶司，成为对外通商大港。"招集海商，蕃船皆聚"，顺而发展成为一个具有相当规模的港口。"远涉诸

---

[1] 何建春，浙江省嘉兴市港航管理局副局长。

番，近通福、广，商贾往来"的"冲要之地"。据《马可·波罗行记》记载："这里是一个优良的港湾，所以从印度来的货船，经常在这里停泊"，又载："其地有船舶甚众，运载种种商货往来印度及其他外国，因是此城愈增价值。"

当时，澉浦航海以杨发、杨梓、杨枢祖孙三代最具代表性。杨梓，早年主要从事对日本和高丽等国的海上贸易。后于元至元三十年（1293年），元兵南征爪哇（今属印度尼西亚），因杨梓熟悉海路和东南亚风情，任宣慰司官，随大臣伊克穆苏率将士500余人，战船10艘，负责军事导航，前往招谕，获得成功。胜利归来后，以功受封为安抚总司，后又任杭州路总管。

而杨梓之子杨枢，据元代史臣黄溍撰写的《海运千户杨君墓志铭》（录入《金华黄先生文集》卷三十五）载："大德五年，君年甫十九，致用院俾以官本船，浮海至西洋，遇亲王合赞所遣使臣那怀等如京师，遂载之以来。"说的就是大德五年（1301年），十九岁的杨枢被委任为官本船的代理人，远赴印度洋经营海外贸易，归来在波斯湾忽鲁模斯港停泊时，巧遇波斯合赞王派出使中国的那怀等人一行，那怀一行搭乘杨枢的"顺风船"于大德七年（1303年）平安地到达中国。那怀在大都觐见元成宗后，要返回波斯了，请求中书省左丞相哈喇哈孙答喇汗同意乘杨枢的海船返回波斯，元朝答应了这一请求，并为了表示对合赞大王及使臣的敬意，特封杨枢为忠显校慰、海运副千户，授予佩戴金符的荣誉，让他以官员的身份护送那怀一行回国。大德八年（1304年）初冬，季风盛吹，杨枢护送那怀一行出发，旅途历经艰险，风暴一再淹滞行程，直到大德十一年（1307年）才安全抵达忽鲁模斯港，完成使命，并于至大元年（1308年）回到中国，到大都述职。杨枢此次航海，栉风沐雨，漂泊印度洋五年，才得以返回，其勇气、毅力和艰辛，确为后人所称道和学习。

杨枢《墓志》云："以八年发京师，十一年乃至，其登陆处曰忽鲁模斯"，该忽鲁模斯港，即今霍尔木兹的异译，地处今伊朗东南米纳布附近，临霍尔木兹海峡。废址在霍尔木兹岛北岸，扼波斯湾出口处，为古代交通贸易要道，现为对岸阿巴斯港所取代，是郑和下西洋的主要目的地。郑和第三次下西洋时方才到达，杨枢下西洋，在时间上则早了111年。

二、开"国有"船，增加"国库"收入

古时海上贸易，属高投资、高风险和高利润，为此，元朝政府于至元二十二年（1285年），依据中书右丞卢世荣的提议，实行了"官本船"制度。据《元史·食货二》记载："具船给本，选人入番贸易诸货，其所获之息，以十分为率，官取其七，所易人得其三""凡舟楫糗粮，物器之须，一出于君。不以烦有司"，这样"上可裕国，下不损民"，即海上贸易的高投资和高风险，由国家承担。杨氏家族的海上贸易，就是这种官商的行为，开的船是"国有"的，贸易所用的本钱也由"国家"所出，而其贸易所得，百分之七十归"国库"所有，百分之三十则为己所得。

当时海上贸易出口货物除瓷器、茶叶和工艺品等外，主要是丝绸制品。澉浦港有内河直通苏州、杭州、湖州、常州等地，通过海河联运把苏杭等地的丝绸制品远销海外。同样，嘉兴本地的丝绸制品也已久负盛名，唐代诗人元稹曾在寄示白居易《送友人游岭南诗》介绍广州风情时说到，产自语儿的丝织品在广州大批量销售。语儿乡现位于桐乡市崇福镇和海宁市长安镇一带，这些"语儿巾子"是否在澉浦港起运至广州，虽无从考证，但也是完全有可能的。

杨梓对日本和高丽的海上贸易进口货物比较少，据董谷所著的《续澉水志》卷九介绍，商船在日本卸货后，海面上风急浪高，时有翻船的危险。便购买日本黄铜压舱，以稳定船身，平安驶过凶险的海面，并把这些从日本进口的压舱铜，浇铸了一口2500余公斤大铜钟（注：也有说法，此钟在日本铸造，运至海盐，该钟已毁于"文革"，无从查考），在禅悦寺造一座六丈高的钟楼，把铜钟悬挂起来，使钟"声闻数十里""镇一城风水"。至20世纪40年代，铜钟撞出的声音还作为日机入侵的警报。杨枢对波斯诸国海上贸易的进口货物主要有：白马、黑狗、琥珀、葡萄酒、蕃盐等。

元朝政府的"官本船"制度，给"国库"带来了巨额收入。有史料记载，至元二十六年（1289年）仅江淮省的市舶税收入就达"珍珠四百斤，黄金三千四百两"，汇总全国，应当是一个不小的数目，如在元代中期每年达数十万定钞之多，无怪当时人们说"此军国之所资"了。

三、开船人，是文化人

杨家是澉浦以海运起家的豪门富室，经常招待客商官员，设家宴举行各种演奏，因此拥有杨氏家乐队。据元代姚桐寿《乐郊私语》记载："杨氏家僮千指，无有不善南北歌调者""海盐少年，多善歌乐府，皆出于澉川杨氏"。

杨梓精通音律，长于写散曲。在好友、著名的戏曲音乐家贯云石的指点下，杨梓发挥自己的才艺，对流行的南北歌调进行加工，逐渐形成以腔调轻柔婉转为主要特色的新唱腔，并以之作为杨氏歌僮演唱的"家法"。由于这种新腔优美动听，有很强的艺术魅力，海盐州人纷纷学习，很快就在全州境内传播开来，号称"海盐腔"，成为一个新曲种，为昆山腔（昆曲）的前身。

杨梓所创作杂剧三部，至今还流传，其中《下高丽敬德不伏老》写唐代名将尉迟恭遭黜后重新任用，表现出老当益壮的精神；《承明殿霍光鬼谏》写西汉时大司马霍光忠于皇室，生前竭力辅佐，死后"为国家呵一灵儿不散"，还以鬼魂进谏；《忠义士豫让吞炭》写晋国智伯的家臣豫让为了报主人之仇，"漆身为癞，吞炭为哑"，变形装疯，最后自刎身死。

杨梓也是一个不折不扣的美食家，侠虎先生说他"善烹饪，有食谱流传"，侠虎至少记述了四味杨梓家宴的著名菜肴——鱼卤羊肉、烫黄鳝、五子登科和蛴虫越馄饨。如鱼卤羊肉就是按照"鲜"字字形，将鱼卤和羊肉放在一起烧，鲜美无比；再如五子登科，先用一麻雀纳入一鸽子，再将鸽子纳入鸡，再将鸡纳入鸭子，再将鸭子纳入鹅中，置一大锅内，加水以文火焖蒸，至全部熟透，厨师当着客人面剖开，五禽忽然在目，层层剥食，味道极好。

试述元代漕运背景下的嘉兴河海联运

张晓平[1]

漕运是为满足国家政治中心,即宫廷、官吏以及军队的物资,主要是粮食物资的需要而进行的水路运输,专指历代朝廷将向百姓征收的粮食等货物通过水路运送解到京师或其他地点的专项水上运输活动,是中国历史上跨越年代最久、规模最大的官运,也是中国历史上一项重要的经济制度,贯穿于整个封建社会。与前后各代漕运以河运为主所不同,元代的漕运是以海运为主、河运为辅的河海联运,不仅从此开启了嘉兴的河海联运,推动了嘉兴对外贸易和经济的发展,而且促进了商品经济的形成和发展,对嘉兴经济社会的发展产生了重要的影响。

嘉兴的河运和海运都历史悠久。早在春秋时期,河运就有百尺渎,用以运送军粮。"百尺渎,奏江,吴以达粮。"[2] 而海运最迟始于唐代。唐长庆年间(821~824年),诗人元稹

---

[1] 张晓平,浙江省广电集团嘉兴记者站原站长。
[2] 《越绝外传记·吴地传》。

作《送友人游岭南诗》寄示白居易，记述广州风情，其中提到"语儿巾"在广州销售。诗注说："南方海路稍通，其中商肆多榜云，此有语儿巾子。"语儿巾，即是产自语儿（今桐乡市崇福镇）的巾帕，是由海路运抵广州的。这表明唐代嘉兴的海运已通达四方[1]。但嘉兴的河海联运则始于元代。

一、元代河海联运的成因

至元八年（1271年），忽必烈改燕京为大都（今北京），建国号元。至元十六年（1279年），元灭宋，统一全国，建都大都。京城需要大量粮食，同时元初不断进行对外战争，也需要供应大量的军粮。这些粮食都需要大量取自长江中下游及江南地区。至元十三年（1276年），伯颜率领的各路元军攻下临安，立即组织了一批"鼓儿船"，装载包括嘉兴在内的浙西漕粮，通过江南运河汇集于镇江，然后北流长江，经瓜州、扬州，顺扬州运河至今清江入淮河，再逆黄河而上至中滦（今河南封丘），然后转陆运180里，搬载牵挽，至淇门（今河南浚县西南），再通御河（今卫河）运至大都，这一路既费时日，又有"挽输之劳"，劳民伤财。因此，元朝廷曾计划每年从这条路线运输200万石粮食，结果第一年实际只运了30万石。至元二十六年（1289年），京杭大运河全线开通，虽然漕船可以从杭州直达大都（今北京），但由于山东段水源不足，岸狭水

---

[1]《嘉兴市志·历史记事》。

浅，尤其是遇到天旱时河道里面的水更浅，只能通行150斛的船只。而皇室贵族、富商官绅动辄便制造载重量高达300~500斛的大船，充塞河面，阻碍运河畅通。此外，运河河道有时还会淤塞，如至元二十七年（1290年）黄河决口以后，汴河故道久湮。大运河的运输量远远不能满足大都的需要。因此，如何另辟蹊径，把江南的粮食迅速运至大都，成为元朝统治集团面临的一个重大问题。

从东汉起，尤其是隋唐以后，随着江南河的开通，江南农业得到全面开发，由西汉时的"地广人稀""火耕水耨""多贫无积聚"逐渐变成唐代的"屯田栉比，廨署棋布，珍畷无数，膏腴兼倍"[1]，尤其是嘉禾屯区的年粮食收入相当于浙西六州的总和，人称"嘉禾一穰，江淮为之康；嘉禾一歉，江淮为之俭"[2]。宋代，江南开始出现稻麦两熟制，粮食产量大幅度增加，已是富饶的米粮仓。因此，入元后，京城大都"百司庶府之繁，卫士编民之众，无不仰给于江南"，时人所谓"江浙税粮甲于天下，平江、嘉兴、湖州三郡当江浙什六七"[3]。而且随着国家军费开支的增加，大都人口的增长和官僚机构的膨胀，粮食需求不断增加，元廷迫切需要开辟一条高效率的漕运渠道。

至元十九年（1282年），丞相伯颜受到曾命朱清、张瑄将南宋库藏图籍自崇明由海道载入京师旧事的启发，建议通过海

---

[1] 左思《吴郡赋》。
[2] （唐）李翰《嘉兴屯田纪绩颂序》。
[3] 《元史》卷一三〇，《彻里传》。

道输送漕粮。当年，由江淮行省制造平底船只60艘，行省又委托上海总管罗璧和朱清、张瑄另造船只，再利用本处军人和官船召雇水手，通过海道运粮4.6万石[1]。尽管首航因路途不熟，沿山求屿，风信失时，历时两个多月才到达直沽，运粮数量也不多，但比起"然新河侯潮以入，船多损坏，民亦苦之"[2]的情况好多了，从此便开始了元代的漕粮海运。但海运的漕粮则仍然主要依靠河运来征集、汇聚和集中。因此，元代的漕粮海运实际上是河海联运，至少在漕粮主要来源地之一的嘉兴是这样。

二、港口和漕粮河海联运的兴衰

元代的漕粮河海联运，是以港口为枢纽连接河海，通过运河为主干的内河将漕粮征收、汇聚和集中起来，运送到沿海港口，然后装船出海北上。其发展过程大致可分为以下几个阶段：

（一）刘家港时期的试验和确立阶段

从至元十九年（1282年）到至大四年（1311年）。这期间，通过对比，元廷逐步认识到了漕粮河海联运的优越性。河海联运从试验到逐步确立，包括嘉兴在内的江南漕粮都通过河运在刘家港集中，转由海道出运，岁运之数不断增加。

---

[1] 《元史》卷九三，《食货志一·海运》。
[2] 陈邦瞻《元史纪事本末》，北京：中华书局，1979年。

元初，漕粮海运的出海港口之所以选择刘家港，首先由于其优越的自然条件。刘家港是娄江的出海口，位于长江入海口南岸，东临大海，南接松江，由于"三江"变迁，东江淤塞，吴淞江仅存一线，是当时江浙地区难得的出海良港之一，并且河网纵横，交通便捷，连接着整个江浙地区，有着富饶而广阔的腹地。但更重要的是元初负责漕粮海运的朱清、张瑄原是活跃于这一带的"海盗"，对附近的海道十分熟悉。在首次海运成功后，朱清、张瑄受到特别的信任，均被元廷加以骠骑卫士将军头衔，地位骤升并委以重任，分别以江东道和淮东道宣慰使之职兼领海道都漕运万户。"南人"受到如此器重，在元代并不多见，说明他们确实为元廷解决了国命所寄的漕运问题。由此，河海联运开始确立，数量不断增加。从至元二十五年到大德七年（1288~1303年）的15年间，除元贞、大德初因"京畿所储充足"而减额外，岁运之数，至元二十五年（1288年）、二十六年（1289年）分别为40万石和93万石，以后激增至140万~150万石，大德七年达到165万石。河海联运的漕粮满足了大都日益增多的粮食需要。

这些漕粮相当部分是包括嘉兴在内的江浙地区的税粮，通过内河航运，统一集中到刘家港，转为海运北上。元初，漕粮的征收地区，大致沿袭宋代，即还有湖广、江西等地的税粮充运，其中，江东宁国、池、饶、建康地区的漕粮称为"上江粮米"，常逆长江而上装运，其余的通过内河东运至真州（今仪征）与海船兑装，这不仅耗费人力、物力，而且逆长江上行困难很大。于是，至大四年（1311年）做出新的规定，用"嘉兴、松江秋粮并江淮、江浙财赋府岁办粮充运"[1]，而将江西、湖广等处粮米变钞或折价，与江浙一带兑换，就近装粮漕运。自此以后，嘉兴的河运与由刘家港启程的海运的关系更为密切，海漕粮食也大为增加。大德十一年（1307年），中书省因江浙大旱，漕运不能如数，才破例从湖广、江西各由海道向大都输50万石粮食。至元年间（1271～1294年），嘉兴路下辖一府三县，全部税粮为68.15万石，其中米68.13万石。[2]而当时的庆元路（今宁波）全部税粮仅13万石。后来清人在编撰雍正《浙江通志》时不禁慨叹："嘉兴，浙省大府，而松江在元初为华亭府，乃嘉兴属邑而升为府者，是海漕之利，惟浙中之粟独多。"[3]

（二）庆元烈港配套时期的兴盛阶段

从皇庆元年（1312年）至天历二年（1329年）。这一时期，漕粮河海联运加速发展，全面兴盛，岁运之数大幅度上升。

河海联运确立后，其优越性日益明显。据明代人邱浚估计，南粮北运，河海联运费用最少，"河漕视陆运之费省什三四，海运视陆运之费省什七八。"因此，河海联运的漕粮逐年增加，岁运之数大幅上升。至大四年（1311年）前，河海联运的漕粮岁运之数都在200万石以下，皇庆元年（1312年）一下子突破了200万石。延祐六年至天历二年（1319～1329年）间，

---

[1] 《元史》卷九三，《食货一·海运》。
[2] 至元《嘉禾志》卷第六，《赋税》。
[3] 雍正《浙江通志》卷八〇，《漕运上》。

除至治三年（1323年）外，都在300万石以上，天历二年（1329年）更是达到了350余万石，成为元代漕粮河海联运的最高额。

显然，如此巨额的漕粮使得江浙地区的负担日益沉重，甚至连寺观租入也"厚输于官"，拨充海运。加上两浙地区灾荒频仍，所以漕粮的征收不得不又扩展到浙江的温、台地区以及江西、湖广、福建等地。由于海运的漕粮都集结到刘家港启动出海北上，起初，浙江、福建等沿海地区的漕粮，包括温州、福建在内的20余处运粮船，一般都先取客舟载之通过海路运至刘家港，卸下，再由其他海船转运北上。这一方面船只往复，来回折腾，同时也加重了刘家港的负担。于是，延祐元年（1314年）起，温州、台州及福建等地的运粮客舟，改在庆元（今宁波）停泊，再由海船装粮，从烈港（今舟山沥港）入海北运[1]，所谓"庆元为郡，并江通海，无滩濑椒崖之险，万斛之舟直抵城下，视它郡则易为力"[2]。这样，既缩短了航程，也减少了运费。据《宁波市志》记载："元代海运漕粮，恢复庆元港原断航多年的北路航线。"庆元港有海漕码头两个：甬东司道头，地址在运粮千户所（现江左街口），北临余姚江边；至正二年（1342年），郡守王元恭在南城下沿江（奉化江）一带（下番滩南）建造马道，供海道运粮船泊驳。其时海运码头称'下番滩'，因'诸番互市于此'得名，北至新江桥堍、糖行街、双街、钱行街、半边街靠奉化江一侧，统称江厦，即原宋代江厦码头。下番滩'临江有石砌道头（码头）一

---

[1] 章巽《元"海运"航路考》。
[2] 至正《四明续志》卷三，《城邑·坊巷桥道》。

片',中为亭,即'来远亭',建于南宋干道间,宝庆二年(1226年)重建改名'来安亭'。元初,亭毁,后重修改复原名,为'以备监收舶商搬卸之所'"[1]。

于是,庆元烈港便成为刘家港海运的配套港。据《经世大典·海运篇》记载,延祐元年(1314年),刘家港和庆元烈港的船只分别为1253只和140只[2],庆元烈港的岁运数当为"十数万斛"[3],而朱清的《大元海运记》则说,"浙西平江路刘家港开洋一千六百五十三只,浙东庆元路烈港开洋一百四十七只,烈港开洋的漕粮海船大的可载八九千石,小则三四千石"[4]。可见在漕粮河海联运中,庆元烈港的地位仅次于刘家港。

这时期,江南以及其他地区的漕粮,尤其是嘉兴的漕粮,仍然通过内河航运集中到刘家港,然后再赴海北上。因此,这一时期不仅嘉兴的漕粮负担有增无减,而且内河漕粮运输也更加繁忙,在江浙地区乃至整个漕运的河海联运中仍占有着重要地位。

(三)澉浦港时期的衰落阶段

从至元元年(1335年)到至正二十九年(1369年)元亡,这一时期,漕粮的河海联运迅速衰落,直至彻底断绝。

---

[1] 《宁波市志·港口》。
[2] 《永乐大典》卷一五九五〇。
[3] 《畏斋集卷五·庆元路总管沙木思迪音公去思碑》。
[4] 胡敬辑《大元海运记》。

元代后期，漕粮河海联运如同元代社会那样，显露衰亡之态，"水旱相仍，公私俱困，疲三省之民力，以充岁运之恒数，而押运监临之官与夫司出纳之吏，恣为贪黩，脚价不以时给，收支不得其平，船户贫乏，耗损益甚。兼以风涛不测，盗贼出没，剽劫复亡之患，自仍改至元之后，有不可胜言者矣"。[1]为此，"至正元年，益以河南之粟。通计江南三省所运，止得二百八十万石。二年，又令江浙行省，及中正院财赋总管府，拨赐诸人寺观之粮，尽数起运，仅得二百六十万石而已"。[2]

到了至正年间，社会矛盾终于导致元末农民大起义。至正八年（1348年），黄岩盐商方国珍、方国璋兄弟，聚众数千人入海，夺取官府漕粮、船只，攻打浙东沿海，长期占有温州、台州、庆元三路，并两次寇掠刘家港。至正十三年（1353年），盐贩出身的泰州张士诚也率领盐丁起兵反元，连克兴化、高邮、常熟、平江等，割据浙西。至正十六年（1356年），方国珍与张士诚在刘家港展开激烈的争夺战争，刘家港遭受毁灭性破坏。"太仓千门万户，俱成瓦砾丘墟"。[3]于是，刘家港的漕粮河海联运中断。"及汝、颍倡乱，湖广、江右相继陷没，而方国珍、张士诚窃据浙东、西之地，虽縻以好爵，资为藩屏，而贡赋不供，剥民以自奉，于是海运之舟不至

---

[1] 《元史》卷九十七，《食货志五》。
[2] 《元史》卷九十七，《食货志五》。
[3] 崇祯《太仓州志·旧序》。

京师者积年矣。"[1]

为挽救危机，元廷试图用就近屯田的办法另辟粮源，但很快失败，只得继续求助于江南的河海联运。在元廷的妥协之下，方国珍和张士诚依托嘉兴澉浦港，勉强恢复和维持了一段时期的河海联运。

澉浦港能成为新的河海联运出海港，也凭借的是优越的地理条件。澉浦港位于杭州湾口，东临大海，南连钱塘江，北负太湖，处于江、湖、河交汇之处，《水经》云："谷水于县出为澉浦，以通巨海"，不仅是"冲要之地"，交通便利，而且也是江南富裕之腹地，是名副其实的天然良港，唐宋时期便已是浙西地区海外贸易的重要口岸。同时，这也是方国珍和张士诚主持漕粮征收和河海联运及相互矛盾的结果。方国珍对于元朝叛附不定，借以希求高官厚禄，至正十七年（1357年）后，曾先后任元海道运粮万户、江浙行省左丞相。张士诚在至正十七年降元后也受封为太尉。"时达识帖睦迩为江浙行中书省丞相，张士诚为太尉，方国珍为平章政事，诏命士诚输粟，国珍具舟，达识帖睦迩总督之。既达朝廷之命，而方、张互相猜疑，士诚虑方氏载其粟而不以输于京也，国珍恐张氏掣其舟而因乘虚以袭己也"。[2]为调和两人之间的矛盾，至正十九年（1359年），元廷遣使往来开谕，"伯颜帖木儿白于丞相，正辞以责之，巽言以谕之，乃释二家之疑，克济其事"。方国珍"先率海舟俟于嘉兴之澉浦，而平江之粟展转以达杭之石墩，

---

[1] 《元史》卷九十七，《志第四十五下·食货五》。
[2] 《元史》卷九十七，《志第四十五下·食货五》。

又一舍而后抵澉浦，乃载于舟。海滩浅涩，躬履艰苦，粟之载于舟者，为石十有一万。二十年五月赴京"。[1]此后，至正二十年（1360年）、二十一年（1361年）、二十二年（1362年），漕粮又三次由澉浦港出海，运送大都。其中至正十九年、至正二十年，起运粮为11万石，至正二十一年和二十二年为13万石。[2]这些漕粮不仅全部出自包括嘉兴在内的江浙地区，而且都通过嘉兴的内河航运至澉浦港装船出海。

至正二十三年（1363年）九月，张士诚自立为吴王，停供漕粮。从此，江浙漕粮的河海联运彻底断绝，元朝也已是"国将不国"了。

三、漕粮河海联运的航线与航道

不言而喻，元代漕粮河海联运的航线分为海路和内河两大部分，其功能有着明显的不同。其中海运是通过海上将漕粮由江南直接运送到直沽，抵达大都，前后曾开辟过三条航线：

第一条航线是至元十九年（1282年）朱清、张瑄所辟。"初，海运之道，自平江刘家港入海，经扬州路通州海门县黄连沙头、万里长滩开洋，沿山屿而行，抵淮安路盐城县，历西海州、海宁府东海县、密州、胶州界，放灵山洋投东北，路多浅沙，行月余始抵成山。计其水程，自上海至杨村马头，

---

[1]《元史》卷九十七，《志第四十五下·食货五》。
[2]《永乐大典》卷一五九四九。

凡一万三千三百五十里。"[1]这条路线是沿着海岸线走，浅滩多，行船危险，而时间又在冬季，正是北风盛行的季节，粮船在行程中，既逆风，又逆水，行程较为缓慢，但它的意义在于通过这次海运，引起了元政府对海运的重视。

第二条航线是至元二十九年（1292年）朱清、张瑄等言"其路险恶"而"复开生道"。"自刘家港开洋，至撑脚沙转沙觜，至三沙、洋子江，过匾担沙、大洪，又过万里长滩，放大洋至青水洋，又经黑水洋至成山，过刘岛，至芝罘、沙门二岛，放莱州大洋，抵界河口，其道差为径直。"[2]这条航线多采用直线，航程缩短，且绕过了沿岸的沙滩航行大洋，便于赶风选向，约半月可达，因而时间短。

第三条航线是至元三十年（1293年）海运千户殷明略所辟。"从刘家港入海，至崇明州三沙放洋，向东行，入黑水大洋，取成山转西至刘家岛，又至登州沙门岛，于莱州大洋入界河。当舟行风信有时，自浙西至京师，不过旬日而已，视前二道为最便云。"[3]这条航线更为便捷，主要是沿海岸线较远，取道较直，航期又大大缩短了。以后的海运，包括从烈港和澉浦港启程的海运都取此道。

而内河航运则是将各地征收的税粮运送到沿海港口集结，然后兑入海船。在刘家港时期，围绕着刘家港形成了浙西线、浙东线、满浦线和上江线等四条主要的河运航线，其中浙西线

---

[1]《元史》卷九十六，《志第四十二·食货一》。
[2]《元史》卷九十六，《志第四十二·食货一》。
[3]《元史》卷九十六，《志第四十二·食货一》。

以运河嘉兴段为主干的运河河网是最重要的河运航线之一。从至元二十年（1283年）漕粮河海联运基本确立起，到至大四年（1311年）的28年间，不仅嘉兴地区的漕粮都通过江南运河运往刘家港集结，而且杭州、绍兴、台州、庆元等地乃至江西、湖广的漕粮，除部分通过海路外，大部分也都经江南运河运往刘家港。至大四年（1311年）后，实物粮改从两浙地区征收，随着粮赋的增加，运输漕粮的河运航线也日益深入嘉兴各县。元代，嘉兴各地都设有汇聚、集结漕粮的仓库，其中嘉兴路录事司有嘉兴仓、外三仓、平准库、军资库；松江府有在城际留仓、上海太平仓、永丰库；海盐县有际留仓；崇德有县仓[1]。据《经世大典·海运篇》记载，元代的海漕分春夏两次发运，每次漕粮海运启程前，内河船只便分赴这些仓库装粮，运往刘家港或澉浦港，将粮食驳入海船。因此，串联这些主要仓库，嘉兴的内河航运形成三条主要航线，即主要运输嘉兴、崇德以及杭州、绍兴乃至江西、湖广等过境漕粮的江南运河线；主要运输海盐等地漕粮和后来将漕粮运输到澉浦港的海盐线和主要运输松江等地漕粮的松江线，并以此呈放射状贯通覆盖嘉兴全区。尤其是元末，从澉浦港出海北上的漕粮全部来自江浙地区，运输漕粮的河运航线更是遍及嘉兴。

由于漕粮集结、运送的需要，元廷极其重视内河航道的疏浚和整治，曾专门设立浙西都水庸田司和行都水监等机构，二三十年间屡兴大役，动用数十万民工，着重疏浚、治理吴淞

---

[1] 至元《嘉禾志》卷第七，《仓库》。

江和淀泖湖群及其通向吴淞江的诸大浦，以疏导嘉兴通往苏州、松江的航道。至元二十九年（1292年），元廷组织力量大规模地疏浚浙西河道。接着，至元三十年（1293年）、元贞元年（1295年）、大德三年（1299年）和泰定元年（1324年）等又都较大规模地疏浚和整治江南运河等航道。泰定二年（1325年）还一度撤销松江府建制，将华亭、上海两县归属嘉兴路管辖，统一治水管理。延祐三年（1316年），时任江浙行省丞相脱脱动用民工5000余人，投工15.75万工，疏浚、整治龙山河，引钱塘江水入运河，畅通航道。至正六年（1346年），脱脱之子达识帖睦儿为江浙行省平章，复加疏浚。至正十九年（1359年），占据杭州的张士诚发动军民20万人，开浚经塘栖、五林港至杭州江涨桥的河道。"元至正末，张士诚军船往来苏杭，以旧河为狭，复于武林港口，开浚至北新桥，又南至江涨桥，广二十余丈，遂成大河，因名新运河。"[1]新开运河亦名北关河，长四十五里，宽二十丈，一改原上塘河段河道狭窄，妨碍航运的旧貌，成为江南运河的主干航道，使嘉兴运河航道由此改道，更加通畅。

为保护航道，元廷还下令各地路、州、县军政官员，要在各自所辖城郭周围、河道两岸、急递铺和水驿侧畔，栽植榆、柳、槐树木，并派人养护，使之长成大树，严禁蒙古、汉军、探马赤、权势诸色人等，或恣纵头匹啃咬，或随意砍伐，违者依例治罪。所以当时的江南运河航道两岸，"皆植杨柳及他

---

[1] 明嘉靖《仁和县志》卷六。

树,夏季行人,可以避日乘凉也"[1],有效地护卫了航道和运输。

四、河海联运的漕船

元代,漕粮河海联运的规模空前,其船只的来源、款式和数量都比较复杂,无专门文献可资参考,只能根据零星材料简述。

元初,河海联运的海船大致来源,一是缴获南宋战船;二是收集沿海民船;三是为内河漕运制造的官船;四是征用日本、交趾的战船。此外,还有朱清、张瑄实行包运后发动起来的民船以及他们的自造船。至元二十一年(1284年)后,元廷发动"近海有力之家"造舟起运[2],官方也"每三岁更造漕舟"[3]。当时,在澉浦的长墙山下就设有造船场。至正十二年(1352)三月,方国珍袭击刘家港,曾"烧海运官船无算"[4]。尽管官造船数量占有相当比例,但民船仍是主力。至大三年(1310年)十月,"江浙省臣言:曩者朱清、张瑄海漕米岁四五十万至百十万。时船多粮少,顾直均平。比岁赋敛横出,漕户困乏,逃亡者有之。今岁运三百万,漕舟不足,遣人于浙东、福建等处和顾,百姓骚动。本省左丞沙不丁,言其弟合八失及马合谋但的、澉浦杨家等皆有舟,且深知漕事,乞求

---

[1] 张星烺《中西交通史料汇编》第三册。
[2] 《永乐大典》卷一五九五〇。
[3] 柳贯《柳先生文集》之附录《柳先生行状》。
[4] 《太仓州志》卷九。

以为海道运粮都漕万户府官,各以己力输送官粮"[1]。大量私家船只,常用来补漕舟不足。到元末时海船多强行征收,成分更复杂。

总体而言,海船主要由官船和民船两大部分组成。由于岁运之数不同,每年投入运输的海船也无定数。"艘数泊所,俱无定籍。今已至顺元年(1330年)为率,用船总计一千八百只:昆山州太仓刘家港一带,六百一十三只;崇明州东西三沙,一百八十六只;海盐澉浦,一十二只;杭州江岸一带,五十一只;嘉定州沙头浦官桥等处,一百七十三只;上海浦等处,一十九只;常熟白茅港一带,一百七十三只;江阴通州蔡港等处,七只;平阳瑞安州飞云渡等港,七十四只;永嘉县外沙港,一十四只;乐清白溪沙屿等处,二百四十二只;黄岩州石塘等处,一十一只;烈港一带,三十四只;绍兴三江陡门,三十九只;慈溪定海象山邓县桃花等渡、大山高堰头慈山奥等处,一百四只;临海宁海严山奥铁场等港,二十三只;奉化揭崎昌国秀山等山奥一带,二十三只。"[2]而有记载海船投入运输的最高数是至正三年(1343年)的3000余艘。

元代,无论是官造,还是民造,用于出海的大多是被称作沙船的海船。沙船是最著名的方头、平底船的代表。其历史可追溯到遥远的年代,相传是越王勾践由会稽迁都琅琊时遗留下来的船型。据康熙《崇明县志》载:"崇明县乃唐武德年间(618~626年)涌沙而成。"又载:"沙船以出崇明沙而得

---

[1] 《续资治通鉴》卷一百九十七。
[2] 《大元海运记》卷之下。

名。太仓、松江、通州、海门皆有。"沙船的特点是宜于行沙防沙,可安然"坐"在滩上。"江南沙船之往山东者,恃沙行,以寄泊,船因底平,少搁无碍"[1],所以又称"防沙平底船"。沙船船身扁浅、宽大、底平,首尾俱方,重心低,上层建筑少,受风面积小,航行平稳,不畏浅滩。船用多桅多帆,风帆高大,利于提高航速,可补因航行阻力较大之不足,既适应运河的内河航运,又能出没于吴淞江、长江等沿海等沙洪之间,具有防沙的特性,所以朱清、张瑄首航时就建造了60艘沙船,大船运粮千石,小船运粮二百石。

  元代,漕粮河海联运的内河船只,其来源、款式和数量就更加复杂,既有官船,由军人充任水手,或招募水手,运送漕粮;也有官本船,元朝实行"官本船"法,即政府出钱,私人部门出人力,开展海洋贸易和漕粮运输,三七分成,七成归政府,三成归经营者;还有就是为赚取"脚价"的民船。元代,江浙各地还分布着规模不等的大小水站,仅嘉兴就置有水站五处,共配备船只80只,船户760户。[2]就船只的款式而言,既有可以驶入江南运河主航道的沙船,也有大滩船、艟船、飞篷船、鼓儿船、舫船、浪舡船、吴船、越船、满江红船等内河船只,大大小小,各种各样,达数十种之多。每年春夏两次海漕发运前的2月和7月,嘉兴的河运都十分繁忙,船只穿梭往来,数量众多,舳舻相望,颇为壮观,具有船只小、运途短、周转快,总承运量大,直接与海运相接的特点,其总量难以计数。

---

[1] (清)顾炎武《日知录集释》。
[2] 至元《嘉禾志》卷第七。

五、河海联运的管理

为了加强对漕粮河海联运的领导，元廷建立了一套比较完整的管理制度和管理系统，管理之完备是空前的。

至元十九年（1282年），漕粮首次海运成功，元廷开始"立万户府二"朱清、张瑄分别任中万户和千户。到了至元二十四年（1287年），"始立行泉府司，专掌海运，增置万户府二，总为四府：都漕运海船上万户府、平江等处运粮万户府、孛兰奚等海道运粮万户府与彻彻都等海道运粮万户府。"[1]

至元二十八年（1291年），由于行泉府司掌管者劣迹败露，四万户府削减为以朱清、张瑄为首的两所"海道都漕运万户府"。两府设官分职，"正官"包括达鲁花赤和正、副万户，"首领官"包括经历、照磨、译只、奏差，是具体管理人员。另有镇抚，负责处理日常事务。当时规定每年年运粮以10分为率，张瑄六分，朱清四分。张瑄所属有32名千户，按地区划为八翼，后并为四翼；朱清所属有27名千户以人划为七翼，后并为两翼。这些"翼"的驻地分布于江浙沿海地区。

至元三十年（1293年）朱虞龙任海道都漕运万户，提调香糯事，即专门征收江南的特种香糯稻米直接运到大都，供皇宫酿酒用，设一个千户、三个百户，万户府至此增为三所。大德七年（1303年），在一场政治风波中，朱清、张瑄被杀，三万户府又并而为一，开府于平江，设达鲁花赤一员，万户两员，

---

[1]《永乐大典》卷一五九四九。

副万户三员。千户按地区划分驻地，共11处，其中浙江有嘉兴、杭州、温台三处。

朱清、张瑄被杀后，河海联运一度混乱。至大四年（1311年），元廷接受江浙省臣建议，任命马合谋但的管理市舶和海运的同时，也任命海盐的杨梓参与漕粮河海联运的管理。原有的11处千户所并为七处，其中浙江仍为三处，即杭嘉所、庆绍所、温台所。泰定四年（1327年），杨梓病故，其子杨枢又出任昭信校尉（正六品）、海运副千户，继续从事漕运。

元代河海联运的最高管理机构是"海运科"，其隶属于中书省"左司"下辖的"科粮房"，为具体办事机构。地方上，江浙行省对海运万户府直接领导，并派省官员监收漕粮，提调运输。每次海运开航前，万户府须由正官赴港口点阅粮站，监督起航，各所千户则须分赴各仓监装漕粮并督运，同时轮番下海督运。

六、开启河海联运的意义

元代漕粮的河海联运开启了嘉兴的河海联运，不仅明初和晚清都仍然采用河海联运的方式从江南向京城运送漕粮，而且丝绸、陶瓷、竹木柴草、四时瓜鲜以及新鲜水产等诸多物资的运输也都纷纷采用河海联运的运输方式，不仅有力地推动了内河航运的迅猛发展，更使嘉兴的海运事业进入了新的历史阶段。在漕粮海运的带动下，元代起，澉浦、乍浦等港口都已经与日本、高丽、东南亚乃至欧洲直接通航。大德五年（1301

年）和大德八年（1304年），杨枢两度以接送伊利汗国使节为名从澉浦港出发远航，第一次到达加里曼丹岛和爪哇岛以西，第二次则到了波斯湾内。

河海联运，不仅每年都有上百成千只海船往返于南北海道，在运送漕粮的同时，也载回大量各种物资和手工业产品，以及东南沿海外贸港口的进口商品，大大促进了南北物资的交流和嘉兴的对外贸易。澉浦在北宋末年还只是个盐场的所在地。到了元代，"居民渐集，海商往来，遂成聚落"[1]。《马可·波罗游记》说："离该城（指杭州）四十二公里的地方，沿东北方向，就是大海，这里有一个优良的港湾，印度来的货船，经常都在这里停泊。"据《海盐县图经》记载，元代与澉浦有贸易关系的国家和地区有"大食、古逻阇婆、占城、勃泥、麻逸、三佛齐诸蕃"，输入品有"香药、犀象、珊瑚、琥珀、珠琲、镔铁、鼍皮、玳瑁、玛瑙、车渠、水精、蕃布、乌㭿、苏木等物"。同时，迅猛发展的内河航运，带动了商业、手工业的发展，沿河形成了不少经济繁荣的市镇。元大德年间，濮院"立四大牙行，收积机产"，逐渐成为丝绸贸易的集散地，远贾汇聚商贸，有"永乐市"之称。王店因工部尚书王逵"构屋于梅溪，聚货贸易""日就殷庶，遂成巨镇"[2]。

漕粮河海联运，江西、湖广等处粮米变钞或折价与江浙一带兑换和大量雇用民船以及官本船等，无疑为嘉兴的农业和交通运输业注入了商品经济的元素，促进了嘉兴商品经济的形成和

---

[1]《读史方舆纪要》卷九十一。
[2] 姚桐寿《乐郊私语》。

发展，也为明代嘉兴商品经济的全面发展和繁荣奠定了基础。

总之，元代漕运开启的河海联运对嘉兴的经济社会发展产生了积极而重要的影响，另一方面也导致嘉兴的漕粮负担日益沉重。明文德翼在《严漕兑议》中说："江南之赋浙为重，而全浙独浙西有漕，漕独嘉兴为首，全浙夏秋两税共米二百五十一万二百九十九石……（嘉兴）一郡当全浙之半也。"因此，嘉兴民众困苦不堪。

前仆后继　保家卫国
——嘉兴历史上的反侵略斗争

方复祥[1]　殷水根[2]

嘉兴地处中国东南沿海，唐宋以降，其所处的太湖流域，是历代王朝的经济重心和财赋渊薮，又具有极其重要的军事战略地位。长期以来，嘉兴人民开榛辟莽，整治河海，辛勤耕作，筑庐起舍，繁衍生息，诗礼传家，爱乡卫国情愫融入血液。国难当头、家园受到侵略之际，嘉兴人民前仆后继，毁家纾难，和政府官兵同仇敌忾，誓死捍卫国土和家园，谱写了一曲曲英勇无畏、宁死不屈、可歌可泣的英雄壮歌。

---

[1]　方复祥，浙江省嘉兴市委党校研究员。
[2]　殷水根，浙江省平湖市乍浦镇镇志办主编。

一、明代的抗倭斗争

明初,军事上推行卫所制度。嘉兴、乍浦、澉浦各设守御千户所,千户所设正千户一员,副千户两员,镇抚一员,百户二十员,百户下辖总旗两名,小旗10名,军100名,总兵力2000余人。嘉兴守御千户所隶属苏州卫。乍浦、澉浦守御千户所隶属海宁卫指挥司(驻海盐)。

嘉靖年间,随着抗倭形势严峻,杭嘉湖参将专驻海盐,统陆兵四总、水兵一支,海宁一总属其调度。同时,设立海盐、澉浦、乍浦三关水寨。

从元代末年开始,日本(古代中国称日本为倭)海盗就经常登陆中国东南沿海地区,从事劫掠活动。明朝建国后,原浙东方国珍、浙西张士诚的残余势力及部分沿海居民流窜海上,与倭寇纠合在一起占据部分岛屿,并时常侵犯山东、江浙、福建沿海地带。

据《明代倭寇史略》一书统计,洪武年间倭寇侵犯东南沿海44次,平均每年1.37次,其中浙江遭难最重,为16次。倭患成为明代北虏南倭两大患之一,并在嘉靖年间(1522～1566年)酿成嘉靖大倭乱。嘉靖大倭乱原因方方面面,错综复杂。在日本方面,幕府时代藩王混战,弃义趋利,大批武士、浪人、商人和下层平民从事海盗活动;在中国方面,一是明代长期奉行海禁锁国国策,推行薄来厚往、利于藩邦的朝贡贸易体制,二是东南沿海商品经济日益繁荣下的外贸需求。多种矛盾交合在一起,导火索是嘉靖二年(1523年)的"争贡事件"和嘉靖二十七年（1548年）的宁波双屿之战。

为了防御倭寇，保卫地方，地方官民兴起筑城防倭热，以坚固厚重又精致的城墙抵御外来入侵者。嘉兴府有规模的城池，大多是在这一期间修筑和加固的。

洪武十七年（1384年），信国公汤和巡视东南，发动民众于十九年（1386年）垒筑乍浦、澉浦土城，永乐十二年（1414年），浙江都指挥使谷祥拆除崇德县城，移建乍浦城，城周九里十三步。澉浦城周八里十八步。正统五年（1440年），又以乍浦城之东的梁庄，地处冲要，增拓为城，城周一里。

嘉靖间，倭警日紧，烽烟连天，荼毒滨海，沿海大族纷纷内迁。三十二年（1553年），平湖地方名族精英陆万钟、陆万垓、陆万里、张治、冯汝弼等人倡议，于是，有平湖县城之筑，城表里又石，覆又砖，巍峨雄壮，城周九里，倭当湖，城内兵民合力拒倭，军士奋战，民众擂鼓助威，倭犯寇只得绕城而过，劫掠他处。

在桐乡，嘉靖三十二年（1553年），县城筑成，城周五里，民间有"碗大桐乡城"之称。三十五年（1556年），倭寇徐海、麻叶领兵数万，自柘林犯平湖，陷崇德，掠皂林和乌镇，又围困桐乡县城四十昼夜，新修筑的弹丸梧桐城危在旦夕。适逢县北柞溪炉头镇从事冶业的名族沈氏中的沈东溪在县城一僧舍对弈，乃献计用冶液浇灌城下倭寇，倭寇抱头鼠窜，乱作一团，城池方安。时浙江巡抚阮鹗正值城中，慨叹沈东溪之计，乃手书"全城退敌"，赠予沈东溪，并授其锦衣卫百户。

在嘉善，正德五年（1510年）始建东西二门，但无城池，嘉靖三十三年（1554年）十月，开始修筑嘉善城，次年三月筑成，城周九里。在修筑过程中，嘉善名族汾湖陆氏等作了助资。

在崇德，元末吴王张士诚修筑的县城在明初已被拆除，以修乍浦石城，随着倭寇的深入，嘉靖三十五年（1556年），地方计划再次修筑崇德县城。计划城周七里十三步，次年城筑成。崇德吕氏吕留良曾祖吕相"以资豪于乡里，倜傥好施，倭逼近，出藏粟三巨艘以饷军，又助工筑邑城之半"。

海盐县城在元代曾得到过重修，城周九里三十五步。洪武十七年（1384年），为了严加防卫，增筑四门月城，皆砌以砖石。永乐年间作了加修，嘉靖大倭乱期间，又掘城壕之土增筑外墉，于四关外又建立四栅，作为外围防御设施。

唐代末年，嘉兴在子城外围，以运河为"湟"，建立大城（又称罗城），城周十二里。嘉靖年间，为了防倭御寇，在大城外重要河口，建立起东栅、南栅、北栅、塘汇栅等栅，在东栅会龙桥外建"镇汉""镇魏"两座敌楼，另外白苎堰和杉青闸分别建立一座、三座敌楼，这些栅、楼成为卫护嘉兴大城的哨口、哨卡。

宁波双屿之战后数年间，王直倭寇集团崛起，其重要头目徐海率众自宁波北移松江，声势浩大，气焰嚣张，侵犯明王朝富庶的太湖流域，对作为王朝政府的财赋重地破坏极大，这让官府坚定了围剿倭寇的力度和决心。

嘉靖三十三年（1554年），明世宗任命南京兵部尚书张经兼右副都御使，总督南直隶、浙江、山东、福建、两广军务，专事剿倭。为了剿倭灭寇，张经上书朝廷，特地从广西、湖南调来纪律严明、骁勇善战的狼兵、狼土兵。前者为壮族土司组建的地方武装，又叫"俍兵"。后者是狼兵与湘西永顺、保靖两土司武装的合称。

嘉靖三十四年（1555年）四月，倭寇从无锡石塘湾败走，退到苏州府吴江县的唐家湖。数千倭寇，分乘几十条大船，沿运河一路焚烧劫掠。由于唐家湖湖荡浩瀚，浊浪汹涌，倭寇不能渡湖，又逢粮草匮乏，遂逃窜至平望。是时，张经则在紧锣密鼓地调兵遣将，力图聚歼此股倭寇。他派参将卢镗督领士兵从北面水陆追击倭寇。参将俞大猷则率领所部及永顺2000土兵和田州瓦氏夫人的6800狼兵，由东从平湖浉口一带赶往平望，扼制倭寇逃归柘林的退路。南则有巡抚胡宗宪所督领的重兵把守。东南又有参将汤克宽部，由连泗荡进发至荷花的马浜。5000倭寇遂败走王江泾。29日晨，倭寇在苏嘉运河上的王江泾秋茂桥与杨家桥（属吴江县）之间，遭到闽浙水陆官兵、瓦氏夫人的狼兵、保靖宣慰使彭荩臣的土兵、永顺宣慰使彭翼南土兵及嘉兴地方乡兵的夹击，战斗中被斩1980多人，其余大多被烧死和溺水而亡，残余倭寇只得逃回柘林坚守不出。于是，张经、俞大猷命令明军火烧柘林，倭寇损伤惨重，仓皇逃窜。

王江泾大捷扭转了抗倭以来的被动局面，是明军抗倭战争有史以来最大的一次胜利，被称为"自有倭患来，此为战功第一"。永顺土司彭翼南、保靖土司彭荩臣各获朝廷所赐三品官服，朝廷还诏封瓦氏为二品夫人。江浙沿海百姓也给予高度赞扬，民间流传有"花瓦家，能杀倭"的俗谚。王江泾大捷后，在镇南三里射襄桥之南，数千倭寇尸骨垒起了一个大山丘，民间俗称"倭墩""大捷山"，旁边泾浜则名之"倭墩浜"。光绪《嘉兴府志》记载，王江泾倭墩立有石碑，上刻"平倭大捷山"。

沈庄是平湖林埭清溪之畔的一个秀丽村庄，明清平湖继陆氏之后的第二大家族——沈氏聚居于此，故名沈庄。

王江泾大捷后，剿倭名将张经遭奸臣严嵩和严嵩义子尚书赵文华的陷害，先是降职，然后被冤杀，命运几与朱纨相同。这也说明明中后期政治的黑暗。当然，这也没有改变朝廷剿倭的态度。张经死后，胡宗宪升为浙江总督，赵文华再次以钦差身份督察东南军务。

嘉靖三十五年（1556年），浙西剿倭形势依然不容乐观，盘踞柘林和海岛的倭寇频频出没，并侵入嘉兴腹地。胡宗宪在嘉兴的军队只有区区2000人，面对数万倭寇，他一方面只能等候朝廷的剿倭大军，另一方面利用自己和王直倭寇集团重要人物为徽州同乡的这层地缘关系，又针对倭寇集团内部派别繁多、心态不一、相互猜忌的特点，采用赏赐财物、许以官爵等招抚羁縻手段，同时频繁使用间谍战，离间各路倭寇团伙。

为了招抚王直，升为总督的胡宗宪从金华狱中释放了王直的母亲和妻子，并对其厚待有加，且给以钱财，同时派遣使者东渡日本，说服王直。王直对此也是心怀感激。胡接着派遣使者拉拢和招抚驻守柘林的徐海。徐听说"老船主"王直愿意为朝廷招抚、效力，也颇为心动。是年6月，徐按照胡献出陈东、麻叶、调集船只送其所部南归的要求和条件,在乍浦相继捆绑了麻叶和陈东,送给驻扎在当湖城内的胡宗宪。当时三路倭寇在崇德、桐乡、平湖等地掠夺了大量钱财和粮食,但缺少船只运输至海上。胡表面上派人到嘉属七县调集船只,所调集的船只停泊乍浦,南北相连有10余里。同时,暗地里布局消灭陈东和麻叶的党徒。胡让兵备副使刘焘扼制乍浦出海口,巡抚阮鹗驻海盐以防倭寇从陆路逃窜杭州,俞大猷、卢镗率领水师驻洋山、马迹,防其由海路南归等。6月29日,刘焘等部合歼陈东、麻叶两部700余人,烧死、溺死、相互踩踏致死者不计其数。这就是剿倭史上的"乍浦大捷"。之后,徐海则率部驻守乍浦之东的梁庄城。

乍浦大捷为接下来的沈庄大捷铺平了道路。8月1日,徐带领150多名倭寇至当湖城内谒见胡宗宪、赵文华、阮鹗等,自认死罪,请求投降。胡等对徐作了安慰,并让徐海和陈、麻的余党进驻清溪沈庄。徐部住河东沈氏新宅,陈、麻余党住河西沈氏老宅,使其相互牵制。同时,胡又暗施离间计,让徐海攻打驻扎西庄的倭寇。徐则考虑到如果灭了陈东、麻叶的余党,仅凭自己一股势力,更是势单力薄,所以总是犹豫不决,按兵不动。胡又让被关押的陈东写信给其余党说,总督已命令徐即将攻打西庄。由是,两派之间猜疑更是加深。

徐海见到沈庄周围水陆到处都是由胡布置的官兵防守,永顺、保靖的土司兵也逼近沈庄,自知招抚有诈,后悔受到离间计,与陈、麻分道扬镳,自身危在旦夕。12日,徐欺骗临近村庄的二三百名青壮年至东庄喝酒,趁他们半醉,突然把他们的头发全剃成倭寇模样，逼迫他们当了倭寇。又杀死了胡派来的使者，胡、徐和谈招抚之路由此断绝。19日深夜，徐遂派兵护送翠翘等走小路而逃。西宅的倭寇得知消息，封锁了路口，堵住了去路。24日，胡宗宪所督令的20余支部队共10余万人赶到平湖、海盐等处，并对筑巢沈庄的倭寇形成重重包围。

围剿倭寇的战斗于20日打响，开始双方都用火攻，相互寸步难进，沈庄上空战火纷飞，硝烟弥漫。25日，胡宗宪招集周边农家的数百条狗犬，并给它们披上战袍。犬群冲入敌军，战袍着火后，倭寇乱作一团，官兵乘势而入，杀死倭寇2000有余，另有相当多的倭寇仓皇中被烧死或溺水而亡。徐海在战斗中被仇家所杀，抛尸河中，尸体被明军捞上来后砍头。残余倭寇南逃浙东南，自此浙西倭患基本肃清。这就是历史上有名的"沈庄大捷"。9月8日，胡宗宪在嘉兴北教场把陈东、麻叶、徐洪、日本辛大隅岛岛主之弟辛五郎等倭寇头领斩首，与徐海首级一同示众。沈庄之役后，明代剿倭战场转移至浙东南和闽广。

王江泾战役和沈庄战役均获大捷聚歼了王直集团的主要力量，肃清了浙西倭患，影响嘉兴近200年的倭患遂告平息。

倭患性质在明中后期与前期有所变化。前期倭患以日本倭寇为主，专事劫掠；后期以汉人为主，具有一定的海商性质。明人郑若曾说："今之海寇动计数万，皆托言倭奴，而其实出于日本者不下数千，其余则皆中国之赤子无赖而附之耳。"《明史·日本传》也提到，许栋、王直、徐海等，"以内地不得逞，悉逸海岛为主谋。倭听指挥，诱之入寇。海中巨盗，遂袭倭服饰、旗号。并分艘掠内地，无不大利。故倭患日剧……大抵真倭十之三，从倭者十之七"。虽然假倭寇从事海上走私贸易活动，一定程度上促进了东南沿海商品经济的发展，但其招集真倭寇，且袭用倭人发式、服饰，打着倭寇旗帜，加之残暴无比，对抗的不仅仅是中央朝廷，更是中国几千年的华夏文化，其作为倭寇的性质难以翻案。

二、第一次鸦片战争中的乍浦保卫战

乍浦悬浮海堧，周边群山环绕，地势险要，素有"海疆锁钥"，江浙咽喉，历来是兵家必争之地。清雍正七年（1729年），移杭州右翼副都统驻扎乍浦，领左右二营，兵员1600人，并在乍浦城东北隅增设了满洲大营（俗称旗下营），建造大小营房3200间，由副都统（正二品）统率，下设协领（正三品）五员、佐领（正四品）11员、防御（正五品）八员、骁骑校（正六品）16员等。又设海防同知（正五品）、理事同知（正五品）等。为了加强乍浦的防御，政府在此修筑了炮台。顺治十八年（1661年），筑陈山咀炮台。康熙五十六年（1717年），筑西山咀炮台、天妃宫炮台。西山咀炮台，台周有城，形似葫芦，故俗称葫芦城炮台。乾隆五十二年（1787年）重修。天妃宫炮台在苦竹山麓。第一次鸦片战争之后，政府又修筑了唐家湾、金家湾等炮台。

道光二十年（1840年）6月，清政府严厉禁烟，英国侵略军向清政府发动了第一次鸦片战争。在英军北犯浙江攻陷定海县城后,1840年7月22日,英军一艘军舰驶进乍浦海口,要求与乍浦通商,遭到乍浦海防同知拒绝,训斥后被赶出乍浦洋面。8月13日,又有一艘英舰在乍浦洋面游弋,炮击葫芦城。驻乍浦满洲旗营副都统长喜督兵出击,英舰当晚离去。

道光二十二年(1842年)1月17日,英国侵略军派出火轮船两艘、小船20余只,再次驶进乍浦菜荠门,停泊灯光山外。次日,因风大浪高,英舰西退至海盐县秦驻山外。随后,两艘英军舰驶向菜荠门,炮轰乍浦城。城内居民纷纷出城逃难,全城几乎成了空城。驻防协领英登布督兵发炮还击,首先击中英军一艘舰船的船首,随后又击中第二艘舰船的船尾,英军舰船仓皇遁去。

为了抵御外敌入侵再犯乍浦。道光二十二年(1842年)年初,清政府在乍浦派驻有八旗劲旅1700名,还从陕西、甘肃、山东、山西、河北、江苏等地调防汉兵6300多名、乍浦乡勇600多名,配有大小铜铁火炮110门,战船22艘,由副都统长喜统率分别驻守在乍浦沿海21个山寨、炮台阵地。

5月7日,英军为控制长江,封锁运河,截断漕运,以迫使清廷屈服,遂撤出宁波、镇海和定海三城,集中兵力进犯江浙海防重镇乍浦。5月17日,大批英舰驶入乍浦王盘洋。

鸦片战争中的乍浦保卫战箭在弦上,一触即发。5月18日上午八时许,英舰24艘,其中战舰七艘,装甲火轮四艘,装载大炮100多门,英国侵略军2000多名,从舰艇上炮轰乍浦各山寨、炮台诸阵地。接着,英国侵略军分左中右三路先后向乍浦登陆。

左路，900余名侵略军从东山咀登陆后，千总李廷贵、张维泗率领376名陕甘兵迎敌，在唐家湾山之北与装备精良的侵略军展开战斗。终因武器落后，孤军无援，弹尽粮绝，全部战死。后汉中镇总兵德坤率800人前来增援，在唐家湾山北一侧，与英军展开激战，打败英军三次进攻，都司韩则录"身受九伤，尤复督催力战"，将士"尤为奋勇"。英军受挫后由牛角尖、檀树泉两路登上山，从背后包抄，汉中将士腹背受敌，退守平湖，乍浦失陷。汉中镇总兵德坤率部队退守苏州。

中路，英军400余人从灯光山牛角尖一带登陆，右营把总、平湖人韩大荣率领平湖地方士兵英勇迎敌，与英军展开殊死搏斗，受伤后仍大呼"有进无退"，直至中数弹身亡。其时，乍浦满洲大营副都统长喜，正在观山保安城（又名葫芦城）督战，发现敌情后立即指挥回击。英军第十八团、四十九团向葫芦城蜂拥而至。经过一场激战，协领英登布力战群寇，死于阵地。佐领多仁图、骁骑校布勒忠武、惠征、祥瑞、恒奎等均在激战中壮烈殉国。泥水工蔡吉庆、张双喜等冒着枪林弹雨，一起抢修葫芦城工事而壮烈牺牲。副都统长喜不幸中弹负伤，后死于嘉兴三塔湾。

右路，由中校马利斯率领爱尔兰联队第18团、49团以及工兵等1000余人，妄图在天妃宫登陆，遭到了由海防同知韦逢甲率领的部队坚决还击。一艘英舰被击中，舰上英军纷纷落水，一名上尉军官当场毙命。接着，英军又发起两次进攻，均遭到韦逢甲率领的乡勇强烈抵抗而受挫。韦逢甲因伤势过重而死。

佐领隆福率200余兵突围，埋伏在灯光山与小观山之间的天尊庙，被中路英军发现后，越岭来攻，隆福利用门户、窗口作掩体，向敌人猛烈射击，阻敌前进。英军强攻二次，受创极重，第49团仅二人未受创伤；第18团伤亡更惨，上校汤林森当场被击毙。英军大为震惊，急调兵增援，用野战炮轰击天尊庙，用火毯（以火药袋组成）炸开外墙，再次发起冲锋。守军坚持封锁道路，拼死抵抗，浴血苦战达三小时。佐领额特赫、防御贵顺遭火枪牺牲，骁骑校根顺中炮阵亡。骁骑校伊勒哈畚以手弩杀敌，矢尽力竭，惨死于敌军屠刀下。隆福突围时，与英军火并，毙伤敌人数名，力竭自尽。旗兵仅43人突围和少数受伤被俘外，官佐七名和旗兵167名全部阵亡。当天，英军即攻占乍浦东门。英军沿途杀人放火、奸淫掳掠，粮食与财物被洗劫一空。除了将满营全部焚烧外，英军侵略者还焚毁了自乍浦南门吊桥至萧山街海关及总管街万安桥一带的商店、民居房屋2000余间，居民来不及逃避者，也都惨遭杀害，据史料记载，当时居民和旗人家属共死难2000余人。清人朱翔清在《乍浦之变》一书中说："英夷破乍浦，杀掠之惨，积尸塞路，或弃尸河中，水为之不流。其最可惨者，尤莫如妇女。"史料记载，乍浦保卫战驻乍浦守军阵亡的有：正二品副都统一名，正三品协领一名，翼领二名，正四品佐领五名，正五品防御三名，正六品骁骑校十一名，七品和八品校官七名，满洲八旗兵279名；汉兵正五品海防同知一名，正六品千总两名，正七品把总六名，正八品外委两名，汉军调防兵658名，乡勇600余名。马士在《中华帝国对外关系史》上写道："当他们不再能战斗时，他们能够死，疯狂自戮的事例是十分可怕的。家眷也不能免于杀戮——妇女们杀死她们的子女，先把他们溺毙在井里，然后自己也跳下去；丈夫们勒毙或毒死他们的妻子，然后从容自刎。英军的损失是九人阵亡，55人受伤，中国人方面约有1200~1500的尸体被他们的敌人掩埋。"

三、抗日战争

地方贤达、精英强烈的民族危亡意识。晚清以来，面对国家积贫积弱及"数千年未有之奇变"，嘉兴地方贤达、精英洞悉时势，具有强烈的民族危亡意识，积极寻找救国救民的道路。其代表人士有褚辅成、沈钧儒、茅盾、沈泽民、蒋百里、蒋志新、陆初觉、王梓良、金仲华、王蘧常、张乐平、张天方等。"九一八"事变后，日寇武力侵吞中国的野心日益暴露。褚辅成、沈钧儒等坚定不移走在抗日救亡的前列。1932年5月，褚辅成掩护朝鲜在沪独立运动领袖金九来嘉兴、海盐避难，并在沪领导东北义勇军后援会的工作，在杭州成立浙江各界救国会。1937年11月上海沦陷前后，褚辅成出面成立浙江旅沪同乡回乡服务团，动员在沪浙江籍人士回乡服务抗战。国难当头，沈钧儒联合其他爱国民主人士在沪成立上海文化救国会、全国各界救国会，并因"七君子事件"被捕入狱，在狱中视死如归，高唱《义勇军进行曲》，手书"还我河山"。全面抗战时期，褚辅成、沈钧儒利用国民参政会成员的机会，拥护中国共产党的抗日主张，坚持团结，反对分裂；坚持抗战，反对投降。蒋百里自幼怀抱强国梦，跻身国民党陆军上将，中日战争前夕即著书立说，主张对日持久作战，坚定中国必胜的信念。

地方贤达、精英强烈的民族危机意识，激励了当时的嘉兴知识青年和社会各界。自20世纪初，每当5月9日国耻日，嘉兴中小学校师生及社会各界或组织上街游行，或成立"救国十人团"，反对日本对华"二十一条"，或抵制日货，维护国货。二三十年代，成立国货提倡会、国货流动展览会，查封日货。"一·二八"淞沪抗战后，嘉兴成立抗日救国会、国难共济会、嘉属四区反日联合会、嘉兴国货产销合作公司、国货陈列馆、红十字会嘉兴分会、血魂（铁血）锄奸团，或筹款慰问十九路军将士，或救护伤员，或举行国货展览会，查扣日货，镇压汉奸。卢沟桥事变和"八一三"淞沪战争后，嘉兴民众教育馆举办国难宣传周，动员民众捐献钱物和船只，支持抗战。8月3日，浙赣铁路工人抗敌后援会成立，嘉兴站也成立了分会，从事抗日救亡活动。文化界爱国进步人士纷纷组织歌咏队、宣传队，开展救亡宣传，如嘉善的抗日歌咏队、抗战流动宣传队、城区救亡歌咏团、西塘救亡歌咏团、沈荡歼敌团、海盐西塘桥妇女抗日团，海宁抗日后援会话剧团、斜桥抗日宣传队，桐乡北日晖桥塘南文化社，嘉兴的抗日宣传队、国难宣传队、民教馆流亡宣传队等。

烽火连天，家园焚毁，百姓罹难，部分原有国民党政府地方官员及1938年国民党重建浙江地方政权后的官员、工作人员，虽避居乡里，但能深明民族大义，不怕牺牲，他们或组织学校师生转移浙西、沪上等地，或在沦陷区的游击区开办七县学校，或直接开展抗日游击战。嘉兴县县长、嘉兴国民党党部书记长、浙江省抗日自卫总部第五支队政治副主任、嘉兴县战时政工队队长、《嘉兴人报》社长、嘉兴反清乡督导室主任王梓良在凤桥、石佛寺建立游击区，团聚爱国志士，打击日寇。1941年11月25日，王梓良视察王江泾区，慰问坚守在游击区从事国民教育的褚惠子等人。曾在王江泾区域活动的国民党嘉兴县抗卫队指导员、嘉兴城西区区长、王江泾区区长刘先正，多次营救逃离上海集中营的国际人士。1939年10月，平湖县长许敏中率流动部队在乡间与日军激战，在新仓被俘，受刑后体无完肤，拒绝日本特务机关的劝降，英雄就义。1940年4月，桐乡县长李梃在青炉区遭日伪包围，惨遭杀害。1941年8月，桐乡县长萧石父率领自卫队，会同62师在练市对日作战阵亡。

此外，更有大批嘉兴籍爱国志士活跃在全国各地的抗日战场上。为保家卫国，他们或服务于抗日政府，或直接参加国共两党的武装部队，或活跃于抗日思想文化战线，并做出了应有的贡献。

构筑国防工程体系。经历"一·二八"淞沪抗战，为了防御日军从沪杭沿海登陆，进攻南京，国民政府开始着手制订京（南京）沪杭地区国防工程建设方案。1936年冬，国民政府在嘉兴成立苏浙边区主任公署，主任张发奎，主要任务是修筑苏浙边境的重点国防工程。浙江境内的国防工程主要集中在嘉兴的东片，主要有沪杭公路、嘉兴机场、苏嘉铁路等。地堡为圆形或长方形，集中在南北向的乍嘉（乍浦—嘉善）、海嘉（海盐—嘉兴）两线，有东方"兴登堡防线"之称。

平湖阻击战、嘉善阻击战：1937年11月5日，日军第10军万余先遣部队在飞机大炮掩护下在杭州湾北岸的金山嘴、全公亭、白沙湾登陆。驻守平湖沿海的国军62师一个连和从青浦赶来的63师一个连，无畏强敌，浴血阻击，百余官兵壮烈牺牲，可歌可泣。在打开浙北大门后，11万日军随后进攻嘉善，并遭到了驻守国军英勇顽强的抵抗。8日起，国军128师、109师、预备11师和62师等部，共1.5万余人，受命在嘉善阻击日军四天。全体官兵在嘉善境内沿沪杭铁路、杭善公路一带及县城周边，充分利用前期国防工程，与日军第18师团血战7天7夜。国军击退日军多次进攻，击毙日军少将手冢省三以下数千人，以牺牲6200余名官兵的代价使日军才前进了11千米，出色完成了上级要求阻击四天的任务，一定程度上牵制住了日军对淞沪守军进行追击，也迟滞了他们进军南京的时间。19日，嘉兴沦陷，成为浙江第一个沦陷区。沦陷后的嘉兴，虽处在日军铁蹄践踏蹂躏之下，但无论是国军还是共产党领导的抗日武装，或者是地方乡勇，或者是平民百姓，相继开展艰苦卓绝的对敌斗争，有效消灭日寇。

国民党军队的敌后游击战：1938年3月，国军第28军第62师从绍兴等地北渡钱塘江，在海北地区（指钱塘江北岸的海盐、平湖、嘉善及嘉兴、海宁沪杭铁路线以东地区）开展平原游击战，并在河山花埠村设立师部指挥所。1938年4月12日《申报·皖浙我军大捷》报道，62师北渡以后"与我南市及浦东一带所潜伏武装民众打成一片。十日、十一日两日，曾突袭平湖东南门，我各生力军亦赶到指定地点，对沪杭两线之敌，形成伟大反攻姿势"。国军和地方游击队除武装进攻外，还拆毁、破坏铁路、公路、电线等交通设施。1938年7月，在历时一个多月的反"海北大扫荡"战斗中，62师368团2营营长陈士伯在海宁马桥率领300士兵与千余日寇血战，毙敌百余人，全营伤亡惨重。陈士伯在稍后的战斗中也流血牺牲。1938年8月，368团和地方义勇在百步、沈荡伏击正由水路至乍浦回国的杭州日军少将师团长佐藤，佐藤及随从当场毙命。1939年5月，62师三个团围攻驻石门日军，毙敌70余人。6月，371团某营营长陈乐涛带领士兵，奇袭了乌镇南栅日寇，打死打伤日军10余人。战斗中，陈乐涛营长不幸中弹牺牲。10月7日，368团和游击队一起在许村车站炸毁日本天皇特使近藤良让一行的专列，近藤良让一行近百人被全歼。11月7日，在黄八妹的民众抗卫队配合下，62师冒着倾盆大雨直扑苏嘉铁路第一站王江泾镇，在铁店港与日军激战，收复了王江泾镇。1940年春天，28军62师与192师在乌镇成立浙西军民联合办事处，军长陶广任主任。1941年5月18日，62师185团胡礼贤团长率部与日伪激战，收复乌镇，使乌镇再度成为嘉兴沪杭铁路以西的游击中心。一时，嘉兴及周边吴江、松江等14个县的"挑担政府"及江南挺进纵队、忠义救国军等云集乌镇。

独立第45旅（陆军新编第30师）6千余人，1938年4月起将旅部先后设在新篁、钟埭、黄姑等乡间，并成立嘉善抗敌委员会，行使县政府职能，与日军周旋，伺机打击日寇。据11月21日《申报·嘉善华军阵地日军暗袭遭败退》报道，"嘉善县属西塘镇之北丁家栅地方，十七日突由黎里及盛泽荡等处，驶来汽艇十余艘，满载日兵及轻重机关枪，进袭该处华军阵地，企图进占嘉善县府所在地××地方,旋经华方四十五旅将士闻讯,即分头予以痛击。毙敌甚多(所有日军尸体均由日方载去),嗣因游击任务终了,遂向韩廊(离西塘六里许)方面撤退,翌日我军几度冲锋反攻,始将敌完全击溃,向嘉善黎里方面逃窜,该处即再告克复云。又悉,石湖荡、金泽附近之高许(土名)地方,位于江浙水路交通中心,地势上至为重要,自经华军四十五旅克复后,即驻有重兵防守,且当地人民深明大义,时予种种协助,故敌历次进犯,均不得逞。不意十六日亦遭由松江、金山、青浦、金泽等处调来日军约计千余名,将该处四周水道尽行控制,旋即登岸袭击华军阵地。我方将士除正面抵御外,并潜伏各要口暗袭。日军疲于应付,死伤甚重"。

  国民党军队还与地方武装一起,合力打击日寇据点。1939年2月22日《申报·乌镇战事甚烈》报道,"桐乡县属之乌镇,日前重被日军占领后,华军各部队,集中××等栅郊外,由总队长朱某,重加配备整顿,会同友军某师,迭在四部与日军接触,日军因兵力单薄,仅凭长藉工事,加以顽抗,据悉十七日起,华军已开始总反攻,战事甚烈,枪炮声自晨至晚未息,实为浙西抗战以来所未有"。10月4日《申报·海宁华军反攻长安》报道,"前日过江华军××师部队,突乘日军不备,反攻长安,将长安区日军办事处纵火焚去,日军仓皇遁至硖石,退走时,死伤约五六名,伪警死者较多,长安以东沪杭路铁轨,被华军掘去二十丈"。1940年1月11日《申报·沪杭客车王店中雷》报道,"沪杭线华军一〇八师日前奉命出动,在嘉兴王店附近,埋伏地雷。由杭开沪之客车十余辆,在该处中雷,炸毁逾半。车中日兵死伤60余名，乘客死伤甚多"。王店列车爆炸案后，日军疯狂报复。捕获了袁花冯家桥政工队男女十余名队员，施以酷刑，以铁丝穿手掌，押往嘉兴杀害。1940~1941年间，国军第88军暂编第32师黄权所部的两个团渡过钱塘江进驻新篁、凤桥，并组织了多次对日游击战斗。等等。

政府及民间抗日游击队："八一三"淞沪抗战爆发后，受蒋介石指令，戴笠和上海帮会大亨杜月笙发动青洪帮成员、失散官兵、江湖豪客、爱国青年、流氓无产者，成立苏浙行动委员会淞沪别动队（实际上直属国民党军事委员会领导），任务是配合正规军作战，协同保安部队，肃清敌谍活动，镇压汉奸。1938年，淞沪别动队改编为忠义救国军，原江西、浙江的别动队编为忠义救国军教导二团（又称第二支队）。忠义救国军苏嘉沪区挺进纵队在太湖南岸及以东地区的敌后，配合正规军，以暗杀、爆炸、纵火、策反等手段骚扰日伪。如1940年夏，第二支队在嘉善西塘击毙日军小队长林青。

1938年春，原国军军官、湖北人朱希组织沦陷区爱国青年、失散军人及原有民众组织抗日游击队（后改编为第三战区第一游击区第一分区司令部、浙江省第十专区保安司令部，朱希任司令，汪鹤松任副司令，司令部一度设在乌镇南栅浮澜桥）。游击队得到共产党人徐洁身、朱子亮、赵筱屏等的帮助，10月建立了党的支部，直属中共浙江临时省委领导。由此，军纪整肃，发展迅猛，从200人扩大到4000人，进驻乌镇，活跃于嘉、湖交界。4月19日，朱部游击队对守崇德县城日军发起进攻，收复崇福。5月13日，"嘉兴之敌三百余，连合汉奸徐逆朴诚之伪军一部，向我乌镇（属桐乡县，在桐乡北约十二千米）进犯，我军即迎头痛击，并采取包围形势，敌知我有备，未敢久战，急向嘉兴退"。这次日军进攻乌镇，受到朱希部的痛击，日队长中村被击毙。据11月6日《申报·日军图扰新塍已被击退》，面对日军水陆两路进攻新塍、乌镇，"朱司令据报后，即亲率部队，由新塍应战，一由汪副司令率部众，由新市方面包抄日军后路"。"日军背腹受敌，渐感不支，遗尸数十具，向后溃退，当有日兵四名，韩兵三名，逃逸不及，为朱部所获，现已解队讯办"。11月9日、10日、11日，日军纠集驻嘉兴、嘉善等地上千兵力，起用16架战机，先后进攻新塍、乌镇游击队、忠义救国军根据地。朱希部队"据险抵抗，相持两昼夜"，损失800余人，中国共产党党员徐由整等牺牲。新塍西栅、乌镇新市遭飞机炮火而焚毁。朱希在农民掩护下撤出乌镇，将部队向严墓、徐市方面引退，后至临安休整。1939年冬，朱希部被国民党苏南行署改编。在此期间，该部队与我党紧密合作，积极抗战，给嘉湖地区日伪军造成了重大威胁，极大地振奋了浙西人民的抗战信心。

1938年8月，浙江国民抗日卫国团（1938年6月成立，1940年收编为国军，1941年冬撤销浙江省国民抗日卫国团总司令部）第五支队渡过钱塘江来海北抗日，游击队300人与日军1500人在袁花黄山决战，全部壮烈牺牲。9月，第五支队余部与姜维贤的嘉属义勇军收复海宁袁花、海盐欤城、沈荡等镇。10月13日，第五支队进攻驻新丰日军。据10月18日《申报·杭嘉湖游击队势力雄厚》，"华某部进袭嘉兴、平湖之新丰镇，一面将焦山门附近公路彻底破坏三华里,并将张家桥、观音桥两座炸毁,全毁电杆四十余根,与日军接战三小时,毙日军数十,华亦伤亡士兵三十余。十五日下午六时,华军某部,再度进攻新丰,官兵奋不顾身,冲毁日重机枪一挺,伤毙日军四名,华战士亦有四名负伤。日军不支,向北绕窜。嘉兴新丰镇乃为华方收复"。1939年2月,第五支队在海盐百步沈家木桥与500日军激战,打死日军120余人。

在淞沪战争中失散的国军36师连长、巢湖帮人员、合肥人张鹏飞,在嘉兴组织抗日游击队,历任双桥特务队队长、嘉兴县自卫总队队长、国民革命军28军独立支队队长、浙西独立支队队长等职。鼎盛时,队伍有3000余人,下辖三个大队。其部属常驻嘉兴新塍、江苏吴江、乌镇民合、吴兴练市等地,有一定的帮会、土匪习气,但能与日伪军进行大小数十次战斗,有力地回击了日寇的扫荡。1938年,张鹏飞与吴江县县长沈立群所部联合,在盛泽与平望间的金家池附近与日寇激战,炸毁苏嘉铁路68号桥,阻止了日军对盛泽地区的扫荡。

1942年8月张鹏飞又与马库抗日游击队队长金选仁所部联合,重创了嘉兴虹阳镇日伪驻军,打得日伪军大败溃逃。9月,张鹏飞所部正在青北(今民合)一带活动,日寇出动"扫荡",被张部哨兵发现。哨兵随即开枪射击,打死日军一名小队长。张鹏飞部闻讯后迅速进行了转移。

1938年10月23日夜,绍兴抗日自卫队青年营一中队及妇女武装模范队越过钱塘江、沪杭铁路,包围并攻打驻王店日军。国民党南昌《扫荡报》称:"浙江娘子军于星期一夜向沪甬铁路王店车站之日本防守军作第一次'处女攻击'，结果车站被焚，日军至少被杀三十名，又该军获得战利品不少。"妇女武装模范队夜袭日军的壮举还得到周恩来的高度评价。

据1941年1月30日《申报·沪杭公路华军捷报》，沪杭抗日游击队第三大队在队长沈俊生的带领下，"会合正规军三十师，连日向东进展甚速。平湖至金山各市镇侵占之日军，迭遭进攻。最近旬日以来，日军之被击毙者200余名，因此该地带日军均以后退守城区，未敢越雷池一步"。

面对家乡的沦陷和日军的暴行，嘉属本土的民间义勇挺身而出，纷纷组织抗日自卫武装，对日游击战风起云涌。这里主要有：平湖陈新民的抗日自卫武装守望团（后被浙江省政府任命为沪杭抗日游击队第二大队），平湖谢友胜、黄八妹夫妇的抗日自卫第三大队（后收编为江南挺进纵队第二团第五营、国民兵团自卫大队、忠义救国军、杭州湾护航大队等），乍浦徐清扬的守望团，海盐汪贤甫的沪杭抗日游击队第四大队，嘉善陈祖荫、陈耀宗、顾纯基的抗日武装，崇德抗日自卫队，商守先的海（海宁）崇（崇德）桐（桐乡）抗日锄奸队，嘉兴油车港顾烈之的抗日自卫队，马厍金选仁的浙西保安独立第一支队，嘉兴抗日自卫总队第二大队，凤桥姜维贤的嘉属义勇军第一总队，王店周问寰的保卫团（后编入嘉属义勇军，周任第五大队大队长，再收编为嘉兴县政府抗日第一中队）。嘉属义勇军第一总队后扩大为六个大队，多次配合国民党军队，打击日伪军，是海北地区最大的一支民众抗日游击武装，后改编为浙江国民抗日自卫团第七支队、浙江省内河水警总局水警队。

中共领导的抗日斗争：汪伪政权的金湛卢曾在《汪伪政权在浙省主办的"清乡"（1963年3月）》中回忆，太湖东南地区，"虽已沦陷两三年了，可是地下抗日的组织以及民间潜伏的爱国分子，还是普遍存在着。其中最使敌伪感到头痛和棘手的，就是共产党领导的或者是与其有关系的地下战士们的抗日力量的不断发展，他们威武不能屈，货利不能诱，随时随地和直接间接给予敌伪以沉重的打击"。

1939年2月，中共浙江省委在全省五个特委之外又建立浙西特委。1940年初，根据中共浙西特委指示，以浙江省战时政治工作队二队、省政治工作队第三大队第五支队（简称"三五队"）中的中共特支为基础，分别建立中共嘉（嘉兴）崇（崇德）桐（桐乡）工作委员会（简称中共嘉崇桐工委）、嘉（嘉兴）桐（桐乡）工委和中共海北地区工作委员会（简称海北工委）。在中共嘉崇桐工委、嘉桐工委和海北工委直接领导下，各地党的支部相继建立，海北工委先后派出了嘉兴、嘉善、海盐工作组，地区内的抗日斗争蓬勃发展，有声有色，揭开了嘉兴全民抗战的新局面。主要表现在以下几个方面：

一是宣传全民抗战，增强民众抗战信心。1940年2月，以中共地下党员姚旦为队长的政工二队进入崇德、桐乡，分别在洲泉、屠甸建立工作小组，组织60多名党员及爱国青年深入乡村，宣传和组织抗日。同月，"三五队"一行30余人，在队长洪流、副队长于以定（中共党员）、指导员施鸣时（中共党员）带领下，到平湖作抗日斗争，并建立中共"三五"特支，队部设在徐号乡。4月底，"三五"特支派政工队员潜入县城和乍浦城,张贴和散发传单,宣传中共抗日主张。5月,海北工委在徐号乡成立,于以定任书记,领导嘉兴沪杭铁路以东的抗日斗争。9月,海北工委在平湖东乡秘密散发和张贴毛泽东的《抗日救国大计十端》《新民主主义的宪政》共557份。

受共产党影响或由共产党主办的《啸报》《浙西导报》《后盾日报》《持久》《海北日报》及嘉兴县战时政工队创办的《嘉兴人报》等报刊,在沦陷区的夹缝中,以笔为枪,发出了沦陷区人民大众的呐喊、虎啸强音。特别是共产党的报刊,驳斥国民党反动派消极抗日、积极反共的行径,揭露汪伪政权"和平反共建国"国策的反动卖国实质,报道抗日形势和世界反法西斯战争的战况,大力宣传全民团结抗战、持久抗战思想和共产党领导的抗日民族统一战线政策,成为激发民众抗战的旗帜。政工二队、"三五支队"中的共产党员还通过组织读书会、识字班、唱革命歌曲、散发革命传单、新文学、新艺术等形式,唤醒民众,增强持久抗战、抗战必胜的信念。

二是成立各种抗日社团,扩大抗战力量。政工队中共产党员积极动员民众,成立各种抗日团体,壮大抗日力量。1940年8月,海北工委在徐号乡建立全县第一个农民协会,会上有活报剧《放下你的鞭子》、歌曲《歌八百壮士》等文艺节目。9月,海北工委在黄姑成立妇女会。如崇德的洲泉抗日反汪大同盟、后盾社,桐乡的濮院中华民族解放先锋队,嘉兴新塍青救会、读书会、妇救会,平湖的抗日儿童团、抗日青年团、乍浦青年破路突击队、乍浦区妇女分会及各地组织成立的农会、工会等组织。

三是组织战斗，收复失地。1939年初，日军动用了毒气弹，海盐两度失守。新四军与国民党军队一起打击进犯日军，收复失地。据3月25日《申报·浙西华军再克海盐》报道，"海盐二度沦陷，此次华军六十三师及新四军努力反攻，于3月12日卒将海盐县城及欤城、沈荡、通元、袁花、西塘桥完全克复"。又据5月15日《申报·新四军开入浙境》，"新四军某部，最近由皖开入浙境，禾地暨嘉善四郊，业已布满新四军，分驻点线要隘，待命反攻，该军多系青年知识分子，沿途所经之处，备受群众欢迎。近一周来，钱江南岸华军××××等师，业已渡江，分别向沪杭、苏嘉两路挺进，准备与各该地原有驻军密切联络，然后反攻"。

1940年2月，濮院中共地下党在国界乡成立抗日自卫队。7月，中共濮院区委书记陈慕天率领国界乡自卫队处决汉奸高善富。

1943年底，国民党反动派消极抗战、积极反共，调集重兵，围剿新四军浙东抗日根据地。1944年春，新四军浙东游击纵队为此抽调兵力，组建海北支队，以牵制日伪军及国民党顽固派增兵进攻根据地，打通浙东根据地与浙西根据地联络的通道。海北支队建立后渡江作战，以海盐南乡为活动基地，动员群众，打击日寇和国民党顽固派，并取得了六里堰大捷，战后《六里堰战歌》在军民中广为传唱。

古代澉浦是海上丝绸之路的起点之一

杨康元[1]

澉浦在古代是海上丝绸之路的起点之一,也是海上丝绸之路的中转站。

一、没有命名的优良皇家码头

澉浦自古便是一个自然的优良港口。宋代《澉水志》里有关于秦朝澉浦泊船的记载,但是那个时候还没有"港口"这个名词,我们只是称其为船舶的停靠码头。澉浦泊橹山这个地方,就是秦时海船的停泊码头。

泊橹山,在宋朝《澉水志·山门》是这样写的:"泊橹山,在镇西三里,高冠诸山。舆地志云:始皇渡海,泊橹此山因名。旧传昔海舟泊此山下,后沙涨接镇景。"这段话是说:"泊橹山,在镇西面1.5千米的地方,高度超过边上的山。《舆

---

[1] 杨康元,浙江省嘉兴市海盐县澉浦镇中心小学教师。

地志》上记载,秦始皇渡海,船队停泊在此山下,所以这山叫泊橹山。一直以来传说以前海船就是停靠在这山下的,后来海沙淤积,这里变成陆地,海中的泊橹山才与镇连接在一起,不能停船了。"

《舆地志》和传说,就是告诉我们,泊橹山下是海上老码头。那么想一下,这里没有停船设施,海船上的人能上下吗?海船上的货物能上下吗?肯定不能。

秦始皇统一六国后,第五次出巡到江南(前210年),在会稽山拜祭禹陵之后,为了避开陆上的行刺,专走水路。从绍兴入海,驶入杭州湾,来到了澉浦。秦始皇的船队是一个大船队,如果没有像样的码头设施,肯定是停靠不了的。可想当时澉浦的海船码头,已经很成熟了,不然秦始皇的船队是不会泊在澉浦的。海船在这里停靠除了与潮水有关,更与这里是一个优良的海上码头有关。

看了这记载,知道了秦朝的国家船队停靠在这里,就使人觉得这里就是一个原始的皇家码头,只不过没有命名罢了。

二、一帆风顺佛教船上来

就是澉浦这个老港口,三国时吴国的赤乌年间(238~251年),迎来了佛教。

当时澉浦来了一个康居国的和尚,名字叫会。

有文说:会世居天竺,因为跟随经商的父亲才移居到交趾。10余岁的时候双亲亡故。守孝期满出家。好学博览,通晓三藏、天文、地理、谶纬之学，博览六经，尤娴经律，对佛教教义能把握精神实质。

金粟寺志上说康僧会"康居国大丞相长子也，出家励行甚峻，三藏六经，无不博览"。

这个康居国的会和尚，既然已经献身佛家，就想在弘扬佛法方面做出贡献，到什么地方去弘扬呢？他选择了到中国沿海一带的吴国来。

他是怎么来澉浦的呢？

在敦煌莫高窟，323号北壁东，有一幅中唐时期的壁画，所绘内容即是康僧会乘坐鼓帆小舟来到江南的场景。

从这幅画中我们可以得知，会和尚是坐船来的，虽然说是"小船"，但却是一艘帆船。帆船出行是要候季节的，会和尚坐船到澉浦。正值夏天，那么，他是乘着东南风来到澉浦的，他的行程是自南而北。会和尚到澉浦，选择在金粟山下建了亭子，给大家施茶解渴，这已经在弘扬佛法了。（朝廷闻之，赐名"茶院"，赐名下来的时候，寺已经建起来了。）

如果没有澉浦的海上码头，会和尚就不可能到这里，那也就不会有浙江最早的佛教圣地金粟寺。正是因为有了澉浦码头，才迎来了西天佛经。

三、海上丝绸之路的开端

据明《续澉水志》记载，另外还有来澉浦码头的外国人，使澉浦形成了贸易市场。西晋光熙年间（306年）"有毛人三集洲上，盖泛于风也。居民贸易遂成，聚落其上。"外国货船在同一年里多次顺风而至，使这里形成了与外国人交易的市场。这恐怕就是海上丝绸之路在澉浦开始的证据。

海上丝绸之路的形成，澉浦渐渐成了货物的集散地，客商来往不断。《澉水志》云：（澉浦）"户口五千余，主户少而客户多，来往不定口尤难记。"其中说到的"客户""不定口"这些人都是商人。客商云集使得外国的货物不断地输入，中国的货物源源输出。《舆地广记》记载了澉浦风俗情况："……此方不事田产……惟招接海南诸货，贩运浙西诸邦……"这就是货物输入的证明。而回帆的船，当然不会空船而去，会从这里装上从浙西运来的货物带回，压船舱用的有如玉般的瓷器，还有蜚声世界的丝绸和茶叶。

因为这一带进出的人太多，怕混杂不安定因素，唐开元五年（717年），就已经在澉浦设军事重镇，派镇遏使统领一镇之兵，管理地方要塞的军务、政务、盐务、关防。

那时候，海上到杭州的钱塘江航道还没有开，往浙西和从浙西出来的海上码头就澉浦一家。

《中日文化交流史》中写道，中国的民办商船在849年前后已能从澉浦出发去日本伯嘉岛的博德港贸易，从不间断。日本从中国的商船获取唐朝的货物主要有丝绸、陶瓷之类。

澉浦还是一个中转码头，《中日文化交流史》写道，936年7月，吴越商人蒋承勋的商船带着吴越王给日本天皇的信件和特产，到日本。从杭州出发的船就要在澉浦码头候风潮渡东海去日本博德港。从日本回帆也要在澉浦码头停靠，候潮水涨起后去杭州都城。这条路是中日交往海上最近的通道,大约九天一个单程。但东海有风暴,常常威胁商船的安全。所以从澉浦去日本的船都是大海船(这个时期日本官方还没有派船来贸易,日本的使者来见吴越王,是乘坐中国船来的。)

四、澉浦码头成为国家港口

南宋时期,都城建在杭州,澉浦是去杭州最近、最方便的码头。澉浦不仅要给进出杭州的船补水,补给养,还要招待这里越来越多的做买卖的船只。南宋的第二代皇帝看到澉浦港口的重要性,亲笔命令疏浚挖深澉浦运河招宝塘。淳祐六年(1246年)在镇东海岸设了市舶官,淳祐十年(1250年)建了市舶场。澉浦成了国家管理的四大港口之一。从澉浦出发的商船有去爪哇、印度等地的,输入有香料、药材、象牙、珍珠等,输出有丝织品、陶瓷、铜钱等。去日本的贸易船仍来往于伯嘉岛的博德港。

在南宋以前日本没有私人贸易船开来中国,日本人是乘坐中国船来往的。从南宋开始,日本有私人贸易货船来中国。日本政府允许个私贸易后,船舶大增。澉浦是国家指定的对日港口之一,日本船在这里报关买卖。从日本来的货物主要有棉布、黄金、木材、铜。输入日本的货物主要是铜钱、陶瓷、丝织品、茶叶。佛教方面亦有往来。宋亡之前,中国与日本的贸易往来,达到了历史上的鼎盛时期。

宋朝为了巩固政权,管理好港口和地方,在澉浦布有大量驻军，军港水军就有1500人。

五、把海上丝绸之路延伸到印度尼西亚、伊朗

元朝仍袭宋朝旧制，在潋浦建立市舶司。当时建有市舶司的地方有七处，松江（上海）、潋浦、庆元（宁波）、杭州、温州、广州、泉州（福建）。潋浦人杨发督理上海、潋浦、宁波三处港口的贸易，官职为浙东浙西市舶总司事，也称市舶司令。三处市舶司都有杨家的眷属在经营。

元朝从未禁止过与日本的民间贸易。潋浦、宁波、上海都是日本船舶报关、贸易和人员居住的地方。杨发的儿子杨梓（浙东宣慰副使佥都元帅府事，后为浙西宣慰使漕运万户）还在潋浦建立市场、店房，供商人居住货卖用，促进了潋浦港口贸易的发展。还用日本铜铸造了2740公斤重的大钟，挂在禅悦寺的大楼上，敲钟为开市信号。日本从中国输入铜钱、香药、经典、书籍、漆器、陶瓷、文具。销入中国的有黄金、刀剑、扇、铜、硫黄等。

至元二十九年（1292年），忽必烈派兵征讨爪哇（印度尼西亚）。至元三十年二月，亦黑迷失、孙参政先领本省幕官并招谕爪哇（印度尼西亚）等处的宣慰官员曲出海牙、杨梓、全忠祖，万户张塔剌赤等五百余人，船十艘，先前往爪哇招安。向印度尼西亚招安的宣抚司官回报说，爪哇国主的女婿土罕必阇耶举国向元朝纳贡纳降，但他不能离开，土罕必阇耶离不开军队，先令引领印度尼西亚宰相昔剌难答咤耶等五十余人来欢

迎杨梓、甘州不花、全忠祖带领的招降队伍。

从杨发的任职和杨梓作为浙东宣慰副使参加招安，可以看出杨家一直是与东南亚各国有商业贸易的，杨梓等人懂得东南亚各国的风俗礼节，杨家的参与有利于招降番邦。

杨梓有个儿子叫杨枢，曾两次航海到伊朗做买卖，使海上丝绸之路延伸到了伊朗。

第一次是在大德五年（1301年），那时杨枢十九岁。致用院派他用官本船航海到伊朗进行贸易。在伊朗碰到亲王合赞所派遣的使臣聃懹所带领的使团人员要到元朝的京城来，杨枢就载他们一起来，到达京城已经是大德八年了，这年正好取消官本船制度。聃懹等朝贡事毕，没有国家船队送他们回去，请求朝廷还是要杨枢护送。丞相哈喇哈斯达尔罕答应他们的要求，派杨枢护送他们。

杨枢第二次去伊朗是大德八年（1304年），朝廷授给杨枢"忠显校尉，海运副千户"官职，佩带金信符，与聃懹所带领的使团人员从京师出发，在大德十一年（1307年）到达港口忽鲁模思。这次远航，杨枢用的是自家船队，自己做生意，一切的吃穿用品都是杨枢自己出钱置办。没有花费国家的钱，没有麻烦有关的衙门。从西洋回来时，又用自己的钱购买那里的土物，白马、黑犬、琥珀、葡萄酒、蕃盐之类的东西，带回来送给朝廷以及官员。此次出海回来以后，杨枢旧疾复发，在家养病20年。

因此，澉浦的海上丝绸之路1301年已经开辟到了伊朗一带，而且杨枢1304年冬的远航是以家族的力量完成的，比郑和在1405年7月11日出发去西洋早了101年。

六、马可·波罗眼中的澉浦港与丝绸之路

意大利航海家马可·波罗1254年出生于威尼斯,母亲早逝,十五岁时候才见到从中国经商归来的父亲和叔叔。1271年,17岁的马可·波罗跟随父亲、叔叔踏上到中国的征程。1274年,到达上都开平城和大都,并做了成吉思汗的臣下17年。1292年,坐海船离开中国。1295年,回威尼斯。1298年,《马可·波罗游记》诞生。1324年,马可·波罗病逝,享年70岁。

马可·波罗在中国做官17年期间,奉忽必烈的命令走遍了中国的各大城市,出使过东南亚、印度。在从海上去泉州、福州、广州的时候经过澉浦,在出使印度和东南亚的时候也都经过澉浦。他在写杭州的篇幅中写到了澉浦港,文中是这样描述的。

"离城(杭州)二十五英里的东北方就是大海,这里有一个极好的港湾,是从印度输运商品的船只的停泊之所。"(马可·波罗在中国时期,正是澉浦航海世家的杨发任松江港、澉浦港、庆元港三大港口市舶总司事、海运万户时期。澉浦港是离杭州最近的港口。)"海洋距此有二十五里,在一名澉浦(Ganfu)城之附近。其地有船舶甚,运载种种商货往来印度及其他国,因是此城愈增价值。""这里是一个优良的港湾,所以从印度来的货船,经常都在这里停泊。"

马可·波罗游记的内容,也证实了在元朝,澉浦港口是海

上丝绸之路的起点之一。

七、禁海封港废不了码头

明朝在南京建立后，政府只承认朝贡时附属的贸易是正常贸易，民间贸易都属走私，严加禁止。同时为了防倭寇和海盗，实行海禁。特别是浙江沿海，元末群雄张士诚和方国珍等余党仍占据海岛，又因浙江北部澉浦港口、上海港口、江苏的港口离南京最近，怕影响京城安全，这些港口全关闭。加强军事布防，禁止居民出海。澉浦又建起了城墙，潮港、运河从此淤积。原则上说澉浦港口就在海禁中退出了官方的历史舞台。

但是禁海封港还是废不了码头，民间还是有往来的。明朝《续澉水志》（卷七）中惟则条记载着这样一件事，洪武二十六年（1393年）海门寺僧惟则死时，胡秋碧已为他画像五百幅左右，不久日本商人来到澉浦，到海门寺拜佛，见到像上的惟则发留数寸，不去胡须，如头陀样子，都下跪叩拜，说是他们的国师，用重金买胡秋碧画的惟则像，胡秋碧也因此发财。从此记载中可看出，当时日本还是有货船想来澉浦进行贸易的，只是官方已经不允许在澉浦做生意了，说明元朝时澉浦的佛教对日本的影响也是很大的。

禁了海封了港，倭寇还是要来澉浦码头。第一次倭寇从澉浦长山码头上岸，到澉浦烧杀抢掠，大约是在洪武十七年（1384年，即元朝天元六年）正月十五日夜。这是澉浦从西晋时成为外贸码头以来，数百年间遭遇的第一次外来严重惨劫。

以后倭寇曾数次进入澉浦港，聚集船队，危害百姓。

洪武二十七年（1394年）5月13日，日本海盗千人从长山登岸。

嘉靖二十七年（1548年）7月，海盗在澉浦秦山坞登陆。

嘉靖三十二年（1553年）夏天，海盗从澉浦长山上岸，进攻澉浦南城墙。

嘉靖三十三年（1554年），海盗又来澉浦。

嘉靖三十五年（1556年），大批海盗登陆。

从这里可以看出澉浦已经不是国家的港口了，但是澉浦这个海上码头还是存在的。

八、重开澉浦港

《澉水新志》记载："澉浦黄道关税务，宋元最盛，自明时禁海，关遂废。国朝康熙二十三年（1684年）台湾既入版图，海氛尽殄，乃遣巡海大臣弛各处海禁，通市贸易。二十四年部议覆准浙江照闽广例，许用五百石以下船只出海贸易，地方官等级人数，船头烙号，给发印票，令防守海口官员验票放行，建海关于宁波，府镇海县。凡为口子十五，头围口黄道关其一也，时弦风旧址无存，因于南门外吊桥南赁民房为收税之所。离关署七百里。海关监督自康熙二十五年俱差部员。至六十一年始令巡抚兼任理。雍正元年以后，题委道府护理。头围口向系海关遥领稽察，海舶征收税课自海盐至海宁沿塘一带，东自行素庵起西至华岳庙止，皆所钤辖。乾隆十年，副使宁绍台道叶公士宽护理海关印务，详委海盐县监收，仍归护关稽核焉。"

　　这里告诉我们，清朝顺治年仍实行海禁。康熙二十二年（1683年）才解除海禁。二十四年（1685年）复设澉浦黄道关（归宁波管）。黄道关是宁波海关的15个口址的头围口之一，当时允许五百石以下海船进出贸易。海关在南门外租民房，作为办公、收税的关署，督理海盐和海宁沿塘一带事务，稽查海舶，征收课税。（浙东的船在这里只验票不收税）与海外的贸易从那时恢复了。到乾隆年，生意已经清淡，因此委托海盐收税了。清咸丰朝后，机动船使用，大港口开辟，澉浦港逐步冷清下来。到民国后期滩涂涨起，港口堵没。

九、海上丝绸之路客商在澉浦祭祀的海神

　　五代时期，澉浦码头海运船队出入频繁。宋代，澉浦成了四大港口之一。元代继续繁荣。来往船家在澉浦留下了许多保护神，各个时期祈求保护的海神有所不同。
　　在宋以前，澉浦的海神庙是黄道关的黄道庙（显应侯庙），庙址在长山上，供奉的是黄道大王。
　　宋代医灵祠（后来与真君祠合在一起），里人猛毅在海里拾到一神主，舍基建祠，神名吴真君。后来闽商绘像塑像，祈求医病。
　　元朝时的海神庙除了黄道庙，又增加了佑福庵（海门寺的前身），现在南大街的东侧，佑福庵供奉的是如来和观音。
　　明朝澉浦筑了城墙，洪武年在南门外的校场边增建了妈

祖庙——天妃宫，供奉了天妃娘娘，是朝廷要求建的。由于大潮，潮港的海水淹没天妃宫，天妃宫倒塌，后来搬迁到南门内大街的西侧吴家弄口南侧，乾隆四十年（1775年）重建。即现在的天妃宫遗址所在。

清朝康熙二十四年（1685年），澉浦港重开。除了修复黄道庙外，雍正十三年（1735年），民间又在南门码头边搭起草棚供奉天妃神像，出现了第二座天妃宫，俗名娘娘庙。盐商购地施舍建殿塑像，乾隆二年（1737年）苏人向往来商人募捐建前殿，乾隆十五年（1750年）建后殿。娘娘庙现在还保存有前殿的五间房子。

这些客商膜拜建造的庙，有的现在还有香火，是澉浦海上古代丝绸之路的见证。

十、结束语

再兴海盐澉浦的海上丝绸之路是我们一代代人的希望。1912年，孙中山先生计划在澉浦到乍浦建东方大港，由于种种原因，计划落空。今天，习近平总书记倡议重建"一带一路"，海盐的海上丝绸之路正在兴起，海盐港已经泊靠5000吨级外轮，我们期待澉浦码头明天会更好。

平湖报本塔藏郑和遗物考

蒋苍苍[1]

郑和是中国,乃至世界历史上杰出的航海家,是15世纪海上丝绸之路的伟大旗帜。从明永乐三年(1405年)至宣德八年(1433年)的28年间,郑和先后奉命统率由百余艘远洋舰船组成的大明皇家船队七下西洋,足迹遍及亚非30余国,开辟了中华海上丝绸之路的新纪元。但在郑和之后,明代的航海事业戛然而止。新登基的皇帝和一批目光短浅的朝廷官员认为郑和下西洋耗费巨大,得不偿失,为了防止此事重演,他们销毁了郑和留下的航海资料,郑和个人的物品也极少留存于世,所以郑和遗物是极为珍稀的。有幸的是,平湖藏有郑和遗物。

平湖报本塔,始建于明嘉靖四十二年(1563年),重建于清康熙二十七年(1688年)。2002年9月,平湖市政府在维修此塔时发现了几件文物,经浙江省文物鉴定中心鉴定,其中一件明代经卷被认定为国家一级文物。经卷为磁青纸质,横40.3

---

[1] 蒋苍苍,浙江省平湖市史志办原主任。

米，纵0.1米，卷首至卷尾的内容依次是：（一）舍利塔放光现瑞图；（二）塔名碑图，碑文是"真身舍利无量宝塔"；（三）如来灵山说法图；（四）《妙法莲华经》，全文七万多字；（五）序；（六）郑和发愿文碑画像；（七）韦陀护法神像图。全部图文都是用金粉代墨写作的，文字均楷书。本文对此经卷作于何时、最初藏于何处、何时流入平湖、何时入藏塔内、为经卷作序的圆瀞是何许人、经卷与郑和的关系等问题予以考证。

报本塔是一座由民间集资而建的七层风水塔，县人陆杲主事始建。顺治十六年（1659年）倒塌，同年12月21日开始重建，历久未竣。后改七层为五层，康熙二十七年（1688年）竣工，存至今。由于现存的报本塔是倒塌后重建的，于是就产生了这样一个问题，即初次建塔时那卷明代经卷有没有放在塔内。笔者认为没有，理由如下：

一、如果已放入，那必然在塔倒塌时经卷毫无损伤且被陆氏及时取回保存。此事可能性较小。

二、发现经卷时，装经卷的圆罐为黄花梨木质，外壁上有阴刻篆书"法宝"两字，底部有阴刻方印"陆光祖印""陆基恕印""陆钦禧印"三方印章。根据木罐底部的三个印章分析，此经卷的收藏者应是陆光祖。分析木盒底部三个印的含义，我们可以得出经卷是在塔重建时初次放入的。我认为，这三个印应该是经卷的收藏印，它表明了这部经卷收藏人的承传关系。陆氏是平湖的人文大族，历史上人才辈出。查陆氏家谱、《嘉兴市志》与明代天启年间修的《平湖县志》，可知陆光祖是陆杲的儿子，父子相差18岁。陆光祖生于1521年，17岁时与父亲同榜中举，27岁中进士，任北直浚县知县，不久即赴南京任南礼部主事。以后在南京做官达30多年，曾任南京大理寺卿和南工部侍郎、兵部侍郎、吏部侍郎、刑部尚书。最后调北京任吏部尚书，不久辞官还乡，在平湖生活五年后于万历二十五年（1597年）卒，赠太子太保，谥庄简。万历皇帝曾将其名字写于御屏，赞其清正。陆光祖晚年热心佛事，其中最重要的是在万历十三年（1585年），联合万历帝生母李太后，把被工部尚书吴鹏侵占的楞严寺旧址争回，帮助僧真可在嘉兴（平湖属嘉兴府）重建浙江名寺楞严寺（《嘉兴市志》第2071页）。据陆光祖的上述经历，我们可以推断，那卷经卷应是他在南京做官时得到的。

　　陆光祖有四个儿子，分别名基忠、基恕、基志、基道。1566年报本塔初建成时，陆光祖46岁，正在南京做官。如果此时他已有经卷，并将其藏入塔内，怎么会不把主事修塔的父亲陆杲的名字刻上，而只在木盒上刻上自己的名字呢？退一步说，即使那时陆光祖只刻上自己名字后将经卷放入塔内，那么93年后塔倒塌时，他的四个儿子都已去世，都无资格可以称之是经卷的收藏者；但现在却单单把陆基恕的印刻在木盒上，这在情理上是完全讲不通的。所以结论只有一个，即报本塔初建成时，那卷明代经卷并未放入塔内。按照合理的推测，情况应该是这样：陆光祖在南京做官期间，得到了那卷经卷，带回平湖收藏在家，后传给了基恕，基恕又传给了侄儿钦禧。钦禧遇上了报本塔重建，于是他将经卷献出，并在木盒上刻上了他与前两位收藏者的印。

现在探讨其他几个问题。先将序文与发愿文标点后全文抄录如下:

序:"夫妙法莲华经者,乃如来出世一化之根源,五时之极唱。示群生本有之知见,显诸佛心地之玄微。开九界之玄机,入一乘之实理。三周七喻,妙绝群诠。迹本二门,权全是实。所以身子最初而得记,以致极未来际,莫不濡味醍醐,俱蒙授记。故称诸经之王,实为稀世之宝。爰从汉世,教被真丹。迨至圣朝,而此经流通特盛者,良有以也。三宝弟子莫不宿植深厚,笃信佛乘,而于此经殊深好乐。于是首捐己帑,及募众缘,鸠工锓梓,以传永久。上祝皇图巩固,圣寿天齐,佛日增辉,法轮常转。乃备楮墨,印造一藏,共五千四十八部,散施十方。四部之众,若受、若持、若读、若诵,随喜见闻,尽得法华三昧,咸入佛之知见。经中云,今法王大宝,自然而至,何其幸欤。然而檀度与诸信施,若非宿昔曾于灵山会上,同授如来付嘱授记,曷能如是笃信好乐而流通也哉。比丘圆瀞嘉其为法之心,能为稀有之事,遂乃焚香濡翰,序于经后,共垂悠久云。"

发愿文:"大明国奉佛信官郑和,法名福吉祥。发心铸造镀金舍利宝塔一座,永远长生供养。所冀见生之内,五福咸臻,他报之中,庄严福寿。宣德七年九月初三日意。"

作序的圆瀞是何许人?据普陀山佛教文化研究所编的《正

法研究》1999年创刊号任林豪的文章《〈南藏〉所收天台教义述要》介绍,"《教乘法数》——此书四十卷,明会稽沙门圆瀞集。……圆瀞,字心源,身世不详,出家后从天竺雨翁习止观。明宣宗宣德年间(1426~1435年)曾任僧录司右善世"。明代的僧录司是负责和尚资格考试、颁发和尚资格证书的政府机构,设在南京隆善寺内,而郑和在第七次下西洋前也正在南京"奉旨督察"皇家寺庙大报恩寺的修建工程。郑和那时已信奉佛教,所以两人极有可能成为好友。据此推断,作序的圆瀞即是此人。从序文内容可以判定,序写于郑和第七次下西洋前,最初是附于印刷本《妙法莲华经》之后的。

我们再看郑和的那篇发愿文。"宣德七年九月初三日意"表示什么。是表示全件作品抄录完工的日期吗?否,因为如果这样,那么最后一字应该是"书""抄""录"一类,绝不是"意"。笔者认为,在这件作品中,抄录者的姓名和抄录的时间、地点均无表示;最后一句话应是发愿文的重要且必要的组成部分,它载明了发愿者是在这一天立下此意愿的。

根据这篇发愿文和卷首碑文"真身舍利无量宝塔"可知,那座镀金宝塔内是要放"真身舍利"的。现在要问那个"真身舍利"在哪里。在郑和身边吗?不可能,因为郑和第七次下西洋没有带回"真身舍利"的记载。据史载,郑和七次下西洋中,只有第二次下西洋时才从锡兰国带回一枚佛牙,可称是"真身舍利"。永乐年间南京静海寺建成后,佛牙供养于该寺,置于金银函内;郑和下西洋带回的水陆罗汉像、海棠等也存放或植于该寺。建静海寺的主要目的是祈求佛保佑下西洋的船队平安。所以我认为发愿文所指的"真身舍利",就是静海寺内的那枚佛牙。根据祝枝山《前闻记》记载的郑和第七次下西洋的日程推算,发愿时郑和正在苏门答腊。或许那时他对自己身体有了某种不祥的预感,所以才虔诚地发下此愿。

关于那卷经卷的制作时间,平湖市的几位书法人士认为,笔画如此精细、工整只有在陆地上才能写成,而且书写时自然光照必须良好;在材料齐备的情况下,约需书画高手静心工作一年才能完成。所以我们可以推断,经卷开始制作时间应在郑和第七次下西洋船队回国以后,即宣德八年(1433年)7月后。这里有一个疑问:按照郑和发愿文中的许愿,只是铸造一座镀金舍利塔,现在为何还耗时费力制作了那卷金书经卷呢?笔者认为,这是为病中的郑和祈寿。我们看到,在圆瀞的序文中,《妙法莲华经》被奉为"诸经之王",并"上祝皇图巩固,圣寿天齐"。山东即墨市博物馆收藏有国家一级文物、北宋金银书《妙法莲华经》,其中第五卷在供养人姓名后写"同造此经,愿长保安吉"(《文物》1988年第8期第72页)。清康熙五十二年,朝廷举行"皇上六十万寿"盛大庆贺活动,八贝勒进奉两件寿礼,一是"无量延寿诸佛",二是"金书妙法莲华经"(《万寿盛典初集》卷五十四第24页)。这些说明,古代的信奉者相信制作、散施、持诵《妙法莲华经》有保平安和延寿的功效。所以我认为,以郑和的名义制作金书《妙法莲华经》是一种奉佛祈寿活动。由此我们可以推断,郑和在第七次下西洋途中向佛的祈求实现了,平安回到祖国;但他的健康状况仍然令人担忧,所以郑和在还愿铸造镀金舍利塔的同时,还出资制作金书《妙法莲华经》以祈寿。此经卷制作完成后应供养在静海寺内。

那么陆光祖又是如何得到那卷经卷的呢？笔者查阅到陆光祖的同时代人、明万历进士余继登著的《皇明典故纪闻》第十七卷中有一段记载："禁中旧有大善佛殿，中有金银佛像，并金银函贮佛骨佛牙等物。世宗欲撤其殿，建皇太后宫。命侯郭勋、大学士李时、尚书夏言入视基址。言请敕可以佛骨瘗之中野，以杜愚惑。世宗曰：'朕思此物，智者曰邪秽，必不欲观；愚者以为奇异，必欲尊奉。今虽埋之，将来岂无窃发？'乃燔之于通衢，毁金银佛像凡一百六十九座，头牙骨凡万三千余斤。"明万历嘉兴举人沈德符着《万历野获编》第二十七卷"释道"篇中也有记载："直至嘉靖中叶，……焚弃佛牙头骨几尽，而释氏之不振极矣。"看来物极必反，明代先是极为崇佛，到嘉靖时则反其道而行之，一切佛骨佛牙，无论真假尽于焚毁。想必郑和下西洋带回的那枚佛牙也难以幸免。佛牙不存，那座镀金舍利塔与那卷经卷，也失去了在静海寺中存在的意义，所以极有可能流出寺外。几年或十几年后，那卷经卷被正在南京做官的陆光祖获得。

本文最后的结论是：平湖报本塔中的那卷明代金书经卷，缘起于郑和第七次下西洋途中的愿心，始制于明宣德八年（1433年）秋，目的是为病中的郑和祈寿，约一年后经卷制成，初藏于南京静海寺内，嘉靖中叶后流入民间，后被陆光祖收藏，在平湖陆氏家族中承传三代，康熙二十七年（1688年）入藏重建的报本塔内。

明清时期濮绸的生产经营与交易

顾金孚[1]

明清时期濮院镇作为丝绸业市镇，具有商品生产与交易的功能，具有和乡村联系密切的市场功能。濮院镇首先是一个生丝、丝织品以及其他相关商品的生产者、交易者的交流中心。濮院镇的经济结构与经营方式，必然带有强烈的商品色彩、市场色彩，明清时期濮院镇的丝、绸，行销全国乃至海外市场。

一、濮绸的肇始与繁荣

（一）濮绸的肇始

濮院丝绸始于南宋。淳熙年间（1174～1189年）濮氏子孙见宋室日衰，无心仕途，转而经营家业。"藏获千丁，督课农

---

[1] 段金孚，浙江省嘉兴市嘉兴职业技术学院教授。

桑，机杼之利，实自此始"[1]。元大德十一年（1307年）濮鉴在市中构居开街，设四大牙行，收积机织产品，招徕商贾。时居民大多"以机为田，以梭为禾"专营纺织。明洪武元年（1368年）朱元璋下令天下："凡民有田五亩者，栽桑半亩，十亩以上者，倍之，田多者按此例增加……不栽桑者，出绢一疋。"此又加速了濮绸生产的发展。迨万历年间，改土机为纱绸，制作精工，所产丝绸白净、细滑、柔韧耐洗濯。著名机户有陆澄槐、沈周望。家居太平巷的朱其瞻，家业绸，能洞究利弊，生产技术上别出心裁，改摇纬为打线，自制十三台织机作示范，逐渐推广。他对机户中贫困不足以供丝料者，予以资助；不符合质量者，给予指导。《浙江通志》载："嘉锦之名颇着而实不称，惟濮院生产之纺绸，练丝熟净，组织亦工，是以一镇之内坐贾持衡，行商廪至，终岁贸易不下数十万金。"清康熙、乾隆年间，濮院丝绸产销均达到鼎盛时期，"万家烟火，民多织作绢为生，为都省商贾往来之会"[2]，由此濮院形成了一个经丝绸手工生产销售为特征的专业市镇。由于丝绸的繁荣，带来了其他各行业的兴旺，外来人员剧增，居民也渐由濮氏一姓发展为多族聚居。

（二）濮绸的繁荣

濮院镇是以丝绸业市镇闻名于明清两代的。早在宋代这里已是蚕桑之乡，南宋淳熙以后，经濮氏家庭提倡，"树桑蚕

---

[1]《濮川所闻记》卷一。
[2] 民国《濮院志》卷六。

织,轻纨素锦,日工月盛,濮院之名遂达天下"[1]。元大德年间濮氏开设四大牙行,"收积机产,俟远商大贾。"[2]外地来采购的商人亦可免去商船停泊之苦,因而濮院有"永乐市"之名。据《东畲杂记》记载:"其开行之名有京行、建行、济行、湖广、周村之别,而京行为最。京行之货,有琉球、蒙古、关东各路之异。"客商称濮氏牙行所卖之绸为"濮绸"。明代万历年间,丝织技术有所革新,使濮绸无论数量还是质量都较前更胜一筹。正如《濮院琐志》所说:"万历间,改土机为纱绸,制造绝工,濮绸之史弛于海内。本朝康熙间,织业最盛,由此致富者甚众。"[3]此后濮院镇的丝织业持续兴旺发达,"以丝绸为大宗出产,阖镇生计系焉,业机工者以千计"。[4]对此种盛况,史籍记载屡见不鲜。

——康熙《桐乡县志》:"(濮院镇)万家烟火,民多织作绸绢为生,为都省商贾往来之会。"

——雍正《浙江通志》:"嘉锦之名颇着,而实不称。惟濮院所在地纺绸,练丝熟净,组织亦工,是以一镇之内坐贾持衡,行商麇至,终岁贸易不下数十万金,居民借此为利。"

——乾隆《濮镇纪闻》:"吾里机业十室而九,终岁生计,于五月新丝时为尤亟,富者居积,仰京省镳至,陆续发卖……至于轻者诸货,名目繁多,总名曰绸。而两京、山东、

---

[1] 嘉庆《濮川所闻记》卷六,《杂记》。
[2] 康熙《濮川志略》卷一《开镇说》。
[3] 嘉庆《濮院琐志》卷一,《机杼》。
[4] 民国《濮院志》卷九,《任恤》。

山西、湖广、陕西、江南、福建等省,各以时至,至于琉球、日本,濮绸之名几遍天下。"

濮院镇所产纺绸,练丝熟净,质细而滑,且柔韧耐洗涤,故名重远近。著名文人万斯同有《竹枝词》[1]一首吟咏道:

> 独喜村村蚕事修,
> 一村妇女几家休,
> 织成广幅生丝绢,
> 不数嘉禾濮院绸。

卢存心《嘉禾杂咏》[2]也对濮绸赞颂备至:

> 宋锦人传出香州,
> 清歌无复用缠头,
> 如今花样新翻出,
> 海内争夸濮院绸。

各地对濮绸的需求量不断增加,濮绸的产量究竟有多少呢?杨树木《重滩龙潭碑记》说:"日出万绸,甲于他镇"[3]。沈廷瑞《东畲杂记》说:"机户自镇及乡,北至陡门,东至泰石桥,南至清泰桥,西至永新港,皆务于织,货物益多,利市

---

[1] 嘉庆《濮川所闻记》卷三,《织作》。
[2] 民国《濮院志》卷十四,《农工商》。
[3] 民国《濮院志》卷四,《河渠》。

益旺,所谓'日出万绸',盖不止也"[1],日产量远远超过了一万匹。市场的需求刺激了一批富裕机户,大理购置织机,雇佣机工,形成相当规模的机坊。他们拥有雄厚的资本及较多的织机,雇佣各种工匠,于是镇上形成了劳动力市场,太平巷就是雇工集结的地点。《濮川所闻记》说:"太平巷,本福善寺,西出正道。阖镇织工、曳工,每晨集此经待雇"[2];《濮院琐志》说:"织工、曳工立于右。来雇者一见了然,谓之巷上""女工多任务络丝,每一两给钱三文,近则倍之一,日所获可以自给。"[3]分工细密的雇佣工匠的精湛技艺,使得濮绸不仅数量众多,而且质地精良。[4]

其时濮院丝绸品路繁多,据清代张文镐《皋庑随笔》:"丝织品濮氏只出绢帛,后有沈大德者,改为绸。"至清道光时,濮院人曹芝山和张文镐到湖州参观花绉,"归而仿制,遂改为绉"。绸有花绸,绢有花绢、官绢、箩筐绢、素绢、帐绢、画绢,绫有花绫、素绫、绵绫,罗有三梭、五梭、花罗、素罗,纱有花纱、脚踏纱、绉纱等。清朝后期又模仿湖绉,盛产濮绉。濮绸行销全国,皇室官宦普遍采用,尤其是"大富贵"等花样的濮绸,更受北人欢迎而竞购不衰。卢存心诗赞曰:"宋锦人传出秀州,清歌无复用缠头,如今花样新翻出,

---

[1] 嘉庆《濮院琐志》卷一,《机杼》。
[2] 嘉庆《濮川所闻记》卷二,《地宇·坊巷》。
[3] 嘉庆《濮院琐志》卷一,《机杼》;《濮院琐志》卷七,《杂流》。
[4] 参看陈学文《明清时期江南的一个专业市镇——濮院镇的社会经济结构》,见陈数《明清时期杭嘉湖市镇史研究》第231~244页。

海内争夸濮院绸"[1]。

二、濮绸生产的特色

濮绸生产用之"土丝",多用春蚕鲜茧,由养蚕户手工缫成,充分保持鲜茧原有的"伸张力",减少"落绪率""缫折"亦小,丝的色泽比干茧所缫之丝更为光润。

开挖机坑。绸机长两丈许,机腿后长两尺,前倍之。前后腿之间支以木,高近1.7米,名中机腿。前机腿前立两柱,高2米,横木成框,俗呼牌楼。又有耳柱两根,高16厘米,以贯受绸之轴,亦称肚轴,轴长约1.5米。轴之前横竹,为织者所坐,其下为坑,坑深约0.7米,长近3.5米,广半之。机坑不仅能使机身着地,起稳固作用,而且使织机上的经纬丝能吸收到地下湿气,增加含潮率使经纬丝宽松适度,减少经丝断裂,提高丝绸质量,在西北风起,气候干燥时,"机坑"的给湿作用更为显着。

濮院的纤子(纬线)浸在水钵之中,从钵内取出纤子随手装入梭子,带水操作,加密梭脚,可使绸面平整润滑又富有弹性。

濮绸生产使用"竹扣",手工送梭,速度慢,每分钟50~70梭,与用"钢扣"的现代电动丝织机相较(每分钟约200梭,花梭阔机也有100~150梭)无可比拟,但竹扣受潮后不生锈,可保证丝绸产品的质量。

濮绸(绉)分"素濮""花濮"两种,生产花濮要有提花

---

[1] 民国《濮院志》卷十四。

装置，绸机上的"花楼"就是为提花设置的。前机腿端左右各立两根木柱，高约1.7米，其上置横木四根作方框，直径约1.5米，横径约1.7米，其后为拽花者所坐，高若楼故曰花楼，俗名虎箱圈。圈内为棋线与牵线，圈之上植木两根，俗呼冲天木，上再置横木作"井"状，以挂牵线，这也是绸机最高处。通过花楼，制成各种不同花纺图案的绸料。花濮绸面一般均为平纹组织，不及杭州，苏州制品光耀夺目，但其柔韧平滑为苏杭所不及。因此，抗日战争胜利后，濮绸已经衰落，机械化缫丝织绸已充满市场时，北平等地崇尚朴实之风者仍依恋濮绸。

三、濮绸的生产经营与交易

由于濮绸生产发达，推动了丝绸商业的经营，镇上丝行绸庄林立，多达40余家。丝行无不兼营绸业，绸庄虽不业丝，但必须购买新丝贷于机户发丝收绸，其资本皆巨万以上，故独资少合资多。机户大多无资本，需仰赖于牙行。

（一）牙行："聚四方商旅"

市镇上经济实力最为雄厚的首推各类牙行，它们是市场的主体，作为商品生产者与商品收购者的中介，是乡人与客商之间的沟通者。一方面招揽生产丝、绸的乡人，另一方面接待四面八方前来收购丝、绸的客商，左右着市面繁荣与生意兴旺，成为市镇商业运作与市场流通的主体。它们是市场经济发展的必然产物，自有它存在的合理性。牙行其实是市镇经济繁荣的标志,一旦牙行消失,那么市镇的衰落将不可避免。在市镇的鼎盛时期,牙行不仅生意兴隆,而且门类广,数量多。

濮院镇牙行门类繁多,有绸行、丝行、桑叶行、烟叶行、六陈行、麻皮行等。《濮院琐志》说:"各行之外,其杂卖鸡、鹅、豆、麦等物者,谓之小行。粜籴糠粞,必有主人经手,谓之糟食行。招揽柴船,及每早率乡人向各家以油易肥者,谓之酾油卖柴。主人宗曰白赖,谓之不当官也。"[1]

濮院镇作为一个商业中心,镇上牙行、店铺比比皆是。而商业主体是绸行、丝行、桑叶行、烟叶行、六陈行、麻皮行,基本上体现了濮院镇及其四乡的经济特色,通过这些牙行,附近生产的绸、丝、桑叶、烟叶、粮食(俗称六陈)、麻皮在此集散。这些牙行大多资金雄厚,生意兴隆,控制了本镇居民及四乡农家的生产、经营,成为本镇经济盛衰的标志,以下分别对牙行加以介绍。

绸行,又称绸庄,它是本镇商界的龙头老大。这道理很明显,绸业是本镇的支柱产业。正如《濮院琐志》所说:"机杼为阖镇恒产,男妇借此养育者,累累皆是。计其名,有络丝,有织工,有挽工,有牵经,有刷边,有运经,有扎扣,有接头,又有接收,有收绸,有看庄,或人兼数事,或专习一业。生平足不出里巷,目不见外事,衣于是,食于是,尽其力而终身焉。非止借此糊口,所关于人心风俗者,正复不浅。余若丝绸牙行,若炼坊,并一切贸易,莫不仰给乎是。"又说:

---

[1] 嘉庆《濮院琐志》卷七,《杂流》。按:杨树本《濮院琐志》有乾隆三十九年(1774年)序,刊刻于嘉庆十三年(1808年)。

"濮绸著名,首推陆澄怀,其次沈周望,今犹远近传之。一绸既成,有接收者诣绸行售卖,每匹除用钱若干。市间另设绸庄,每日午前行家齐赴庄面收绸,谓之出庄。其素能直绸者,每行各用一人,名曰看庄。归行覆按,谓之覆庄。覆庄准,其绸始合花样矣。绸有丝头未净,行中招人修剪,谓之修绸。绸未熟,有坊为煮,谓之炼坊,坊中炼工不下数十人,谓之炼手。于是,绸无花素,各直省客商熙熙攘攘按期采买,而可以衣被海内矣。"[1]民国《濮院志》说,绸庄在清嘉、道前通称绸行。机户织成绸匹后,有称为"接手"的中介者,为之代指绸行出售,抽取"用钱"若干。绸行也在每天午间"赴市收绸",称为"出庄"。这是清代的状况,民国时期已有变化,故民国《濮院志》说:"今机户卖绸,直接售于绸庄,并无接手,亦无出庄。盖昔时京省客帮到镇买货,绸行系代客买卖;今之绸庄则坐庄收货,而销售于他省,性质不同也。"[2]镇上或四乡机户生产的绸匹,绸行收购后,交付炼坊"炼熟"(使生绸变成熟绸),然后销售给各地来镇购买的客商。绸行招接的客商,有来自附近城镇,也有来自闽、广、两湖地区,更多的是京帮商人,因此镇上专门接待京帮商人的"京行",经济实力最强。乾隆时人沈廷瑞《东畲杂记》说:"其开行之名,有京行、建行、济行、湖广(行)周村(行)之别,而京行为最。京行之货,有琉球、蒙古、关东各路之异。"民国《濮院志》补充道:"今无京省镳至,亦无京、建、济、湖广、周村

---

[1] 嘉庆《濮院琐志》卷一,《机杼》。
[2] 民国《濮院志》卷十四,《农工商》。

等行名。"光绪、宣统年间濮院镇绸庄为了扩大经营范围,纷纷前往苏州、上海设立分庄,以便京帮客商之接洽。民国以后,绸庄生意衰退,不再在苏州、上海设立分庄。绸庄虽然还有不下二十家,但营业已大不如前,沦落到四处兜售的地步。镇上的丝庄无不插手绸业,而绸庄并不插手丝业,只是购买新丝贷于机户,再收机户织成的绸匹,这种做法称为"拆丝"。[1]

丝行,清代同治、光绪年间以前,大多分布于大有桥街、义路街、女儿桥街一带,民国以后都集中于义路街一带。农家养蚕缫丝后,抱丝售于丝行。每当新丝上市,丝行生意兴隆。乾隆时人杨树本说:"是时新丝盛,乡人抱诣行,交错道路。丝行中着人四路收揽,谓之接收日,至晚始散。于是泉布盈肩,乡之人有料醉街头矣。"[2]丝行所收购的丝,除转销给本镇机户外,大批销售苏州、杭州、镇江、盛泽各帮客商。每逢小满时节,新丝开秤,此时农家最为繁忙,农谚有"小满动三车"之说,即丝车、油车、水车一起开动。濮院镇四乡农家丝车所缫之丝往往供不应求,于是邻近地区农家也把丝拿到濮院镇来出售,甚至在它西南六十里的石门镇也是如此;"如客帮需货,而丝价提高,则远如石门湾街处乡丝亦麇集于镇"。[3]由于丝行所需资本巨大,因此丝行独资者少而合资者多,而且无不与钱庄有资金往来,依靠钱庄资金,囤积丝货,待丝价上涨后抛售获利。民国时期,时局不安定,丝价一落千丈,丝行

---

[1] 民国《濮院志》卷十四,《农工商》。
[2] 嘉庆《濮院琐志》卷六,《岁时》。
[3] 同上[1]。

倒闭七作家，一蹶不振。[1]

桑叶行，设于镇东西南北栅附近，以利装载桑叶的船只进出。立夏后三日，新桑叶上市，各桑叶行开市收购，有头市、中市、末市，每一市三日，三市共九日。每日又分早市、午市、晚市，市价一日三变。蚕户买叶不付现钱，待新丝上市后付清，称为"敲丝车钱"。[2] 道光时沈涛《幽湖百咏》其中之一就是关于叶市的：

> 青叶行开四市梢，
> 客船衔尾恣喧闹，
> 叶仙诗句今年好，
> 毕竟丝车钱易敲。

绸行、丝行、桑叶行，构成了濮院这个丝绸专业市镇的基本特色，也是维系这个经济中心地持续繁荣的三大经济支柱。仅次于以上三大行业的是烟叶行、麻皮行、六陈行。濮院镇西南乡生产烟叶，人称桐濮烟，乡人鉴烟叶获利比桑麻丰厚，乾隆以后种者渐多，成为大宗物产[3]。镇上西南市开设烟叶行，由江淮客商运销至江北各地。每当烟叶上市，各烟叶行在西南栅外揽收，在桥头、路口随地交易，称为出庄[4]。麻皮行，以收购麻皮为业务，多设于东市。六陈行，经营米、麦、蚕豆、

---

[1] 民国《濮院志》卷十四，《农工商》。
[2] 同上。
[3] 民国《濮院志》卷十五，《物产》。
[4] 同上[1]。

黄豆、杂粮，兼营零售米铺。濮院镇四四乡农家以蚕桑为主业。所谓"以机为田，以梭为耨"[1]；加之地狭人稠，"本地所出之米，恒不足供本地之食，故必赖客米接济"[2]。六陈行及其兼营的米铺，提供了客米流通的渠道。

（二）客商："作贾持衡，行商麇至"

濮院镇的丝、绸，行销全国乃至海外市场，在这个流通过程中，各地客商以及由他们所结成的商帮，功不可没。当然，商人熙熙攘攘都是为了逐利，在他们眼里，精美绝伦的蚕丝以及丝织品可以为他们带来巨额利润，致使丝绸业市镇上富商大贾云集。那副俗不可耐的对联："生意兴隆通四海，财源茂盛达三江"，用在这里，倒是很贴切的。

濮院镇以产濮绸闻名，"万家烟火，民多织作绸绢为生，为都省商贾往来之会"[3]；"一镇之内，坐贾持衡，行商麇至，终岁贸易不下数十万金"[4]。一年的贸易额高达白银数十万两，无疑是惊人的，但这种估计极为保守。从史料可知，康熙时绸价为每两值银一钱[5]。一匹绸轻重不等，重的十六七两，轻的二三两，故以每匹十六两计，一匹售价为银一两六钱，十万两银可买六万二千五百匹绸，五十万两银可买

---

[1] 嘉庆《濮院琐志》卷六，《习尚》。
[2] 嘉庆《濮院琐志》卷十四，《物产》。
[3] 康熙《桐乡县志》卷一，《市镇》。
[4] 雍正《浙江通志》卷一百二十，《物产》。
[5] 乾隆《吴江县志》卷三十八，《风俗·生业》："明嘉靖中，绫绸价每两银八九分，丝每两（银）二分。我朝康熙中，绫绸价每两（银）一钱，丝价尚止三四分。"

三十一万二千五百匹绸。清初人说，濮院镇"日出万绸"，一天的交易额就是一万匹，贸易额达银一万六千两，全年贸易额必定超过白银一百万两无疑。何况乾隆时人沈廷瑞《东畲杂记》中就曾指出："日出万绸"的估计过低——"所谓日出万绸，盖不止也"[1]，由此可以推论，濮院镇全年的绸匹交易额当在白银数百万两左右。客商的购买力之大，于此可见一斑。

（三）机坊："雇人织挽"

由于各地对太湖周边地区生产的精美绝伦之丝绸的需求与日俱增，小规模的农家的个体劳动显然难以在数量与质量上有所突破，于是在市镇上涌现了大批以雇佣劳动为特征的手工作坊——机坊。

濮院镇的情况也大体如此。拥有较多织机与雄厚资本的机坊，在生产旺季，临时雇用工匠，都可以从镇上的劳动力市场得到解决。镇上的劳动力市场位于镇北部的太平巷，太平巷并非主要街道，却与北大有街、北廊棚相连接[2]。濮院镇东通寺弄、西至北汇，而寺弄、北汇也是小街，寺弄——东至香海寺前，西至太平巷；北汇——在太平巷、定泉桥之间。方便的交通条件使它成为有一技之长的劳动力的待雇佣集结地点，即劳动力市场。《濮川所闻记》写道："太平巷，本福善寺，西出正道。阖镇织工、拽工（即曳工），每晨集此以待雇。"《濮院琐志》有两段文字写得更为具体："机杼为阖镇恒产，男妇

---

[1] 嘉庆《濮川所闻记》卷三，《织作》，引沈廷瑞《东畲杂记》。
[2] 参见民国《濮院志》卷二，《衢巷》。

借此养育者累累皆是。计其名，有络丝，有织工，有挽工，有牵经，有刷边，有运经，有扎扣，有接头；又有接收，有收绸，有看庄。或人兼数事，或赚习一业。生平足不出巷，目不见外事，衣于是，食于是，尽其力而终身为焉。"

织工，拽工或遇无主，每早各向通衢分立，织工立于左，拽工立于右，来雇者一见了然，谓之"巷上"。

濮院镇的雇佣劳动者，还有很多，例如炼坊雇用的"炼手"——"每坊佣者数十人，名曰炼手"。其他各行各业的佣工有："典当司柜，多徽州人；成衣、木局，多宁波人；镊工，半句容人；染坊、银匠，多绍兴人；漆工，多江西人。"

机坊还仰赖经过加工的成品丝的供应，大多把丝交给家庭妇女加工，称为"络丝"。关于络丝，《濮院琐志》说："妇女多任务络丝，每一两给钱三文，近则倍之，一日所获，可以自给。"显然，这是另一种形式的雇佣劳动——按照络丝数量的多少支付工钱（由一两三文增至一两六文），妇女络丝一天所得工钱可以养活自己。

络丝的工具比较简单，主要凭借手艺。《濮院琐志》记载了这种手艺："络丝之法，用木两根，约三尺许，一木巾衔小木，一木穿方孔，将所衔木插入，以便展合。用竹八根，长可四尺，分立两木上，借以绷丝，谓之'络肚'。壁间起细竹，绳系其腰，坠以砖，使竹轩昂空中。竹之巅设半钩引线，谓之'挑头'。削木六片，厚三四分，广一寸，作米形，分两头，用细竹六根不盈尺，嵌其木之端，以受丝，谓之'篗子'。篗通其中，插以木柄，长二尺许，左手拈丝，右手持柄，旋转指间,使其丝缠绕而上,所谓络丝是也。"

于络丝相衔接的是牵经、刷边、运经,都需雇工操作。

牵经——"用木四枝,横二,各余丈;直二,高五六尺。两直木各有齿层累而上,谓之'经竿'。扒头横竹一根,挂空中,竹上列钩,谓之'撩眼'。编竹成桊……谓之经窗。以所络经籫布竹下,引丝钩中人,自经窗复分其绪,两人牵绕木齿,横经其架,谓之牵经"。

刷边——"以丝横经空处,一人持木器,一名边梳,丝用小粉浆往来刷,使匀,谓之刷边"。

运经——"设木架两处,按机轴,相去两丈余,名运床。以所牵之经布其上。有竹器名箓,视边梳边较长,以粉浆梳之。良久,旋转轴,以次收卷,谓之运经"。

分工如此细密,如此撰有额,无怪乎"濮绸"名重四方,"各直省客商熙熙攘攘,按期采买,而可以衣被海内矣"。机坊不仅对于丝的整理极其讲究,而且考究绸缎花样,在织机花楼上的拽工(曳花儿)的操作,都有板有眼,按照传统工艺进行:"机上有木架,谓之花楼,拽工坐其上,花样另有蓝本,业是者以世相传,需用时,向其家赁之。拽者随其样,两手扯拽,令开其丝,梭跳越而过,则丝浮而亮,凑合成花,无不必肖。"在这方面,机坊与佣工功不可没。

四、濮院丝绸的衰落

自南宋淳熙至清道光,濮绸繁荣昌盛历经660余年,迨1840

年,鸦片战争后,国势日衰,帝国主义资本侵入,在通商口岸建行办厂,掠夺蚕茧原料,使濮院的丝绸业受到严重危害。如当时在丝绸行业中占领先地位的濮院朱春茂丝行兼绸庄,就有上海美鹰洋行、恒茂丝栈的洋商及华人买办"坐庄"压价收购土丝出口。再加之国内机械缫丝工业开始兴起,而濮院的丝绸生产仍停留在手工操作阶段,这又使濮院丝绸生产处于困境。1916年虽有镇人孙廷璋、胡杏园、沈子祥、刘廷玉等人赴杭州甲种工业学校深造,学成归来,改革生产,将木同改成铁机,但终因集资困难,又无电力设备,机械缫丝终难实现。由于丝绸生产滑坡,丝行绸庄到1921年左右,仅存18家,其经营规模已大大逊于明清时代,唯五月新丝上市旺季十余日内,每日成交额可达二三十万银。1924年江浙齐卢战事起,交通中断,销售停滞,存货积压,丝价猛跌,生产受挫,使濮院的丝绸业成了强弩之末。期间,虽有镇绅徐颂嘉力图革新,于濮院镇西河头,即现在油厂的厂址,创建丝厂,改良木同30台。生产的"木车丝"优于"土丝",但尚比不上电力机械化缫制的条纹细,匀度好,缫折小,产量高的"厂线",不久即告关闭。1930年左右,又有常熟人黄利华,在濮院镇义路街开办"卿云"电机厂,自备发电机,设备齐全,生产丝绸各道工序机械化,未几亦关闭。1937年濮院沦陷,遭到日本侵略军毁灭性的破坏,织机损失殆尽,丝行、绸庄倒闭,濮院丝绸从此一蹶不振,仅存朱致仁、瑞隆、盈利记三家丝行绸庄,依靠附近农村机户,勉强维持。

浙西海塘的修筑特点与沿海区域开发

方复祥[1]

以浙西海塘为主的江浙海塘与长城、大运河一起为中国古代三大伟大工程，曾被誉为"海上长城"。江浙海塘分为浙西海塘、浙东海塘、江南海塘，历史上又称江南三塘。其中，自杭州城外乌龙庙至江南金山周家泾，海塘工程（历史上又称塘工）长137千米，称浙西海塘。浙西海塘又可分为杭海段（杭州至海宁）和盐平段（海盐至平湖）（清代，杭海段从乌龙庙至老盐仓称西塘；老盐仓至尖山称东塘）。宋代改道为路，两浙路以钱塘江为界，分两浙西路、两浙东路。作为自然地理的浙西泛指太湖流域。至明清，自然地理的浙西，范围收缩至太湖南岸的杭嘉湖三府。这是浙西海塘之名的由来。钱塘江南岸海塘统称浙东海塘，大部分地段以天然山体为屏障。江南海塘是清代对昭文、太仓、镇洋、宝山、川沙、南汇、奉贤、华亭、金山九州岛县厅江塘、海塘的统称，其石塘为20余千米，其余

---

[1] 方复祥，浙江省嘉兴市委党校研究员。

均为土塘。

浙西海塘在江南三塘中地位最重要、形势最严峻。这与浙西的历史地理形势及其地理环境变迁有关。

浙西、江南以太湖为中心，北、东、南三个方向，一望平川，百浦纵流入海。在这里江海湖一体，正如清人袁昶所言"大江衔落日，千里怒潮生"[1]。就是在唐代以前古代三江纵流顺畅的情况下，盆地中心地带也面临着卤潮侵袭的问题。所谓良田仅集中在太湖周边洼地地带，而近海地区虽有鱼盐之利、港口之便，但其农田化进程相对滞后。如宋代秀州下面华亭县吴淞江上的青龙镇、海盐县的广陈镇港口贸易兴盛，特别是青龙镇"南通漕渠，下达松江，舟艎去来，实为冲要"[2]，"据沪渎之口，岛夷、闽越、交广之途所自出……舶辐辏，风樯浪楫，朝夕上下，富商巨贾、豪宗右族之所会，也号称小杭州"[3]。广陈镇也有河道通海，飞潮于岸，而"番舶至乍，肆列珍异于此，故曰广陈"[4]。可以想象两镇尽管在宋元时有贸易之便，但毕竟是"黄茂不粒"之地，在宋代《敕建秀州海盐县普照寺基记》中也提到，唐咸通三年（862年），广陈一带"海潮泛滥，将害粢盛"[5]。唐宋以降，江南沿海地带出现了一伸一缩的局面，在上海一带，由于长江及太湖冲积泥沙的淤

---

[1] （清）袁昶《黄浦江与友人别》，见《浙西村人初集》。
[2] （宋）章岷《重开顾会浦记》，（元）至元《嘉禾志》卷二十，《碑碣五》。
[3] （明）弘治《上海志》卷二，《山川志》。
[4] （明）天启《平湖县志》卷一，《舆地》之四。
[5] 《敕建秀州海盐县普照寺基记》，见（明）天启《平湖县志》卷三，《舆地》之七，《寺观》。

积,其岗身高地日益向外延伸,而在杭州湾北岸自金山至海宁、仁和一带,由于海潮冲击,陆地日益内缩,大片沿海土地沦于海涛。应该说,唐宋元三代对江南的海塘建设不是不重视,唐代在此修筑了捍海土塘(又名太平塘),宋代利用柴塘固岸,元代采用石囤木柜方式修筑塘堤。然而由于自然、技术、资金等方面的因素,其修筑的海塘均为浪涛所吞没。据宋代鲁应龙《闲窗括异志》云,唐代在海盐一带修筑的18条捍海塘堤至宋时已无一存者。原来金山、乍浦九山外面及唐在海盐县城外建立的宁海、望海两镇都在陆地上,至宋代金山和海盐两镇都为海水所没。与独山相对的黄盘山本与海岸相连,原有九涂、十八滩、三十六岸沙,后来也悉沦于海。杭州府盐官也面临同样的困扰,宋代海宁盐官"数岁以来,水失故道,早晚二潮,奔冲向北,遂至县南四十余里尽沦为海。近县之南,元有捍海古塘亘二十里。今东西两段并已沦毁,侵入县两旁又各三四里"[1]。可见,元明之际,潮水已直逼海盐县城和平湖滨海居民密集居住地带。清代,自南宋以来形成的沙坎使涌潮汹涌无比、反复无常,使钱塘江江水自南大门而中小门而北大门,潮水直逼盐官和杭州。因岸线逼近海岸线内侧的居民稠密区,明清海患的严重性与以往相比有过之而无不及。如史料记载,成化八年(1472年)海患,海盐、平湖、上海等地溺死男女数以万计,咸潮侵入内地数十里,毁尽侵入地带的庄稼与棉花。又如,雍正二年(1724年)夏天,内河潦灾和海溢同时发

---

[1]《宋史》卷九十七,《地理志》五十,《河渠七》。

生,淹没沿海成片农田和庐舍。海水侵袭,使海盐、盐官二县的县城直接濒海,又因江南地势是四周高中间低的盆地,海塘冲决,更使海水、咸潮直接倒灌内地,并威胁整个江南区域的民众生命、田舍沟洫及江南漕运。所以,宋时就有人指出"今之大患,大概有二:一曰陆地沦毁,二曰咸潮泛滥"[1]。在这里,二患其实为一,即海患。鉴于当时的条件,时人认为陆地冲毁是"无力可施",所以只能做些补苴罅漏性质的土塘以防咸潮涌入。在海岸线变迁的同时,以三江为代表的入海浦道日益湮塞,造成盆地潦水严重,水患不断。如此,对江南而言,后世在这一区域的水利主要是解决上述两大问题,即疏浚河道和巩固杭州湾北岸的海岸线。

河患和海患两害相权,海患如再得不到有效控制,吞噬岸线,则杭、嘉、湖、严、绍、苏、松、常、镇九郡有"悉为鱼鳖"的危险。因此,修筑坚固的防御工事,刻不容缓。明清两代,朝廷根据潮水海灾轻重情况,对浙西塘工的重视程度有所区别。明代塘工集中在嘉兴府盐平段的海盐,清代则集中在杭州府仁和、海宁的东西塘。

当然,明清治海形势的严峻与这一时期江南的人口与经济也有关。就人口而言,两宋以后,江南得到大规模开发,人口日趋稠密。而灾害总是与人口相联系的。以嘉兴府为例,太平兴国五年(980年)嘉兴人口密度为每平方千米15人[2],而到道光中叶,则上升为900余人。就经济而言,唐宋以降,太湖流

---

[1]《宋史》卷九十七,《地理志》五十,《河渠七》。
[2] [日]斯波义信:《宋代江南经济史研究》,第155页,江苏人民出版社,2001年。

域经济地位日益上升,成为政府的财赋渊薮。诚如《元史》所言:"江浙财赋,居天下十七。"[1]

两浙的内河河渠体系在唐宋已基本构筑完成。清代"浙西水利,在浙东则有海塘,在浙西则有海塘而外又有溇港"[2]。这里,明确把海塘修筑与从太湖上游治水作为清代治理太湖流域水利的重点。而其中的浙西海塘又是明清特别是清代政府在江南的水利重心。

唐宋以来,塘工屡毁屡筑,前赴后继,至明清终于形成修筑特点与模式。

一、政府重视,民众参与

明清政府对治海更加重视,认为塘工不仅是沿海所在州县的职责,更是区域政府乃至朝廷的职责。明初大兴水利,朱元璋下诏"所在有司,民以水利条上者,即陈奏"[3]。明初在江南的水利行动兼顾河海确为史实。洪武三年(1370年),有海盐邑人潘允济上书朝廷筑塘防海,朝廷即遣官修筑,在海盐易土为石,修筑石塘7900千米。永乐三年(1405年),风潮冲毁海盐海塘,朝廷派遣通政使司右通政赵居任募浙西苏松等九府人力增土修筑石塘。至万历年间,浙抚徐栻、滕伯轮等先后主持盐平段海塘修筑。

---

[1] 《元史》卷一八三,《列传》七十,《苏天爵传》。
[2] 《大清会典事例》卷九二九,《工部》六十八,《水利》。
[3] 《明史》卷八十八,《志》六十四,《河渠六》。

清中前期对塘工的重视程度超越历代,地段主要集中在受涌潮冲击的杭州府海宁、仁和二州县。《清史稿》言:"清代易土塘为石塘,更民修为官修,巨工累作,力求巩固,滨海生灵,始获乐利矣。"康雍乾三朝帝王对塘工格外关注。康熙初年,海宁塘溃7000余米。总督赵廷臣、巡抚朱昌祚请拨帑修筑,并修筑尖山石堤1.6万余米。二十七年(1688年),修筑海盐石塘3400余米。三十七年(1698年),飓风冲决海宁、海盐石塘6700余米,拨帑修筑。雍正年间世宗以"浙江沿海最为紧要",谕令:"海塘关系民生,必须一劳永逸,务要工程坚固,不得吝惜钱粮。""如果工程永固,可保民生,即费帑千万不必惜。"[1]乾隆六下江南,四次巡阅并指导塘工。二十七年(1762年),乾隆巡阅塘工,谕曰:"朕念海塘为越中第一保障。比岁潮渐,实关海宁、钱塘诸邑利害。"三十年(1765年),第二次巡视海宁塘工,谕曰:"绕城石塘,实为全城保障。塘下坦水,祇建两层,潮势似觉冲顶。若补筑三层,尤资裨益。着将应建之四百六十余丈一律添建。"[2]四十五年(1780年),巡视尖山海塘,并于同年十二月命大学士阿桂、南河总督陈祖辉赴浙江负责海塘。乾隆觉得"柴塘究不如石塘坚固,以资永久保障",遂谕令"将西塘老盐仓及乌龙庙等处柴塘,共长九千五百四十丈,一律改建石塘"[3]。至

---

[1] (清)方观承纂修《两浙海塘通志》卷首,《诏谕》;《清史稿》卷一二八,《志一百○三·河渠三》。
[2] 《清史稿》卷一二八,《志一百○三·河渠三》。
[3] (清)乌尔恭额纂修《续海塘新志》卷二,《防汛》。

此，老盐仓一带的"柴石之争"最后以乾隆的诏谕而告终。在柴塘内侧数十丈处的石塘未完工之时，乾隆看到地方官和居民有拆柴塘工程的举动，复谕令：此为"开门揖盗之举""朕亲临阅视，尔时柴工倘有损坏，惟该督抚是问"。[1]四十九年（1784年），巡视杭州海塘，时老盐仓石塘已完工，谕曰："自应砌筑坦水防护。乃该督抚并未虑及，设遇异涨，岂能抵御？""着拨帑五百万，交该督抚核算，分限分年修筑。"[2]当乾隆看到柴塘、石塘两塘中间"有沟槽积水，并无去路，塘根势必淹浸渗漏""命填实沟槽，栽种柳枝，俾柴石联为一势"。[3]

清代帝王重视浙西海塘，派遣官员负责，形成大臣阅视、重臣督理、杭嘉湖道统理、东西防和乍浦防专司塘务的格局。

明清重视塘工，修筑频繁，还反映在海塘志书的修纂方面。嘉靖和万历年间，浙江水利佥事黄光升和知县仇俊卿分别有《筑塘说》《海塘录》。清代则上升为督抚大臣主修塘工志书，主要有方观承等修的《敕修两浙海塘通志》、觉罗琅玕的《海塘新志》、乌尔恭额的《续海塘新志》等。

清代所谓"更民修为官修，巨工累作"基本属实，但并非没有地方绅民的支持与参与。明代的塘夫银、岁修海塘银是民众对塘工的直接支持。此外，还有绅民的捐献和关注。如，雍正二年（1724年），乍浦海塘决口83处，平湖知县及地方绅民捐资抢修。同年，澉浦海灾也相当严重，当地里人杨朋来等七

---

[1]（清）琅玕纂修《海塘新志》卷一，《天章一》。
[2]《清史稿》卷一二八，《志一百〇三·河渠三》。
[3]（清）琅玕纂修《海塘新志·按》。

人捐资修筑了1300余米石塘。道光二年（1822年），堆积在海塘上的乍浦木山发生特大火灾，并损坏了当地的石海塘。乍浦木商踊跃捐银8千两，修筑完好。又如，雍正年间乍浦发生的汤山采石公案，缘起于地方绅民的呼吁。[1]

二、不吝巨资，保障财力

社会上下对塘工的重视，为海塘修筑提供了较充裕的人力、财力和物力支持。明代，凡涉及塘工，大臣"必檄苏松九郡财力"[2]。从弘治年间开始，开征嘉兴府属七邑塘夫银，岁为7千两，万历三年（1575年）开始征杭嘉湖三府岁修海塘银。清代，数位帝王要求塘工一劳永逸，经费方面极为宽松。嘉道以前主要由朝廷直接拨帑银修筑，筑塘力求坚固耐久。除前文提到的经费外，又如道光十三年（1833年）朝廷大兴东西塘工，刑部侍郎赵盛奎、前东河总督严烺会同浙抚富呢扬阿修筑，至十六年告竣，计修筑各类塘工（约230千米），用银达157万两之巨。太平天国战乱后，国库空虚。同治七年（1868年），经两江总督曾国藩奏请，塘工恢复岁修岁筑。光绪三年（1877年），修海宁、仁和鳞塘4000米。十二年（1886年），浙江巡抚刘秉璋认为海盐石塘修筑年份已久，坍损过半，建议重修，用银20万两。

《清会典》对江南塘工和浙西塘工用费都有记载，从

---

[1]《禁采山石公案》，见（清）乾隆《乍浦志》卷二，《山川》。
[2]（清）光绪《海盐县志》卷六，《舆地考·海塘》。

中我们看到清代对浙江两塘特别是浙西海塘的重视。其中有云:"江南海塘每年于节省平余银内拨银四千两,交苏松道经管""浙江于本工余剩银内拨银50万两,发商生息,岁得息银六万两,作老盐仓迤西岁修新旧塘之用,又于本工经费项下,拨银50万两,岁得息银六万两,作东西两塘岁修加贴之用,又于盐务项下,每年节省银2.7万两有奇,备零星筹项之用,又于西湖生息本银20万两及积存藩库银生息六万两内,拨银1.6万两,作两塘埽工岁修……如不敷,奏明动用程费银两,凡应修筑之工,承修之官会同地方正印官确估,录造清册。由该管道员详覆申报督抚咨部。工竣据实题销。遇有紧要工程,承修官先行督率兵夫,上紧抢护,即弛报该管道员亲往察看,确估详办。"[1]如此数据,历代大为不及。

由于经费的保障,清代塘工开始出现抢修、岁修之名。康熙五十七年(1718年),浙江巡抚朱轼"奏请逐年修筑工段,用过帑金,据实报销,而岁修之名肇此矣。雍正六年,总督李卫奏请将一时骤决不可缓待之工,先行抢筑,而抢修之名又于是始"[2]。清代岁修之制及经费保障,大大增加了塘工的频率,并使大规模采用巨石构筑海塘成为可能。

三、技术进步,塘式创新

宋元以前的塘型塘式为明清治海积累了正反两方面的经验

---

[1] (清)昆岗、吴树梅纂修《清会典》卷六十,《史部》。
[2] (清)方观承纂修《两浙海塘通志》,《凡例》。

教训，从而促成明清筑塘技术质的提升，塘型式样也有历史性的创新。明清因地制宜，形成了以大石塘为主，辅以土塘、柴塘、石土塘的塘身体系，并对护塘设施做创新，形成综合治塘技术模式。

明初筑塘始易土为石，采用块石纵向叠置，内培泥土，但稳固性不强。成化十三年（1477年），按察副使杨瑄仿王安石知鄞县时所筑的海塘，采用竖石斜砌，成斜坡式，称坡陀塘。嘉靖二十一年（1542年），佥事黄光升吸取前人治塘经验，建成上下十八层的五纵五横石塘。具体是去塘脚浮土，见实打桩，桩上二层用条石五纵横交叉，第三层起每二层递减，并向内收缩，至第十八层以一纵二横封顶。因收缩像鱼鳞状，故称鱼鳞大石塘，简称鳞塘。鳞塘每丈耗银300～400两，但坚固实用。

新鳞塘是对鳞塘的改进，先用于东西塘，并再作推广。清前期，海盐的石塘、鳞塘作为标准塘在海宁、仁和、平湖等地推广。但东西塘地段沙性极重，流沙移动，施工困难重重。康熙五十九年（1720年），筑老盐仓鳞塘，原计划4500米，实际筑1660千米，其余皆因"土浮，不能置桩砌石之处"[1]，只好仍筑土塘。乾隆九年（1744年），海宁鱼鳞大石塘完工，共历时八年，继巡抚朱轼、大学士嵇曾筠之后先后有七位总督或巡抚主持塘工。朱轼在修海宁塘工时，基本沿用黄光升之法，并针对海宁情况，底面打立马杌桩和梅花桩共11路，计150根，自

---

[1]（清）翟清廉《海塘录》卷四。

第九层起每层扣砌生铁锭两个，熟铁锔两个，盖面一层前后扣砌生铁锭16个。又于石之纵横侧立两相交处，上下凿成槽榫，嵌合连贯，使互相牵制难于动摇。新鳞塘防潮能力强于明代的鳞塘。

至于土石塘，外用巨石叠排，内侧充填泥土，其防潮功能弱于石塘。土塘通常就近取土，修筑塘身，分布于潮水平缓地带。在石塘内侧的称土备塘。土备塘是防潮第二道防线。土、石塘之间通常是盐场团灶。以柴草修筑的称柴塘，固沙防潮。主要用于钱塘江口，这一地段板沙浮动，即便筑石塘也因下面流沙而告无效。柴塘主要分布在西塘，直到乾隆后期新鳞塘的运用，克服了流沙，原有柴塘为新鳞塘取代。

清代除了对塘身继续做创新外，在护塘设施方面也有诸多新举措。主要有坦水、盘头、埽工。塘身日夜受到潮水的冲刷，易发生罅隙，使原本坚实的塘身松动。为了辅助塘身，在塘脚下投发巨石，作为坦水，能起到御水保塘的作用。潮水来势汹涌，为杀其势，在塘身外数十米的地方设置盘头，稍高于塘脚，从而起到减弱潮水速度和冲力的作用。盘头分柴盘头、石盘头，一般做半月状，根基较牢。如尖山原有石盘头一座，用条石弯环铺砌，后身长约32米，外围近60米。至于盐仓一带，有石、柴盘头数座。鉴于清代中叶钱塘江江水走北大门，"不能不藉塔山古坝以杀其北冲之势"，[1]遂在乾隆初年，筑尖山塔山石坝长670余米，有效保护了东塘。用秫秸、稻草、石

---

[1] （清）杨鋆《海塘揽要·序》。

头做成圆柱形的物体,挡在海塘的外侧,以防潮水,称埽工。此外,宋元时期的竹笼石囤在清代仍有运用。

四、强化管理,司职到位

海塘建成后维护和管理也极为重要。这方面明代主要是以千字文编塘号,设塘长、塘夫看护。清代则设置专官,派遣兵丁,分段分汛防守。明代黄光升不但发明了鳞塘,还对海塘的管理维护极为重视。他以千字文编塘号,每号67米。这一方法沿袭至民国。清代对塘工修筑和管理比明代前进了一大步。康熙五十九年(1720年),总督觉罗满保题准海盐、平湖两县石塘专交嘉兴府同知管理,官衔内加称海防字样,驻乍浦,专门管理盐平海塘事务,随损随修,并监修战舰。雍正年间,东塘、西塘各设海防同知一员。东防驻盐官,西防驻仁和,专司塘务。

为了充分利用沿海山体的天然屏障作用。在乍浦汤山公案后,海盐也相继发布了禁止开采濒海诸山的文告。主要有乾隆二十七年(1762年)《请禁长墙长采石》《永禁葫芦山采石》、道光十三年(1838年)《永禁秦驻山采石》、道光十五年(1835年)《永禁高阳山黄沙坞采石》。[1]沿海诸山的保护不但有利于防御海潮,同时也保护了两地的自然风景。

---

[1] (清)道光《澉水新志》卷三,《堤海》。

五、河海兼治，综合一体

河海整治本为一体，只是宋元以前太湖流域的水利重在"疏导"，使内河之水经塘浦体系顺畅注入大海。明清太湖流域水利除了上游及腹地的"疏"外，还有沿海的"堵"。但"疏"与"堵"并非是分裂的。在修筑海塘过程中，"至于石塘之内，又宜有备水河一道，相为表里""贴塘之备水河，则即潮水浸过，可从此河容纳，河水流通，不过数番雨后，咸性尽减"[1]。随塘取土在塘堤下形成河流，便于筑塘运石、灌溉和漕粮运输。这种模式成为沿海筑塘定式。明代海塘内侧，自秦山经县城至乍浦有白洋河，自秦山至澉浦为新河。万历五年（1577年），徐栻大规模修筑海盐海塘，并疏浚白洋河和新河。海宁的情况大致相同，在海塘下随塘取土成河的称新塘河。在平湖，海塘和河道疏浚紧密相连。嘉靖年间政府先后疏浚近海的盐运河和新开河。

总而言之，明清浙西鱼鳞大石塘的修筑，成为浙西强有力的防御屏障，稳固了海岸线，体现了治海和河海兼治的智慧与力量，从而较大程度上制服了海溢，改善了沿海及整个太湖流域的自然生态环境。与此同时，促进了沿海区域的城乡经济，特别是加快了沿海地域的良田化进程和海涂开发。如明代前期平湖沿海还是"常稔之田，亩才入谷三四斗"，加上杂派繁多，民间弃田甚多，而明代中后期沿海田地"皆成上腴""亩

---

[1]（清）道光《乍浦备志》卷十一，《海塘》。

收一石五"[1]。又如，明清平湖东北境"瀡河之荡始为田"[2]。全公亭稍北的新仓元明间，"故老传闻，瀡海而处，几飘荡于烟波者屡矣""嗣后渐涨而东，有涨沙桥者其址现在，而新仓遂为内地云"。[3]海塘的修筑加固也保护和促进了沿海平湖、海盐、海宁的盐业的发展。自然生态的相对改善、经济的发展又促进了沿海诸县人口的增长。如道光年间，海盐的人口达到历史顶峰，达52余万；同期，平湖为30余万。人口增长又促进了沿海市镇群的出现，如据1948年《平湖县境全图》，平湖沿海黄姑塘一线有虹霓堰、林家埭、南庙桥、虎啸桥、秀平桥、通兴兴、兴兴、施家桥、全公亭、牛桥、长安桥等市镇，成为地方商贸和文教的新中心。

---

[1] （明）天启《平湖县志》卷十，《风俗之三·家庙》。
[2] （明）天启《平湖县志》卷二，《舆地之五》。
[3] （清）马承昭《当湖外志》卷一。